전략적 경쟁 시대
한반도 안보 정세 분석 및 전망

서울대학교 국제학연구소 연구총서 3

전략적 경쟁 시대 한반도 안보 정세 분석 및 전망

초판 1쇄 인쇄 | 2021년 11월 23일
초판 1쇄 발행 | 2021년 11월 30일

엮은이 | 신성호

발행인 | 박철희
발행처 | 서울대학교 국제학연구소
주소 | 서울특별시 관악구 관악로 1
전화 | 02-880-4041   팩스 | 02-871-4605
홈페이지 | http://iia.snu.ac.kr/
제작·공급 | 경인문화사 (031-955-9300)

ISBN 978-89-499-6602-1 94340
      978-89-499-4960-4 (세트)

값 16,000 원

이 저서는 2020년 서울대학교 국제학연구소 연구 프로젝트의 지원을 받아 출판되었습니다.

전략적 경쟁 시대
한반도 안보 정세 분석 및 전망

신성호 엮음

서울대학교 국제학연구소
INSTITUTE OF INTERNATIONAL AFFAIRS
SEOUL NATIONAL UNIVERSITY

머리말

신성호

　한반도 안보 정세가 심상치 않다. 2019년 하노이 정상회담 실패 이후 북미 간 비핵화 협상과 남북 대화의 전망은 여전히 불투명하다. 북한의 김정은 정권은 코로나 위기 속에 완전 고립을 자초하며 내부 결속을 다지고, 미사일 등 대량살상무기 개발을 지속하고 있다. 트럼프가 시작한 미중 무역전쟁과 패권 경쟁은 바이든 행정부 들어서도 수그러질 기미를 보이지 않고 있다. 공산당 창당 100주년을 계기로 내부 관리를 강화하며 3연임을 시도하는 시진핑과 쿼드를 정상회담으로 격상시키고 호주, 영국과 새로운 3자 동맹을 선언한 바이든 대통령에 의해 인도태평양을 둘러싼 미중 경쟁이 본격화되는 양상이다. 일본에서는 자민당 지도부를 중심으로 극우 보수의 목소리가 득세하며 과거사 문제와 수출 규제로 얽힌 한일 관계의 앞날도 여전히 해결의 실마리가 보이지 않는다.
　이러한 가운데 한반도를 둘러싼 다양한 안보 현안이 불거져 나오고 있다. 미러 사이의 중거리미사일 협정 파기로 불거진 동북아의 탄도미사일 경쟁, 한중 간 중요한 갈등의 원인이 되었던 사드THAAD 사태로 나타난 미중 핵 경쟁과 한반도 미사일 방어 논란, 트럼프 대통령의 과도한 요구로 드러난 한미 방위비 분담과 동맹의 가치 및 비용 문제, 한미 간 전시작전권 전환에서 드러난 유엔사의 기능 및 미래 역할 논쟁, 북한 핵무기의 현실화에 따른 미국의 한반도 확장 억제 신뢰성 논란, 한일 과거사 분쟁으로 촉발된 정보공유협정 논란과 한미일 군사 협력의 전략적 의미 등이 그것이다. 이러한 문제들은 당장 대한민국의 안보 정책에 시급한 현안일 뿐 아니라 중장기적으로 한국과 미국, 북한, 중국, 일본의 양자 관계와 동북아 안보질서에 가지는 정책적 함의 차원에서 신중한 접근을 요구한다.

그러나 종종 이러한 문제가 불거질 때마다 국내의 현실은 이에 대한 부정확하고 단편적인 이해나 분석, 혹은 정치적 판단이나 당파적 접근이 주류를 이루는 모습을 보일 때가 많다. 결과적으로 중요한 안보 현안에 대한 객관적, 장기적, 건설적 논의보다 피상적이고 소모적인 논쟁으로 끝나버리게 되는 것이다. 급변하는 세계질서 속에서 한반도 관련 안보 현안의 사실관계를 명확히 정리하는 기초 연구가 더욱 필요하다. 복잡하게 얽혀 있는 현안이 갖는 각각의 본래 의미를 탐색하고, 현실적 평가를 제시하는 것이 필요하기 때문이다.

본 연구는 대한민국이 당면한 21세기 국제질서의 변화와 한반도 안보 문제의 새로운 도전에 대한 객관적인 이해와 건설적인 논의에 도움이 되고자 한다. 이를 위해 비록 주제와 저자는 각기 다르지만 다음의 공통적인 접근을 제시한다. 첫째, 각 현안 문제의 역사적, 이론적 배경이나 주요 개념을 설명한다. 둘째, 이러한 역사적·이론적 배경을 가지는 문제들이 현재 한반도와 대한민국의 안보 상황에 어떻게 연결되고 전개되고 있는지에 관한 구체적이고 기술적인 주요 사실들을 객관적으로 분석 제시한다. 셋째, 앞의 두 가지 내용을 바탕으로 현재 우리에게 중요한 안보 쟁점과 고려사항은 무엇인지, 또 그것이 중장기적으로 한반도와 대한민국의 안보정책에 가지는 함의는 무엇인지를 제시하고 관련한 정책 제언을 제공한다.

각 주제를 담당한 연구자는 국내에서 이미 각자의 분야에서 학술 연구와 정책적 분석 능력을 충분히 검증받은 분들이다. 각자 바쁜 교육과 연구 일정에도 흔쾌히 프로젝트에 참여해주신 국방대학교 손한별 교수님, 서강대학교 이근욱 교수님, 육군사관학교 양희용 교수님, 한국국방연구원 조은일 박사님, 서울시립대학교 황지환 교수님께 진심으로 감사의 말씀을 드린다. 아울러 본고가 출판되기까지 프로젝트 구성에서 출판까지 재정 지원을 제공한 서울대학교 국제대학원 국제학연구소IIA와 박철희 소장님께 감사드린다. 또한 지난 2년간 본 프로젝트의 연구 지원 총괄실무를 맡아 각종 행정업무와 진행을 원활하게 수행한 서울대학교 국제대학원 박사과정의 나자원 군에게 고마운 마음을 전한다.

2021년 9월
집필진을 대신하여
신성호

서울대
국제학연구소
연구총서
3

전략적
경쟁 시대
한반도
안보 정세
분석 및 전망

제1장 중거리 탄도미사일 조약(INF Treaty)[*]: 미소 냉전 종식의 상징에서 미중러 전략 경쟁의 도화선으로

이근욱(서강대학교)

I. 서론: 중거리 탄도미사일 폐기 조약의 종말

1987년 12월 8일 미국과 소련은 워싱턴에서 중거리 탄도미사일 폐기 조약INF Treaty: Intermediate-Range Nuclear Forces Treaty에 서명하였다. [1] 해당 조약의 정식 명칭은 다음과 같다. 양국은 사정거리 500~5,500km의 탄도미사일과 지상 발사 순항미사일을 완전히 제거하기로 합의하여, 미국 846개와 소련 1,846개의 미사일을 1991년 5월까지 폐기하였고, 동시에 상호 사찰을 통해 확인하였다. 이와 같은 상호 사찰은 매우 이례적이었고, 특히 미국과 소련 사이에 신뢰를 구축하는 데 결정적으로 작용하였다. 소련은 1972년 5월 전략무기제한협정SALT: Strategic Arms Limitation Treaty

---

[*] 본 챕터는 『국제지역연구』 30권 2호(2021년 여름)에 게재된 논문을 수정, 보완한 것임을 밝힌다.

[1] Treaty Between The United States Of America And The Union Of Soviet Socialist Republics On The Elimination Of Their Intermediate-Range And Shorter-Range Missiles.

을 체결했지만, 사찰/검증 조치에 대해 강력하게 반대하였고 위성정찰을 통해 간접적 검증만을 허용하였다. 하지만 INF 조약을 통해 소련은 현장 사찰을 수용하였고, 그 결과 미국과 소련은 향후 13년 동안 일정 횟수의 사찰 권한을 확보하였다. [2]

레이건 대통령은 "상대를 신뢰하라. 하지만 반드시 검증하라Trust, but Verify; Doveryai no proveryai"라는 러시아 속담을 인용하면서, INF 조약에 회의적이던 세력을 설득하였다. 레이건은 "미국과 소련은 정치체제와 사회구조에서 차이가 있고 그 차이는 쉽게 사라지지 않을 것"이지만, "미국인들과 소련인들은 오래전부터 좋은 친구가 되었어야 했다"라고 선언하였다. 고르바초프 서기장 또한 "미국과 소련 양국이 군비 경쟁의 논리에서 벗어나 서로를 신뢰하면서 같이 행동해야 하는 것이 역사적 사명"이며, "냉전에서 유래된 두려움과 편견에 휩쓸려서 대립하는 것이 아니라 인류 문명의 생존을 확보해야 한다는 상식에 따라야 한다"라고 주장하였다(Shipler, 1987). 이것은 획기적인 사건이었으며, 이후 냉전 경쟁은 매우 빠른 속도로 완화되었고, 그 결과이자 원인으로 미국과 소련 사이의 신뢰가 확립되었다.

하지만 최근 상황은, 특히 미국과 중국/러시아 관계에서는 신뢰가 매우 빠른 속도로 약화되고 있다. 2019년 2월 1일 미국은 러시아가 INF 조약을 준수하지 않는다고 지적하면서, 6개월의 유예기간을 두고 INF 조약에서 탈퇴한다고 발표하였다. 해당 사안에 대해 백악관은 "러시아

---

2 조약 11조에 기초하여 미국과 소련은 첫 3년 동안은 매년 20회, 이후 5년 동안은 15회, 그리고 마지막 5년 동안은 10회의 현장사찰(on-site inspection) 권한을 확보하였다. https://2009-2017.state.gov/t/avc/trty/102360.htm(검색일: 2020. 9. 11.).

는 INF 조약에서 금지한 무기체계를 실험/생산/배치하고 있다"라고 비난하면서, 러시아의 행동은 "미국 동맹국 및 국외 주둔 미국 군사력에 위협"이라고 선언하였다. 이어 "러시아가 INF 조약을 위반하고 있는 가운데, 미국만이 해당 조약의 의무를 지키면서 미국과 동맹국의 안보를 위험에 빠뜨리지 않겠다"라고 경고하면서, 미국은 "필요한 군사력을 개발/배치하며 동맹국들과 함께 러시아의 행동을 저지하도록 노력"하겠다고 천명하였다.[3]

이와 같은 탈퇴 결정을 선언하고 6개월이 지난 2019년 8월 2일 미국 국무부는 INF 조약의 공식 종료를 발표하면서 "이와 같은 결과에 대한 모든 책임은 러시아에 있다"라고 강경한 태도를 천명하였다. 미국은 2013년 이후 러시아의 INF 조약 위반 문제를 거론하였으나 러시아가 INF 조약에 복귀하여 관련 의무를 이행하고 해당 미사일 및 제조 시설을 파기하도록 유도하는 데 실패하였으며, 이제 미국과 동맹국의 안보를 위해 일방적으로 불리한 의무를 홀로 이행하지 않겠다고 공표하였다.[4]

이것은 단순히 하나의 군축/군비 통제 조약의 소멸 이상을 의미한다. INF 조약의 체결이 냉전 종식을 상징하는 사건이고 "신뢰하라. 그리고 검증하라"는 것이 핵심 구호였다면, 그 파기는 "검증할 필요 없이 불신하라"는 2020/21년 현재 강대국 경쟁 구도를 잘 보여준다. 2001년 이후 미국은 테러와의 전쟁에 집중하였지만, 이 과정에서 중국은 빠르게

---

3   해당 백악관 성명서 원문은 다음에서 찾을 수 있다. https://www.whitehouse.gov/ briefings-statements/statement-president-regarding-intermediate-range-nuclear-forces-inf-treaty/(검색일: 2020. 9.1 2.).

4   국무부 성명서는 다음에서 찾을 수 있다. https://www.state.gov/u-s-withdrawal-from- the-inf-treaty-on-august-2-2019/(검색일: 2020. 9. 12.).

부상하였고, 2010년을 기점으로 오바마 행정부는 아시아 중시정책Pivot to Asia과 재균형정책Rebalancing을 시작하면서 중국의 부상을 견제하기 시작하였다.

2019년 트럼프 행정부의 INF 탈퇴는 이러한 연장선상에서 파악할 수 있다. 2018년 미국 국방부의 핵태세 검토 보고서Nuclear Posture Review는 명시적으로 "강대국 경쟁"을 거론하면서, 크림 반도와 관련된 러시아의 공격 성향과 남중국 문제와 관련된 중국의 일방적인 행동을 비판하였다. 미국은 "중국과 러시아를 적으로 간주하기를 원하지 않으며 안정된 관계를 추구하지만, 러시아/중국의 행동 때문에 강대국 경쟁이 불가피해졌다"라고 규정하였다(Department of Defense, 2018). 2021년 1월 출범한 바이든 행정부 또한 중국에 대한 경계심을 늦추고 있지는 않으며, 외교안보 관련 장관 인사청문회에서도 중국에 대한 강경 입장은 그대로 유지되었다(Barnes et al., 2021).

그렇다면 이 과정에서 등장한 INF 조약과 중거리 탄도미사일은 무엇인가? 해당 조약과 미사일은 냉전 종식 과정에서 어떠한 역할을 하였는가? 해당 조약과 미사일은 지난 10년 동안 어떠한 문제를 야기하였는가? 2019년 INF 조약이 완전히 사라진 상황에서 미국/중국/러시아 사이의 강대국 경쟁은 향후 어떻게 진행될 것인가? 그리고 중거리 탄도미사일 문제는 동아시아와 한반도에 어떠한 충격을 가져올 것인가? 본 논문은 이와 같은 질문을 던지고자 한다.

II. 중거리 탄도미사일과 INF 조약

1. 중거리 탄도미사일

중거리 탄도미사일은 사정거리 500~5,500km의 탄도미사일이다. 이 개념은 냉전 말 미국과 소련의 군축/군비통제 협상을 위해 인위적으로 만들어졌다. 즉 군축/군비통제 협상을 하는 과정에서 '전략무기strategic arms'를 (1) 사정거리 5,500km 이상의 탄도미사일, (2) 사정거리 600km 이상의 잠수함 발사 탄도미사일, (3) 항속거리 8,000km 이상의 폭격기 또는 사정거리 600km 이상의 순항미사일을 탑재한 폭격기 등으로 규정하였다.[5] 그리고, 여기에 포함되지 않은 사정거리 5,500km 미만의 탄도미사일을 '중거리 탄도미사일'로 분류하였다. '500km 이상의 사정거리'라는 기준은 전선 지휘관이 포병과 함께 사용하는 단거리 전술미사일과 500km 이상 떨어진 중거리 목표물을 공격하여 정치적 목표 달성에 사용하는 미사일을 구분하면서 만들어졌다.

이러한 '전략무기' 개념은 1972년 5월 전략무기제한협정SALT I이 체결되면서 정착되었으며, 이전까지 통용되던 사정거리 3,000~5,000km의 중거리 미사일IRBM: Intermediate Range Ballistic Missile과 사정거리 1,000~3,000km의 준중거리 미사일MRBM: Medium Range Ballistic Missile의 구분은 점차 퇴색되었다.[6] 1970년대 이전 미국과 소련은 상당한 숫자의 중거리 탄

---

5 사정거리 기준인 5,500km는 알래스카를 제외한 미국과 소련 본토 사이의 최단 거리로, 탄도미사일로 상대방 본토를 공격하는 데 필요한 사정거리이다. 폭격기 항속거리인 8,000km는 본토에서 출격하여 공중급유 1회를 통해 상대방을 공격하고 기지로 복귀가 가능한 최소 항속 거리이다. 잠수함 및 폭격기에 탑재된 미사일 사정거리 600km는 뚜렷한 기준 없이 결정되었으며, 잠수함과 폭격기를 통해 상대방 본토 부근까지 접근할 수 있다는 사실이 고려되었다.

도미사일을 보유하였으며, 소련은 사정거리 2,000km의 R-12(SS-4)와 사정거리 4,500km의 R-14(SS-5) 미사일을 1950년대 말 이후 배치하였으며, 미국 또한 사정거리 2,400km의 토르Thor(PGM-17A)와 동일한 사정거리를 가진 쥬피터Jupiter(PGM-19) 미사일을 가지고 있었다.[7] 이러한 미사일은 1970년대 중반까지는 대부분 인공위성 및 우주 개발 용도로 전환되어 1단 발사체로 소모되었다. 따라서 1970년대 후반 중거리 탄도미사일 위협은 미국과 소련이 각각 퍼싱 IIPershing II 미사일과 파이오니어Pioneer(RSD-10; SS-20) 미사일을 개발하여 배치하면서 본격적으로 등장하였다.

핵심 사안은 1976년 5월 소련이 동부 유럽에 배치하였던 파이오니어 미사일(SS-20)이었다. 이것은 150kton 핵탄두 3개를 장착한 이동식 탄도미사일로, 소련은 과거 1960년대 초 배치되었던 R-12/14 탄도미사일을 대체하고 동시에 미국이 도입하기 시작하는 토마호크 순항미사일에 대한 대응 전력으로 배치하였다. 1960년대 중반 설계가 시작되어 1968년 승인받고 1976년 배치되는 과정에서 소련 전략로켓군은 운용상의 어려움 때문에 이동식 탄도미사일 도입에 반대하였으며, 브레즈네프 등 소련 최고 지도부 또한 서방 측에서 사찰 검증 문제로 반대하였던 이동식 탄도미사일 배치에 소극적이었다.[8] 하지만 브레즈네프 체제 특

---

6 순수하게 기술적 측면에서 1962년 소련이 쿠바에 배치하였던 사정거리 2,000km의 R-12(SS-4) 미사일은 MRBM으로 사정거리 4,500km의 R-14(SS-5) 미사일은 IRBM으로 구분할 수 있다.

7 미국의 경우 토르와 쥬피터 미사일의 사정거리는 2,400km로 동일하며 따라서 엄격하게는 MRBM으로 구분된다. 두 미사일은 결국 미국 공군과 육군의 대결 구도에서 개발되었으며, 미국 공군은 토르 미사일을 그리고 미국 육군은 쥬피터 미사일을 각각 운용하였다.

8 SALT 규정에 따르면 미국과 소련은 현장 사찰 검증을 직접적으로 진행하지 않으며, 개별 국가의 기

유의 의사결정 과정에서 모두가 회의적이었던 차량이동식 탄도미사일 파이오니어는 어느 누구도 특별히 반대하지 않았기 때문에 결국 승인되어 1976년 배치되기 시작하였다.

파이오니어 미사일은 차량이동식 탄도미사일이지만, 사정거리 5,500km 미만으로 전략무기로 분류되지는 않았다. 따라서 미국 및 서부 유럽의 NATO 국가들은 소련이 SALT 규정을 명시적으로 준수하지만, 실질적으로는 SALT를 통해 제한되고 있는 사정거리 5,500km 이상의 대륙간 탄도미사일 전력을 강화하고 있다고 판단하였다. 특히 파이오니어 미사일이 기본적으로는 사정거리 10,500km의 RT-21(RT-21 Temp 2S; SS-16 Sinner) 미사일의 첫 두 단계 로켓과 동일하였기 때문에, 서방 측의 의혹 자체는 어느 정도 근거가 있었다.

NATO는 소련에게 파이오니어 미사일의 폐기를 요구하였지만, 소련은 해당 무기는 미국의 순항미사일 배치에 대한 대응조치라고 항변하면서 NATO의 요구를 거부하였다. 1979년 6월 SALT II가 체결되었지만 미국 상원은 그 비준동의에 회의적이었으며, 소련이 파이오니어 탄도미사일을 통해 SALT II 규정을 회피하려고 한다고 의심하였다. 이에 미국과 서부 유럽 국가들은 1979년 12월 12일 다음과 같은 이중 접근Dual Track을 통해 소련의 파이오니어 미사일에 대응하기로 결정하였다. 첫째, 일단 미국이 퍼싱 II 미사일을 배치한다. 둘째, 최종적으로 미국과 소련의 중거리 탄도미사일을 모두 철수/폐기하도록 소련과 협상한다.

술적 능력(national technical means)에 기초하여 위성사진으로 상대방의 전략무기 수량을 간접적으로 사찰하였다. 이 경우에 고정되어 있는 지상배치 탄도미사일은 쉽게 검증이 가능하지만, 이동식 탄도미사일은 검증이 어렵기 때문에 서방 측에서 개발/배치에 반대하였다.

하지만 이와 같은 결정에 소련은 심각한 위협을 느끼기 시작하였다.

2. 미국 중거리 탄도미사일에 대한 소련의 두려움과 위기

소련 파이오니어 탄도미사일에 대응하여 미국이 유럽에 배치하였던 미사일은 총 572기로, "지난 10년 동안의 NATO 역사에서 가장 중요한 결정"이라고 평가되었던 이중 접근을 통해 서방 국가들은 소련 중거리 탄도미사일 증강에 균형을 맞추게 되었다. 미국이 배치한 미사일은 다음 두 종류였다. 첫째, 총 464기의 그리폰 지상발사 순항미사일GLCM: Ground Launched Cruise Missile, BGM-109G Gryphon이 배치되었다.[9] 그리폰 순항미사일은 아음속subsonic으로 속도는 느리지만, 2시간 30분 동안 2,500km의 사정거리를 비행하여 목표물 30m 이내를 명중시킬 수 있었다. 특히 저공으로 비행하기 때문에 소련은 순항미사일을 사전에 포착할 수 없었으며, 따라서 미국은 소련 조기경보망을 파괴하거나 고정 목표물을 제거하는 데 지상발사 순항미사일을 사용할 수 있었다.

둘째, 퍼싱 II 중거리 탄도미사일 108기가 서독에 배치되었다. 퍼싱 II 탄도미사일은 1960년대 초 소량 생산되어 미국 육군과 서독 공군이 운용하였던 사정거리 740km의 퍼싱 I 탄도미사일MGM-31의 후속작으로, 1973년 개발이 시작되었다. 5~80kton의 단일 탄두를 장착하고 사정거리 1,800km를 비행하여 50%의 확률로 목표물 30m 이내에 핵탄두를 명중시킬 수 있었다. 소련 파이오니어 탄도미사일 공산오차CER: Circular

---

9　순항미사일 464기 가운데 영국은 160기, 서독은 96기, 이탈리아(시칠리)는 112기, 네덜란드는 48기, 그리고 벨기에는 48기를 수용하였다.

Error Probability 150~450m와 비교한다면, 퍼싱 II 탄도미사일은 공산오차 30m라는 놀라운 정밀도를 보여주었다. 이러한 높은 정밀도 때문에 소련은 엄청난 공포심에 휩싸이게 되었다.

퍼싱 II 중거리 탄도미사일은 특히 소련에 위협적이었다. 냉전 시기 소련은 미국 본토 주변에 탄도미사일을 배치하지 못하였으며, 1962년 10월 쿠바 미사일 위기 과정에서 쿠바에 반입하였던 탄도미사일 전체를 철수해야 하였다.[10] 반면 미국은 서부 유럽 동맹국 영토에 미사일을 배치하는 것이 가능하였으며, 특히 정밀도가 매우 높기 때문에 "인근 도시는 파괴하지 않으면서 공군 기지의 활주로를 정확하게 명중"시킬 수 있는 퍼싱 II 미사일은 심각한 위협이었다. 또한 짧은 비행시간 때문에, 그 위협은 더욱 증폭되었다. 서부 유럽에서 발사하는 경우 탄도미사일은 6~10분 정도 후 모스크바를 명중시킬 수 있었으며, 따라서 소련에서는 핵전쟁이 일어나는 경우 전쟁을 지휘할 최고 지도부를 대피시키는 것이 불가능할 수 있다는 문제에 직면하였다. 소련 최고 지도부가 노쇠하여 많은 시간을 중환자실에서 보내는 현실에서, 미국이 서독에서 퍼싱 II 탄도미사일을 발사하여 6~10분 이내에 소련 지도부 전체를 제거할 수 있다는 사실은 엄청난 두려움을 자아냈다(Mohr, 1983).

고르바초프는 소련의 중거리 탄도미사일 배치에 관해 미국을 비롯한 NATO 국가들의 반응에 당황하였으며, 때문에 미국의 퍼싱 II 미사

---

10 소련은 1962년 5월 60개의 탄도미사일과 전략 및 전술 핵탄두 총 190개를 쿠바에 배치하겠다고 결정하고 미사일과 핵탄두를 반입하였지만, 배치가 완료되기 이전인 1962년 10월 미국의 항공정찰에서 탄도미사일이 발각되었고 미국은 이에 군사력을 동원하여 쿠바를 봉쇄하였다. 13일 동안의 대치 끝에 미국과 소련은 타협하였다. 미국은 터키에서 탄도미사일을 철수하고 쿠바에 대해 안전 보장을 약속하며, 소련은 쿠바에서 탄도미사일과 핵탄두 등 공격용 무기를 철수하였다.

일을 "소련의 머리통을 겨누고 있는 권총"이라고 평가하였다. 동시에 고르바초프는 소련이 역효과를 초래한 중거리 탄도미사일을 개발/생산/배치/유지하는 데 엄청난 예산이 투입되는 상황에 개탄하면서 "끝없이 제물을 바쳐야 하는 소련 군산복합체의 탐욕insatiable Moloch of the military-industrial complex"에 한탄하였다(Hoffman, 2009: 280).

3. 미국과 소련의 타협: INF 조약과 냉전 종식

이와 같은 공포심 때문에, 소련은 중거리 탄도미사일 위협에 대응하려고 많은 노력을 기울였다. 우선, 소련은 조기경보 및 방공망 확충에 예산을 투입하였으나 별다른 성과가 나타나지 않았으며, 오히려 많은 문제점이 노출되었다. 특히 1987년 5월 서독 국적의 10대 청소년Mathias Rust이 세스나 민간항공기를 조종하여 핀란드에서 모스크바까지 비행하여 붉은 광장에 착륙하면서, 소련 방공망의 문제점이 적나라하게 드러났다. 민간항공기가 소련 영공을 침투하여 붉은 광장에 착륙하기까지, 소련 방공망은 해당 항공기를 포착하지 못하였고 전체 시스템이 ― 조직적인 측면에서나 기술적인 측면에서 ― 심각할 정도로 낙후되었다는 사실을 보여주었다.

동시에 소련은 지휘부가 소멸하여 보복 핵공격을 하지 못하는 경우에 대비하여, 핵무기 자동발사 시스템을 구축하였다. 만약 미국의 선제 정밀 핵공격으로 소련 지휘부 전체가 사망한다고 해도, 소련은 미국에 대한 보복공격을 수행할 수 있는 시스템을 구축하려고 하였다. 즉 정치 지도자들의 명시적인 승인 없이도 핵 전력을 사용할 수 있도록, 소련은 핵무기 사용 암호를 로켓에 저장하고 지도부가 소멸하였다는 사실이 확인되면 해당 로켓이 발사되도록 소련 핵 전력에 대한 발사 암호가 전체에 발송될 수 있도록 하였다. 문제는 이러한 시스템을 구축하였다고 해도, 소련으로서는 미국 중거리 탄도미사일의 정밀 공격에서 벗어날 수 없었다는 사실이었다.

1981년 이후 소련은 미국의 선제 핵공격 징후를 포착하기 위한 첩보 능력을 강화하였다. 소련 정보기관은 핵무기 발사 권한을 가진 서방 측 지도자들의 행방을 지속해서 관찰하고, 미국 및 유럽의 핵무기 시설에서의 움직임을 면밀히 살펴보았다. 이를 통해 소련은 미국의 선제 핵공격 징후를 사전에 파악할 수 있다고 보았다. 1983년 11월 NATO가 에이블아처Able Archer라는 이름의 매우 현실감 있는 기동훈련을 시작하고, 그 일환으로 정치지도자들의 대피와 통신보안 조치 강화 등의 훈련이 이루어졌다. 소련 지휘부는 NATO 기동훈련을 미국의 소련에 대한 선제 핵공격 징후라고 파악하고, 핵무기 사용에 필요한 사전 조치를 완료하고 미국의 "선제 핵공격에 대비"하였다. 5일 동안의 NATO 기동훈련은 "소련에 대한 선제 핵공격" 없이 무사히 종결되었고, 소련은 비상대기 상태로 유지하였던 핵 전력을 정상화하였다.[11]

무엇보다도 소련은 경제적 어려움 때문에 미국과의 군비 경쟁을 완화하는 것이 필요하였고, 특히 소련에게 상당한 위협으로 작용하는 중거리 탄도미사일 감축에 적극적이었다. 집권 초기 레이건 대통령은 소련을 '악의 제국evil empire'이라고 인식하고 있었으나, INF 조약을 협상하고 최종 체결하면서 소련과 고르바초프에 대한 인식 자체가 변화하였

---

11 하지만 최근 연구(Miles, 2020)는 소련 첩보 능력이 정교하지 않았으며, 따라서 1983년 11월의 공포심은 실제로 강력하지 않았다고 평가한다.

다. 레이건은 고르바초프를 "소련 외교정책의 변화를 추동하는 강력한 힘"으로 보았으며 슐츠 국무장관은 소련이 "근본적인 변화를 경험"하고 있으며 그 변화로 이제 소련은 "냉전의 두 번째 라운드를 기다리는 것이 아니라 돌이킬 수 없는 새로운 방향으로 나아가고 있다"라고 평가하였다(Shultz, 1993: 1003, 1015). 이전까지 소련에 대해 의구심을 가지고 있었던 인물/세력들 또한 INF 조약을 통한 소련의 변화를 인정하고, 자신들의 견해를 수정하기 시작하였다.

모두가 군비 경쟁의 종식을 원하지만 상대방을 의심하기 때문에 군비 경쟁을 지속하는 상황에서, 한 종류의 탄도미사일을 전량 파기하는 합의가 이루어졌다는 사실 자체는 상대방에 대한 의심 자체를 불식시키는 데 중요한 역할을 하였다. 소련은 미국과 합의를 통해 냉전으로 인한 재정적 압박에서 단기적으로 해방될 수 있었다. 미국의 입장에서 소련이 최소한 한 종류의 탄도미사일 전량을 파기하고 사찰 검증단 활동을 수용하였다는 사실 자체는 상당한 충격이었으며, 소련이 경쟁 완화에 적극적이라는 신호는 이후 양국 관계에서 긍정적으로 작용하였다. 덕분에 냉전은 파국 없이 종식되었으며, 상대방에 대한 의심이 두려움으로 확대되면서 발생하는 예방전쟁이 "예방"되었다. 1991년 12월 소련이 붕괴하면서 냉전은 종식되었고, 이 과정에서 INF 조약은 그 역동성을 촉발한 시초였다는 상징성과 신뢰 구축의 수단이자 결과였다는 실질성 측면에서 중요한 의미를 가진다.

III. 냉전 이후 중거리 탄도미사일 문제와 강대국 경쟁

1. 러시아의 공격성과 INF 조약

냉전 종식 직후인 1990년대와 2000년대 INF 조약은 칭송의 대상이었다. 냉전을 안정적으로 종식하는 비결로 평가되었으며, 동시에 냉전 종식과 안정을 상징하였다. 러시아가 몰락하고 중국이 아직 부상하지 않았던 1990년대는 미국 중심의 안정적인 일극체제였으며, INF 조약은 1990년대의 안정성을 가져왔던 배경 가운데 하나였다. 2000년대 들어오면서 상황이 점차 변화하였으며, INF 조약과 관련된 사항들이 — 특히 사정거리 500~5,500km의 탄도미사일과 관련 사항들이 — 국제관계의 중요한 변수로 작용하기 시작하였다. 이러한 변화는 러시아에서 시작되었으며, 특히 푸틴Vladimir Putin이 집권하면서 러시아 대외정책이 공격적으로 전환되는 과정에서 나타났다.

경제난에 시달리던 1990년대 러시아는 신형 무기의 개발 및 배치에 집중할 수 없었으며, 냉전 시기의 재고를 그대로 유지하였다. 2000년대 들어와서 유가 상승으로 경제난을 극복하면서, 러시아는 새로운 무기를 개발하기 시작하였으며 특히 미사일 전력을 강화하는 데 집중하였다. 2007년 2월 푸틴 러시아 대통령은 INF 조약이 러시아의 이익에 부합하지 않는다고 지적하였으며, INF 조약에서 탈퇴할 수 있다고 주장하였다. 특히 당시 미국이 개발하고 있던 지상배치 미사일 방어체계가 INF 조약을 위반한다고 거론하였다. 2007년 5월 러시아는 카스피해 북쪽의 카푸스틴 야르Kapustin Yar 미사일 시험장에서 지상발사 순항미사일을 시험하였다. 그 사정거리는 단순히 500km 이상에서 2,000km까지로 추정되었으며, INF 조약 위반이었다. 그러나 부시 행정부는 별 다른 조치를 취하지 않았다(Kristensen, 2014).

하지만 오바마 행정부는 러시아의 INF 조약 위반을 지적하였으며, NATO 회의에서도 해당 사안을 거론하였다. 2008년 이후 러시아는 INF 조약에서 금지되어 있는 지상발사 순항미사일을 지속적으로 실험하였으며, 미국은 러시아의 이스칸더 탄도미사일9K720 Iskander Ballistic Missile의 사정거리를 400km에서 2,000km 정도로 연장하려는 실험 내역을 파악하였다. 이에 미국은 2011년 말 러시아의 행동에 "우려"하였으며 2013년 5월 러시아와 해당 사안에 논의하려고 시도하였으나 러시아가 거부하였다.

2013년 12월까지 미국은 NATO에 러시아가 "지상발사 순항미사일을 실험하고 있다"라는 사실을 통보하였으나 사정거리 문제는 거론하지 않았고, 러시아가 INF 조약을 위반하고 있다고 공식 선언하지는 않았다. 하지만 미국은 2014년 1월 말 미국은 이전까지의 조심스러운 입장을 변경하여 NATO에 "러시아가 사정거리 500~5,500km의 지상발사 순항미사일의 개발/보유/시험비행을 금지하는 INF 조약을 위반하고 있다"라고 통보하였다. 동시에 오바마 대통령은 푸틴 대통령에게 보내는 서한에서 미국과 러시아는 "INF 조약 문제를 논의하는 것이 필요하며 러시아는 조약의무를 준수해야 한다고 강조"하였다(Gordon, 2014).

무엇보다 러시아는 2014년 이후 동부 유럽의 현상現狀을 변화시켰다. 2014년 2월 우크라이나 국내의 혼란을 틈타 러시아는 민족자결권을 악용하여 우크라이나의 영토인 크림반도를 합병하였다. 2014년 3월 크림반도에서 다수를 차지하는 러시아계 주민들은 주민투표를 강행하여 러시아 연방으로의 가입을 결정하였고, 러시아는 이와 같은 주민들의 "자발적 의사"를 존중하여 러시아 연방으로 크림반도의 가입을 승인하였다. 이러한 행동은 소련의 유산인 우크라이나 배치 핵무기의 포기와 우크라이나에 대한 영토/주권 보장을 약속하였던 1994년 12월의 부다페스트 합의Budapest Memorandum on Security Assurances를 위반하는 것이었다.[12] 이후 러시아는 우크라이나 동부 지역에 지속해서 개입하였으며, 우크라이나 중앙정부에 대항하는 반군을 지원하고 있다. 2014년 7월에는 러시아계 반군이 민항기Malaysia Airlines Flight 17까지 격추하는 사태가 발생하였으며, 탑승자 298명 전원이 사망하였다. 8월 러시아는 우크라이나와의 국경지대에 병력을 집결하였으며, 푸틴은 "마음만 먹으면 우크라이나 수도인 키예프를 2주 이내에 점령"할 수 있으며 "러시아는 핵무기를 보유하고 있다"라는 등의 위협적인 발언을 서슴지 않았다.

오바마 행정부는 군사적으로 개입하지는 않았지만, 외교적 차원에서 강경하게 대응하였다. 러시아의 우크라이나 합병을 비난하는 결의안을 지지하였고, 2014년 3월 27일 결의안(UNGA Resolution 68/262)이 통과되었다. UN 총회는 "크림반도는 국제적으로 승인된 우크라이나의 영토"라고 규정하였고 2014년 3월 16일의 주민투표를 "무효invalid"로 선언하였다. 이후 미국은 러시아를 상대로 경제제재를 실시하면서 러시아 경제를 거시적으로 제재함과 동시에 러시아 주요 정책결정자들을 경제적 곤경에 빠뜨리는 방식을 채택하였다. 따라서 푸틴 대통령을 비롯한 러시아의 지도급 인사들의 서방 측과의 금융거래가 제약되었다.

발트해 국가들은 러시아의 추가 팽창을 심각하게 우려하였으며, 과

---

12 소련 붕괴 후 소련이 보유하였던 핵무기를 승계하였던 우크라이나 - 벨라루스 - 카자흐스탄 등의 국가에 대해, 미국과 러시아 등은 주권 존중과 영토적 일체성을 보장하고 대신 승계한 모든 핵탄두를 러시아가 회수하도록 하였다. 해당 사항은 1994년 12월 부다페스트 합의로 문서화되었다.

연 NATO가 실질적인 동맹으로 작동할 것인가에 대해 의구심을 표명하였다. NATO는 발트해 지역에 군사력을 배치하겠다고 선언하였으며, 특히 에스토니아 등에 공군력을 배치하기로 결정하였다. 폴란드 등은 지상군 병력의 주둔을 요구하면서 "독일군 또는 미군 병력이 필요하다"라고 주장하였다(Witte, 2013). 2014년 6월 중부 유럽을 방문한 오바마는 러시아의 팽창에 대항하는 10억 달러 규모의 안보지원안을 공개하였다. 여기서 미국은 중부 유럽에서의 미군 군사훈련 – 중부 유럽 국가와의 공동 군사훈련 – 병력의 순환배치 등을 강화한다고 선언하면서, 전시에 필요한 장비를 사전에 배치prepositioning equipment한다고 발표하였다. 하지만 폴란드 등에 미군 병력이 주둔하지는 않을 것이라고 제한하였고, 이에 일부 국가들은 불만을 표시하였다(Baker and Lyman, 2014). 유럽안보재확인구상European Reassurance Initiative이라고 불리는 미국의 이와 같은 조치는 NATO 헌장 5조에 규정된 미국의 유럽 국가들에 대한 방어 의무를 재확인하는 것이지만, 동시에 1997년 5월 체결된 NATO-러시아 기본협정Founding Act on Mutual Relations, Cooperation and Security을 위반하지 않는 범위에서 미국이 취할 수 있는 조치를 행동에 옮긴 것이었다. [13]

---

13 NATO-러시아 기본협정에 따르면, NATO는 동부 유럽에 "상당한 규모의 전투병력을 영구적으로 배치"하지 않으며 동시에 러시아는 "지역 국가의 주권과 영토를 침해하지 않고 군사력을 사용하거나 군사력 사용을 위협"하지 않아야 한다. 하지만 러시아는 NATO 팽창 자체를 문제 삼고 있으며, NATO는 우크라이나에 대한 러시아의 행동이 이와 같은 합의는 위반한 것이라고 주장한다. 과거 소련을 구성한 공화국 가운데 라트비아 – 에스토니아 – 리투아니아 3개국은 2004년 3월 NATO에 가입하였으며 현재 우크라이나는 NATO 가맹을 타진하고 있다.

2. 중국 미사일 전력의 증강과 INF 조약

1980년대 개혁개방 이후 중국은 빠른 속도로 성장하였지만, 그에 따른 군사력 증강은 최근까지 이루어지지 않았다. 중국은 냉전 경쟁에서 소련이 군사력 구축에 많은 자원을 투입하였고 그 결과 붕괴하였다고 판단하였다. 따라서 미국과의 정치군사적 경쟁을 가능한 회피하려고 하였으며, 이를 통해 자신의 경제력을 우선적으로 강화하려고 하였다. 장기적으로는 경쟁이 불가피하다고 해도, 아직 성장하고 있는 중국으로서는 경쟁에 많은 자원을 소모하는 것이 현명하지 않다고 보았다. 중국의 입장에서는 냉전 경쟁에서 파산하였던 소련의 경험은 매우 좋은 반면교사로 작용하였으며, 따라서 도광양회韜光養晦와 화평굴기和平崛起 등은 "일단 기다린다"라는 중국의 태도를 잘 보여주는 원칙으로 수용되었다.

냉전 기간 소련은 미국과의 전략적 경쟁을 지속하였고, 이 과정에서 세계 전체의 문제에 관여하였다. 동시에 핵 전략 구축을 통해 미국과의 상호확증파괴MAD: Mutual Assured Destruction를 달성하려고 하였으며, 따라서 엄청난 양의 핵탄두와 탄도미사일 전력을 구축하였다. 1986년 소련은 4만 5,000개의 핵탄두를 장비하였으며, 당시 세계 전체의 핵무기 재고 7만 481개의 63.8%를 차지하였다(Norris and Kristensen, 2006). 하지만 중국은 미국과의 핵무기 경쟁을 하지 않았으며, 핵 전력 자체도 300개 정도 수준에서 핵탄두를 보유할 뿐 그 이상으로 증강하지 않았다. 이른바 최소억지minimal deterrence에 만족하면서, 미국과의 전면적인 경쟁을 회피하였다. 대신 중국은 지역 방어에 집중하였고, 1995/96년 타이완 위기 이후 이른바 반접근/지역거부A2/AD: Anti-Access and Area Denial 능력을 구축하여 미국이 군사력을 중국 인근 지역/해역에 투사하는 것을 억지하고자 하였다.

[표 1] 중국의 미사일 전력, 2020년 추산

구분	발사대 수량	미사일 수량	사정거리
ICBM	100	100	5,500km 이상
IRBM	200	200 이상	3,000-5,500km
MRBM	150	150 이상	1,000-3,000km
SRBM	250	600 이상	300-1,000km
GLCM	100	300 이상	1,500km

출처: Department of Defense, *Military and Security Developments Involving the People's Republic of China, 2020* (Washington, DC: Department of Defense, 2020), p. 166.

이에 지난 20년 동안 중국은 A2/AD 능력을 구축하는 데 집중하였다. 이른바 도련선 안쪽에 이미 배치되어 있는, 그리고 유사시에 전개될 수 있는 미국 군사력을 위협하는 데 중거리 탄도미사일을 동원하였다. 2020년 9월 현재 중국의 탄도미사일 전력은 중거리 탄도미사일을 중심으로 구성되어 있다. 중국이 보유한 미사일 전력은 [표 1]과 같이 1,350개 수준이며, 이 가운데 사정거리 500km에서 5,500km의 탄도미사일과 순항미사일은 총 1,250개이다.

특히 DF-21 대함탄도미사일과 DF-26 탄도미사일은 동아시아에 배치된 미국 군사력에 심각한 위협 요인이며, 미국으로는 자신이 통제할 수 없는 위협 요인이었다. INF 조약은 미국과 소련/러시아의 양자조약이었으며, 따라서 중국은 해당 조약이 당사자가 아니었고 사정거리 500~5,500km의 탄도미사일을 배치하는 데 아무런 제약을 받지 않았다. 이러한 문제는 2010년대 이후 지속해서 거론되었으며, 2019년 데이빗슨Philip Davison 미 인도-태평양사령관은 중국이 보유한 탄도미사일을 INF 조약으로 판단하면 95%는 위반에 해당된다며 INF 조약으로 미국에 족쇄가 채워져왔다는 불만을 표명하였다(Bowman and Gabel, 2019).

또한 미국 국방부는 중국 군사력 평가 보고서에서 중국이 군사력 부분에서 미국과 대등하거나 미국의 능력을 추월한 분야의 예시로 사정거리 500~5,500km의 미사일 전력을 ─ 정확하게 INF 조약에서 언급된 전력을 ─ 제시하였다. "중국은 재래식 탄두 지상발사 탄도미사일과 순항미사일 분야에서 미국을 추월하였다. 현재 중국 미사일 전력은 어떠한 국제합의로도 규제되지 않으며, 사정거리 500~5,500km 이상의 지상발사 탄도미사일과 지상발사 순항미사일 1,250기 이상을 보유하고 있다. 하지만 미국은 사정거리 70~350km의 탄도미사일만을 보유하고 있으며, 지상발사 순항 미사일은 보유하고 있지 않다"라고 서술하였다 (Department of Defense, 2020, vii).

러시아가 경제력 문제로 미국과 필적하는 강대국 경쟁을 수행하기 어렵다면, 중국은 2021년 현재 미국과 대등한 또는 그 이상의 경제력을 갖추고 있기 때문에 미국 입장에서는 매우 심각한 경쟁상대이다. 문제는 미국은 INF 조약 때문에 잠재적/실제적 경쟁 강대국이 주력으로 배치한 무기체계에 필적하는 군사기술을 개발하지 못한다는 사실이었다. 동아시아 동맹국들이 탄도미사일 전력이 미미한 상황에서, 미국은 INF 조약 때문에 불리한 전략 상황에 처하게 되었다.

IV. 트럼프 행정부의 INF 조약 탈퇴

1. 트럼프 행정부와 군비통제 그리고 중국

2017년 1월 출범한 트럼프 행정부는 기본적으로 모든 종류의 군축 및 군비통제에 회의적이었으며, 특히 2015년 7월 체결된 이란과의 핵합의JCPOA: Joint Comprehensive Plan of Action에 부정적이었다. 트럼프 대통령 자신은 JCPOA를 "끔찍한 재앙"이자 "최악의 합의"라고 지칭하였고, 2018년 5월 JCPOA에서 미국이 탈퇴한다고 선언하였다. 트럼프 대통령은 북한 김정은과의 "아름다운 편지"를 운운하면서 개인적 친분 차원에서 이루어지는 핵무기 포기 선언 등에는 관심을 보였지만, 체계적인 군축 및 군비통제 자체를 경멸하였다.

특히 이러한 성향은 2018년 4월에서 2019년 9월까지 안보보좌관을 역임한 볼튼John R. Bolton의 경우에 가장 강력하게 나타났다. 러시아의 INF 조약 위반 문제가 거론되지 않던 2011년 8월, 볼튼은 언론기고를 통해 "INF 조약은 냉전 시기의 유산"으로 현재 시점에서는 "더 이상 작동하지 않는, 그 유용성을 상실한 조약"이라고 비판하였다. 특히 중국·이란·북한 등이 INF 조약에 가입할 가능성이 없기 때문에, 미국은 "INF 조약의 굴레에서 해방되어야 한다"라고 역설하였다(Bolton, 2011). 볼튼은 국가안보보좌관으로 임명된 이후, JCPOA 탈퇴를 주도하였으며 북한과의 핵협상에 비관적인 견해를 지속적으로 견지하였고 INF 조약 파기를 주장하였다. 많은 전문가가 INF 조약을 파기하는 경우 "러시아에 면죄부를 준다"는 측면에서 조약 자체를 유지할 것을 주장하였지만, 트럼프 행정부는 조약을 파기하였다.

트럼프 행정부는 INF 조약 또한 이와 동일한 관점에서 평가하였고, 군비통제를 대외경쟁의 수단으로 파악하지 않았다. 냉전 시기 미국 닉슨 행정부는 소련과 전략무기제한협정SALT: Strategic Arms Limitation Talks 등을 통해, 군비 경쟁을 미국에 더 유리한 방향으로 유도하려고 하였으며 위기 안정성을 더 강화할 수 있도록 노력하였다. 하지만 트럼프 행정부는 전체 상황을 통제하는 수단으로 군축 및 군비통제를 사용하려고 하지 않았다. 오히려 군축 및 군비통제를 포기함으로써 일부 지역의 불안정성을 더욱 강화하였다. 예를 들어 트럼프 행정부가 JCPOA에서 탈퇴하자, 이란은 2019년 7월 우라늄 농축을 가속화하면서 JCPOA에서 규정되었던 3.67% 이상으로 농축을 시작하였다.

INF 조약에 대해서도 트럼프 행정부는 사실상 동일한 입장을 취하였다. 2014년 이후 동부 유럽에서 러시아는 팽창적으로 행동하였고, 크림반도를 합병하고 폴란드와 발트 3국 인근 지역인 칼리닌그라드^{Kalining-}grad에 이스칸다르 미사일을 배치하였다. 러시아의 위반 자체는 위협이었지만, 지역 질서를 심각하게 불안정하게 만들지는 않았다. 그리고 러시아와의 경쟁만을 고려한다면, 미국으로서는 INF 조약을 고수하면서 러시아가 INF 조약에 복귀해야 한다고 주장하는 선택 또한 가능하였다. 또는 미국 자체가 INF 조약에서 탈퇴하지 않고, 기존에 허용되어 있는 해상배치/항공기배치 순항미사일을 배치하거나 순항미사일에 대한 미사일 방어망을 강화하는 방식 또한 가능하였다. 하지만 트럼프 행정부는 "러시아가 INF 조약을 먼저 위반하고 있기 때문에" INF 조약 자체를 파기하였다.

트럼프 행정부는 오히려 중국과의 경쟁 관점에서 INF 조약이 미국의 가능한 선택지를 제약한다고 보았다. 트럼프 행정부가 INF 조약에서 탈퇴하겠다는 의사를 처음 표명한 것은 2018년 10월로, 러시아의 위반을 비판하고 INF 조약 의무를 이행하라고 압박하던 입장을 변경하여 "이제 미국도 INF 조약 의무에 일방적으로 제약되지 않겠다"라고 발표하였다(Sanger and Broad, 2018). 특히 중국은 INF 조약의 당사자가 아니기 때문에, "조약 의무를 이행하지 않아도 되는 어드밴티지"를 누린다는 인식은 트럼프 행정부의 기본 시각을 잘 보여주었다. 즉 중국과의 경쟁 가능성이 현실화되는 상황에서, 러시아가 INF 조약에 복귀하고 사정 거리 500~5,500km의 탄도미사일과 지상발사 순항미사일 전량을 새롭게 폐기한다고 해도 문제를 해결할 수 없었다. 중국과의 경쟁은 — INF 조약의 당사자가 아니기 때문에 사정거리 500~5,500km의 탄도미사일과 지상발사 순항미사일을 개발 및 배치하는 데 아무런 제약조건이 없는 중국과의 경쟁은 — 그대로 지속될 수밖에 없었다.

이것은 트럼프 행정부가 선택한 상황이었다. 동아시아/서태평양 지역에서 중국은 자신의 영향권을 구축하려고 시도하였고, 중거리 탄도미사일에 기초하여 A2/AD 능력을 통해 군사적 기반을 구축하였다. 하지만 트럼프 행정부는 총 1,250개의 사정거리 500km에서 5,500km 탄도미사일과 순항미사일 전력을 보유한 중국과의 "대결 구도를 강조"하였지만, 이 대결과 경쟁을 어떠한 방식으로 수행할 것이며 이 과정에서 기존의 동맹 체제를 어떻게 활용할 것인가에 대해서는 집중하지 않았다. 트럼프 행정부는 2019년 9월 인도-태평양 전략Indo-Pacific Strategy을 제시하였으나, 중국이 "군사력 증강, 영향력 확대, 경제적 압박 등으로 동아시아 질서를 자신에게 유리한 방향으로 재조정"하려는 시도를 저지하고 동맹국을 결집하는 데 중거리 탄도미사일 배치를 어떻게 활용할 것인가에 대한 체계적인 접근은 없었다.[14]

2. INF 조약 폐기 이후 트럼프 행정부의 행동

INF 조약은 그렇게 방치되어 소멸되었다. 트럼프 행정부는 합의를 위반하는 러시아를 압박하여 INF 조약 의무를 이행하도록 유도하지도 않았고, 중국을 설득하여 미국과 소련/러시아의 양자합의 형태의 INF 조약을 중국까지 포괄하는 삼자합의로 확대하려고 시도하지도 않았다.

초기 단계에서 이러한 구상이 제시되었지만, 이에 기초한 구체적인 행동은 취해지지 않았다. 러시아가 합의를 이행하지 않는다는 관점에서, 트럼프 행정부는 해당 합의가 무의미하다고 판단하고 INF 조약에서 탈퇴하였다. 2019/20년 시점에서 중국이 자신이 보유한 탄도미사일 전력의 92.6%를 제거해야 하는 INF 조약에 참여할 가능성은 사실상 존재하지 않았다.

2019년 INF 조약 탈퇴를 선언한 트럼프 행정부는 다음 두 가지의 미사일을 준비하였다. 하나는 기존 토마호크 미사일에 기초한 사정거리 1,000km의 순항미사일로 빠르면 2021년 초 동아시아 동맹국 영토에 배치가 가능하며, 다른 하나는 사정거리 3,000~4,000km의 탄도미사일로 빠르면 2019년 말 실험을 시작해서 2025년 정도에 미국 영토인 괌 등에 배치할 수 있는 시스템이었다(Panda, 2019). 미국 해군과 해병대는 토마호크 순항미사일을 지상에서 발사할 수 있도록 개조하는 방안에 관심을 보였으며, 미국 육군은 기존 전술 탄도미사일을 대체하는 사정거리 3,000~4,000km의 다양한 신형 중거리 탄도미사일의 개발을 지지하였다.

하지만 미국의 주요 동맹국들은 트럼프 행정부의 INF 조약 파기에 우려를 표명하였다. NATO 국가들은 INF 조약의 파기가 기본적으로 러시아의 조약 위반에 기인하였다는 측면에서 트럼프 행정부의 러시아에 대한 강경 입장 자체는 지지하였지만, 유럽에 중거리 탄도미사일 또는 지상배치 순항미사일을 배치하지는 않겠다고 선언하였다. 미국이 INF

---

14 미국의 인도-태평양 전략에 대한 기본 보고서는 다음에서 찾을 수 있다. https:// media.defense. gov/2019/Jul/01/2002152311/-1/-1/1/DEPARTMENT-OF-DEFENSE-INDO-PACIFIC-STRATEGY-REPORT-2019.PDF(검색일: 2021. 2. 13).

조약을 파기하자 러시아는 자동적으로 자위적 차원에서 "새로운 무기를 개발"하여 균형을 복구하겠다고 발표하였고, 이에 그 새로운 무기로 직접 위협을 받는 유럽 국가들은 반발하면서 원인을 제공한 미국을 비난하였다. 2019년 6월 NATO 국방장관들은 공동 성명서를 통해 러시아가 INF 조약에 복귀할 것을 촉구하면서 NATO 국가들은 모든 방어적 조치를 취할 수 있지만 영토에 중거리 탄도미사일을 배치하지는 않겠다고 공표하였다. 2019년 8월 미국이 INF 조약의 파기를 선언한 이후에도, NATO는 기본적으로는 미국의 결정을 지지하고 러시아가 INF 조약을 위반하였기 때문에 조약이 파기되었다고 규정하면서도, "공격적으로 대응하지는 않겠다"라는 입장을 표명하였다(NATO, 2019).

동아시아 동맹국 또한 미국의 INF 조약 탈퇴를 환영하지 않았다. 일본은 트럼프 행정부의 INF 조약 파기 선언을 이해하면서도, 이 때문에 중국과의 경쟁이 격화되는 것을 우려하였다. 일본 정부는 INF 조약 파기 후 미국이 일본에 중거리 탄도미사일을 배치함으로써 중국에 대한 강력한 억지효과가 발생할 수 있다고 기대하면서도, 동시에 미국 탄도미사일의 일본 배치가 중국을 지나치게 자극할 가능성을 우려하였다.

한국 또한 INF 조약 파기에 우려를 표명하면서 중거리 탄도미사일의 한국 내 배치 가능성은 배제하였다. 국방부 대변인은 "한반도 비핵화에 대한 기본 입장에 변함이 없다"며 "아직 논의하거나 검토한 바 없고 계획도 없다"라는 입장을 표명하였다. 이러한 입장 자체는 핵탄두를 장착한 중거리 탄도미사일의 경우에 반대한다는 것이며, 따라서 한국 정부는 재래식 탄두를 장착한 탄도미사일에 대해서는 논의하지 않은 상황이다(이준삼, 2019).

미국은 조약 파기의 효과가 발생하자 즉시 행동하였다. 에스퍼Mark

[표 2] 미국이 개발을 고려하고 있는 중거리 미사일

구분	미사일 성격	사정거리	FY2021 요청예산(USD)	주요 특성
육군	정밀타격 미사일 (Precision Strike Missile)	700km 미만	1억 2,300만 달러	2023년 배치 목표. 단거리 정밀타격용
	전략 장거리포 (Strategic Long-Range Cannon)	1,500km 미만	6,500만 달러	2023년 초도 배치 목표. 중거리 정밀타격
	장거리 초음속 미사일 (Long-Range Hypersonic Missile)	수천 km	8억 100만 달러	2023년 배치 목표. 육군이 사용하는 전략무기
	신형 중거리 미사일 (New Intermediate Range Missile)	2,000km 이하	미정	2023년 초도 배치. 육군의 전략 타격 능력
	이동식 중거리 미사일 (Mobile Medium-Range Missile)	수천 km	0	현재 취소 고려
해병대	지상발사 순항미사일 (Ground-Launched Cruise Missile)	미정	미정	1억 2,500만 달러로 48발의 토마호크 미사일 구입하여 지상발사 능력 개발 중

출처: Kingston Rief and Shannon Bugos, "U.S. Aims to Add INF-Range Missiles", *Arms Control Today* (October 2020) https://www.armscontrol.org/act/2020-10/news/ us-aims-add- inf-range-missiles (검색일: 2021. 1. 24).

T. Esper 국방장관은 "몇 개월 이내에 아시아에 중거리 탄도미사일을 배치하고 싶다"라고 희망하였으며, 볼튼 안보보좌관은 중거리 탄도미사일을 배치하여 "동아시아 동맹국들을 중국 위협으로부터 보호"하는 것이 필요하다고 발언하였다. 이후 일본은 미국 중거리 탄도미사일의 배치와 관련해서 트럼프 행정부와 협의하였으며, 이를 통해 자위대의 지상발사 순항미사일 보유 등을 검토하였다. 하지만 실질적인 진전은 이루어지지 않았으며, 이후 추가적인 조치는 없었다.

하지만 중국은 강력히 반발하였다. 특히 INF 조약 파기의 원인으로 중국이 거론되었고, 미국이 "동맹국을 중국의 위협으로부터 보호"하기 위해 중거리 탄도미사일을 동아시아에 배치하려고 한다는 보도에 대해 중국은 강력하게 항의하였다. "미국이 아시아태평양 지역에 중거리 미사일을 배치하는 데 대해 중국은 결연히 반대한다"라고 하면서, 미국이 동아시아에 중거리 탄도미사일을 배치한다면 이것은 "중국의 문 앞에서 도발하는 것으로, 결코 좌시하지 않겠다"라는 입장을 표명하였다. 중국 정부는 이와 같은 미국의 도발에 "필요한 모든 조처를 해 단호히 반격할 것"이라고 선언하였다(차병섭, 2020).

3. 바이든 행정부와 INF 조약

2021년 1월 출범한 바이든 행정부는 INF 조약에 대해 공식적인 입장을 취하고 있지는 않다. 현재 다양한 현안에 집중하는 상황에서 잠재적인 문제로 일단 봉합된 INF 조약에 대해서, 2021년 2월 말 현재 특별한 입장을 보이지 않고 있다. 트럼프 행정부의 INF 조약 파기에 대해 민주당은 기본적으로 비판적이었으며, "상대방이 조약을 위반한다고 해서 우리가 그 조약을 파기해서는 안 된다"라는 입장을 견지하였다. INF 조약에 대한 논의가 진행되던 2018년 12월 민주당 소속 상원의원 26명은 트럼프 대통령에게 공개서한을 보내 미국이 INF 조약을 파기하는 대신, 러시아의 조약 이행을 압박할 것을 요구하였다. 여기에는 현 바이든 행정부의 부통령인 해리스Kamala Harris 당시 상원의원이 포함되어 있다.[15]

하지만 이와 같은 INF 조약의 존속 주장이 향후 바이든 행정부의 입장으로 채택될 것인가에 대해서는 다음과 같은 제한 사항이 존재한다. 첫째, 중국의 상대적 힘이 매우 빠르게 증가하였다. 세계은행 자료에 따르면 미국과 중국의 구매력 평가 경제규모는 2016/17년 역전되었다. 2016년 미국 GDP는 19.067조 달러였으며 중국은 18.595조 달러였으나, 2017년 GDP는 미국 19.519조 달러 중국 19.887조 달러를 기록하였다. 2009/19년 경제규모의 변화에서도 중국 GDP는 경상가격current price 으로 2009년 5.1조 달러에서 2019년 14.343조 달러로 성장하였고, 구매력 평가로는 2009년 10.742조 달러에서 2019년 22.527조 달러로 확대되었다. 반면 미국 GDP는 경상가격으로 2009년 14.448조 달러에서 2019년 21.433조 달러로, 그리고 구매력 평가로는 2009년 16.394조 달러에서 2019년 20.524조 달러 성장하였다.[16] 즉 GDP 규모에서 2009/19년 시기 미국과 중국의 격차는 경상가격으로는 거의 3대 1, 구매력 평가에서는 1.5대 1 수준에서 2019년 역전되었다.

둘째, 중국과의 경쟁 구도가 강화되고 있으며, 이에 대해서는 블링컨Tony Blinken 국무장관 또한 확인하였다. 2021년 1월 인준청문회에서 블링컨은 "트럼프 행정부의 방법에는 동의하지 않지만, 중국에 대한 강경 입장과 기본 원칙은 옳았다"라고 발언하였다(류지복, 2021). 이것은 국무장관 후보자의 입장에 국한되지 않았으며, 국방장관 및 국가정보국장DNI 지명자들 또한 중국에 대한 부정적인 입장을 표명하였다(Barnes et a., 2021). 따라서 이후 미국은 중국과의 경쟁 구도 자체는 유지할 가능성이 크며, 중국을 포괄하는 INF 조약이 현실화될 가능성은 크지 않다.

셋째, 가장 심각한 문제는 현재 INF 조약은 파기되었다는 사실이다.

---

15 해당 서한은 다음에서 찾을 수 있다. https://www.warren.senate.gov/imo/media/doc/ 2018-12-13%20Arms%20Control%20Letter.pdf(검색일: 2021. 2. 2).

16 해당 자료는 다음에서 확인할 수 있다. https://data.worldbank.org/.

2018년 민주당 의원들이 조약의 존속을 주장하였을 당시에는 조약 자체는 효력을 가지고 있었지만, 2019년 2월 미국 정부가 조약 파기를 선언하고 8월부터 그 파기 선언이 효과를 발휘하였다. 즉 2021년 2월 시점에서 INF 조약은 존재하지 않는다. 따라서 사정거리 500~5,500km의 탄도미사일을 금지하려면 새로운 합의가 필요하며, 특히 해당 탄도미사일을 많이 보유하고 있는 중국의 참여가 필수적이다. 하지만 현재 시점에서 중국이 미국과의 중거리 탄도미사일 제한 협정을 체결할 가능성은 매우 적다. 중국으로는 자신의 탄도미사일 전력의 중핵을 포기하지는 않을 것이며, 과거와 같은 강력한 위험에 직면하지 않는다면 타협이 이루어질 가능성은 거의 없다.

물론 바이든 행정부는 군축 및 군비통제에 적극적이다. 특히 러시아와의 군축 조약을 강조하여 핵탄두 숫자를 1,550개로, 그리고 핵무기 운반에 사용될 수 있는 ICBM - SLBM - 전략 폭격기의 숫자를 총 800개로 제한하는 New START의 연장을 협상하였다. 이에 2021년 1월 말 러시아가 해당 조약의 5년 연장에 동의하였고 미국 정부는 2월에 조약 효력의 5년 연장을 공식 발표하였다.[17] 또한 바이든 행정부는 이란이 우라늄 농축 관련한 JCPOA 의무를 다시 이행하고 이것을 IAEA가 확인하는 경우에 JCPOA에 다시 가입하겠다는 입장을 표명하였다. 이러한 측면에서 바이든 행정부는 INF 조약과 같은 군축/군비통제 합의에 상당한

---

17 New START 자체는 2010년 4월 체결되었고, 2021년 2월 그 효력이 만료될 예정이었다. 이번 연장으로 조약은 2026년 2월까지 효력을 가지게 되었다. 해당 조약은 핵탄두 운반 가능 미사일과 폭격기를 최대 800개로 규정하였고, 여기에 100개 예비 미사일과 폭격기가 포함된다. 따라서 실제 배치된 미사일과 폭격기의 상한선은 700개이다.

관심을 보일 가능성이 높지만, 이것이 미국의 실제 정책으로 이어지고 INF 조약과 같은 다자 합의가 이루어지기 쉽지 않을 것이다.

V. 한반도와 동아시아에 미치는 영향

  그렇다면 중거리 탄도미사일 문제가 한반도와 동아시아에 어떠한 영향을 미칠 것인가? 냉전 시기인 1979/80년 퍼싱-II 중거리 탄도미사일의 유럽 배치는 한반도와 동아시아에 특별한 충격을 주지 않았으며, 1987년 12월 INF 조약 또한 별다른 영향이 없었다. 냉전 시기에 유럽과 동아시아는 상당 부분 분리되었으며, 특히 이 시기 중국은 미국과의 전략적 협력을 통해 소련과 대립하고 있었기 때문에 유럽에서 진행되던 미국과 소련의 경쟁은 동아시아와 한반도에 큰 영향을 미치지 않았다. 오히려 퍼싱-II 배치와 관련된 대립은 미국과 중국 관계를 더욱 긴밀하게 하는 결과를 가져왔으며, INF 조약은 미국과 소련의 냉전을 종식시키면서 동아시아 안정성을 부분적으로 강화하였다. 한반도 차원에서도 중거리 탄도미사일 문제는 특별한 영향을 미치지 않았으며, 오히려 한반도 내부 역동성에 의해서 상황이 전개되었다. 즉 1979년 10월 박정희 대통령 살해와 12월 쿠데타, 그리고 1980년 5월 추가 쿠데타 등이 더욱 중요한 요인이었으며, 1987년 6월 이후 한국의 정치적 민주화는 한반도 상황을 결정짓는 핵심 동력이었다.

  2021년 현재 시점에서는 이전과는 다른 역동성이 작동하고 있다. 가장 큰 차이는 중국의 부상이며 이에 따른 미국의 견제이다. 러시아의 INF 조약 위반은 그 자체로 문제이기는 하지만, 그것 자체는 상대적으로 약화된 러시아에 의한 동부 및 중부 유럽에 국한된 위협이다. 하지만 중국은 동아시아 지역 전체에 상당한 불안정성을 야기하고 있으며, 동시에 미국에 대한 강력한 도전 요인으로 경쟁상대로 부상하면서 미국의 지역 동맹국들을 위협하고 있다. 트럼프 행정부가 INF 조약 자체를 파기한 여러 이유 가운데 하나가 중국의 중거리 탄도미사일 전력이었기 때문에, 향후 INF 조약 파기의 충격은 해당 전력을 둘러싼 미국과 중국의 경쟁 문제와 직결될 것이다.

한반도는 이와 같은 경쟁에 노출되어 있으며, 구체적으로는 다음과 같은 변수에 따라서 향후 상황이 결정될 것이다. 첫 번째 변수는 중거리 탄도미사일 개발에 대한 미국의 결정이다. INF 조약 파기 및 중거리 탄도미사일 문제는 미중 경쟁이 결과이자 추가 원인으로 작용한다. 즉 미중 경쟁으로 인하여 INF 조약이 파기되었지만, 동시에 중거리 탄도미사일 개발 및 배치 등은 향후 미중 경쟁의 방향과 속도에 상당한 영향을 미칠 것이다. 그리고 해당 사안에서의 주도권은 미국에게 있다. 현재 1,250기의 중거리 탄도미사일을 이미 보유하고 있는 중국과 달리, 미국은 새롭게 중거리 탄도미사일을 개발하고 배치하여야 하는 상황이다. 따라서 현재 시점에서 미국은 어느 정도의 사정거리를 가진 탄도미사일을 개발하고 어디에 배치할 것인가를 새롭게 결정해야 하며, 이 결정에 따라서 미중 전략 경쟁의 방향과 수준이 결정될 것이다.

두 번째 변수는 미국이 과연 중거리 탄도미사일을 동아시아에 배치할 것인가이다. 만약 미국이 중거리 탄도미사일을 개발하고 동아시아에 배치한다면, 중국은 당연히 반발할 것이며 이에 따라서 한반도 및 동아시아 지역 경쟁은 더욱 군사적인 방향으로 전개되며 그 속도는 매우 빨라질 것이다. 반면 미국이 중거리 탄도미사일을 개발하지만 배치하지 않는다면, 현재 수준에서 상황은 통제될 수 있다. 결국 문제는 미국이 중거리 탄도미사일을 동아시아/한반도에 배치하는가이며, 이에 따라 중국이 반응하고 결국 동아시아 전략 경쟁의 수준이 결정될 것이다.

　이러한 관점에서 우려되는 것은 미국이 중거리 탄도미사일을 통해 핵무기를 한국에 배치하는 경우이다. 북한 핵무장에 대한 대응책으로 미국이 한국에 중거리 탄도미사일 및 핵무기를 배치한다면, 중국은 강력히 반발할 것이다. 2016년 7월 기본적으로는 방어용 미사일인 사드THAAD가 배치되었을 때 중국은 한국에 대한 사실상의 경제제재를 진행하였다. 한국에 공격적인 성격의 중거리 탄도미사일이 배치된다면 발생할 중국의 반발은 2016년 경제제재와는 비교할 수 없을 정도로 강력할 것이다. 한국에 배치된 중거리 탄도미사일은 미중 위기 상황에서 심각한 상황을 초래할 수 있으며, 위기 안정성이 급격히 약화될 것이다. 한국에 배치된 중거리 탄도미사일은 베이징까지의 짧은 비행시간 때문에 중국 지도부에 심각한 위협으로 작용할 것이고, 따라서 중국으로서는 위기가 격화되기 전에 가능한 빨리 지도부에 대한 군사적 위협을 제거하려고 할 것이다.[18] 따라서 한국에 배치된 중거리 탄도미사일은 미중 군사 위기를 격화시키고, "피할 수 있는 군사 충돌을 유발하는 요인"으로 작용할 수 있다.

　이러한 관점에서 북한 핵개발에 대한 전략적 해결책으로 한국에 미국 핵무기를 다시 배치하여야 한다는 주장은 설득력이 약하며, 오히려 더 심각한 문제를 야기하는 부작용이 있다. 한국에 새롭게 반입될 미국 핵무기는 사정거리 5,500km 이하의 탄도미사일 및 순항미사일의 형태로 배치될 것이며, 이것은 결국 북한에 대한 강력한 핵억지력으로 작용하면서 동시에 중국에 대한 강력한 군사 위협으로 인식될 수 있다. 이에 중국은 한국을 베이징에 대한 기습공격이 가능한 미국 중거리 탄도미사일 기지로 인식할 수 있으며, 한국에 대한 경제적 적대시 정책을 넘어서 한국을 위기 상황에서 최우선적으로 제거해야 하는 목표물로 설정할 것이다. 또한 정치적으로도 중국은 미국과의 경쟁이 군사적 차원으로 확대되었다고 판단하고, 동아시아 전략 경쟁을 강화할 것이다. 이러한 상황이 현실화된다면, 중국은 북한을 더욱 강력하게 지원하면서 북핵 문제의 해결 자체를 더욱 어렵게 할 것이다. 이와 같이 북한 핵문제에 대한 해결책으로 미국 핵무기를 배치하는 것은 큰 부작용을 수반하며, 따라서 현명한 선택이라고 볼 수 없다.

세 번째 변수는 향후 기술 발전이다. 2021년 현재 시점에서 미국이 중거리 탄도미사일을 개발하지만 배치하지 않는다면, 상황 자체는 통제될 수 있다. 하지만 잠재적인 불안요인은 존재하며, 동시에 기술 발전에 의해 새로운 불안요인이 등장할 수 있다. 이러한 관점에서 주목해야 하는 군사기술은 초음속 글라이더hypersonic glide vehicle이다. 통상적인 탄도미사일은 발사 이후에 궤도 변경이 가능하지 않으며, 따라서 발사 초기 단계의 궤도를 추적하면 중간단계 및 이후 비행궤적 전체를 예측할 수 있고 동시에 최종 목표물을 파악할 수 있다. 현재 개발 및 사용되는 대부분의 미사일 방어망은 탄도미사일의 이러한 기술적 특성에 기반을 두고 있다.

하지만 현재 거론되고 있는 초음속 글라이더는 일단 발사된 이후에

---

18 냉전 시기의 퍼싱-II 미사일은 사정거리 1,800km를 10분에 비행하였다. 서울에서 베이징까지의 거리가 1,000km 정도이기 때문에 한국에서 발사된 탄도미사일이 베이징에 위치한 목표물을 파괴하는 데 소요되는 시간은 10분 이내일 것이다.

도 글라이더로 작동하면서 활공하고 비행하면서 궤도 자체를 수정한
다. 문제는 초음속 글라이더의 속도가 아니라 이와 같이 비행체가 궤도
를 수정할 수 있다는 사실이며, 따라서 궤도 수정이 가능하지 않은 탄도
미사일의 기술적 특성에 기초한 현재의 미사일 방어 능력 자체를 무력
화시킬 수 있다. 또한 탄도미사일은 대기권 밖을 비행하므로 발사 직후
에 수직으로 상승하며, 따라서 초기 단계에 레이더에 노출된다. 하지만
초음속 글라이더는 대기권에서 비행하기 때문에 초기 단계에 수직으로
상승하지 않고, 목표물에 근접한 시점에서야 상대방의 레이더에 포착
되며 상대방은 이에 적절하게 대응할 시간적 여유를 상실한다. [19]

    2020년 시점에서 미국과 중국 그리고 러시아 등 3개 국가가 초음속
글라이더를 적극 개발하고 있으며, 그밖에도 인도와 오스트레일리아,
독일, 프랑스 등이 개발 프로그램을 운용하고 있다. 미국은 육해공군이
각각 독자적인 개발 프로그램을 운용하고 있으며, 러시아는 이미 지난
2019년 여름에 실전 배치를 완료했다고 한다. 중국은 초음속 글라이더
개발을 위해 많은 노력을 기울이고 있고, 미국에 비해 20배 이상의 발사
실험을 수행하였다. 한국 또한 초음속 글라이더 개발을 적극적으로 고
려하고 있다(김귀근, 2020).

    이후 초음속 글라이더가 개발 및 배치된다면, 현재 INF 조약과 그와
관련된 역동성은 어떻게 변화될 것인가? 그리고 이와 같은 역동성은 한
반도와 동아시아에 어떠한 충격을 줄 것인가? 현재 시점에서 초음속 글

---

19 초음속 글라이더에 대한 상세 정보는 다음에서 찾을 수 있다. Kelley M. Sayler, *Hypersonic
    Weapons: Background and Issues for Congress* (Washington, DC: Congressional Research
    Service, December 2020).

라이더 공격을 방어하는 것은 매우 어려우며, 따라서 초음속 글라이더에 기초한 강력한 공격/보복 능력이 현실화될 것이다. 이러한 효과는 크게 두 가지로 상반되게 나타난다. 즉 강력한 공격능력 때문에 미국과 중국의 전략 경쟁은 악화되겠지만, 보복능력이 강화되면서 상대적인 안정성은 강화될 수 있다. 상반되는 두 가지 힘이 작용하면서 단기적인 위기안정성은 약화될 수 있지만, 장기적으로는 강력한 억지력이 작동할 것이다.

INF 조약과 관련된 가장 중요한 사안은 미중 경쟁의 문제이다. INF 조약이 파기된 것은 미중 갈등의 결과이기도 하지만 동시에 INF 조약 파기 이후에 미국의 선택에 따라서 — 특히 미국이 중거리 탄도미사일을 배치할 것인가에 따라서 — 미중 전략 경쟁의 수준과 방향이 결정될 것이다. 현재 추세가 이어진다면 미국과 중국의 강대국 경쟁은 불가피하지만, 어느 정도로 격화될 것인가 그리고 해당 경쟁이 정치/경제적 대립에서 멈출 것인가 아니면 군사적 충돌으로도 비화될 것인가에 대해서는 아직도 많은 가능성이 존재한다. 특히 미국이 중거리 탄도미사일을 개발하는 것 이상으로 동아시아에 배치하는 경우에는 미중 전략 경쟁은 매우 빠른 속도로 그리고 군사적 대립 방향으로 전개될 것이며, 바로 이러한 이유에서 바이든 행정부는 특별한 상황이 전개되지 않는 한 중거리 탄도미사일의 배치는 자제할 것이다.

한국으로서는 향후 미중 경쟁의 속도와 방향에 주의해야 하며, 경쟁 자체를 예방하려고 노력하면서도 동시에 미중 전략 경쟁이 너무 빠르게 진행되지 않도록 그리고 그 경쟁의 방향이 너무나 군사적인 성격을 띠지 않도록 통제해야 한다. 미중 경쟁은 장기적 추세이며, 이를 극복하거나 회피하는 것은 쉽지 않을 것이다. 하지만 미중 경쟁 상황을 통제가능한 방향으로 유도하는 것은 상대적으로 가능할 것이다. INF 조약 파기는 이러한 미중 전략 경쟁 과정에서 나타나는 많은 사안 가운데 하나이며, 향후 이와 유사한 사안들이 지속적으로 발생할 것이다.

INF 조약 파기 문제가 가지는 가장 중요한 함의가 바로 이것이다. 미국과 중국의 전략 경쟁은 오랫동안 지속될 장기적인 문제이며, 이 과정에서 다양한 사안이 돌출할 것이다. 미중 경쟁 자체를 통제하는 것이 사실상 불가능하다면, 전략 경쟁 자체를 수용하고 그 수준과 방향을 안전한 방향으로 유도해야 한다. INF 조약 파기와 중거리 탄도미사일 배치 가능성은 이 상황에서 나타난 첫 번째 사안일 뿐이며, 향후 더 많은 사안이 등장할 것이다.

| 참고문헌 |

김귀근. 2020. "지휘부 결심하면 극초음속유도탄 신속 개발가능". 연합뉴스 12월 19일.

류지복. 2021. "블링컨 트럼프 대중 강경책 옳아…중국은 가장 큰 도전과제". 연합뉴스 1월 20일.

이준삼. 2019. "국방부 美측과 중거리미사일 논의한 적 없어…계획도 없다". 연합뉴스 8월 5일.

차병섭. 2020. "中, '美미사일 일본배치설'에 문 앞에서 도발시 좌시 못해". 연합뉴스 6월 24일.

Baker, Peter and Rick Lyman. 2014. "Obama, in Poland, Reviews Commitment to Security." *The New York Times*, June 3.

Barnes, Julian E., Lara Jakes and Jennifer Steinhauer. 2021. "In Confirmation Hearings, Biden Aides Indicate Tough Approach on China." *The New York Times*, January 19.

Bolton, John R. 2011. "A Cold War Missile Treaty That's Doing Us Harm." *The Wall Street Journal*, August 18.

Bowman, Bradley and Andrew Gabel. 2019. "The U.S. Should Immediately Develop Intermediate-Range Missiles", *Policy Brief* (March 1), FDD., https://www.fdd.org/analysis/2019/03/01/the-u-s-should-immediately-develop-intermediate-range-missiles/ (검색일: 2020. 11. 24)

Gordon, Michael R. 2014. "U.S. Says Russia Tested Cruise Missile, Violating Treaty." *The New York Times*, July 28.

Hoffman, David E. 2009. *The Dead Hand: The Untold Story of the Cold War Arms Race and Its Dangerous Legacy*. New York: Anchor Books.

U.S. Department of Defense. Nuclear Posture Review. https://dod.defense.gov/News/ SpecialReports/2018NuclearPostureReview.aspx (accessed 17

August 2020).

The Department of Defense. Indo-Pacific Strategy Report, Preparedness, Part-
    nerships, and Promoting a Networked Region. https://media.defense.
    gov/2019/Jul/01/2002152311/-1/-1/1/DEPARTMENT-OF-DEFENSE-IN-
    DO-PACIFIC-STRATEGY-REPORT-2019.PDF (accessed 13 February
    2021).

The Department of Defense. Indo-Pacific Strategy Report, Preparedness, Part-
    nerships, and Promoting a Networked Region. https://media.defense.
    gov/2020/Sep/01/2002488689/-1/-1/1/2020-DOD-CHINA-MILITARY-
    POWER-REPORT-FINAL.PDF (accessed 7 October 2020).

https://www.state.gov/u-s-withdrawal-from-the-inf-treaty-on-august-2-2019/
    (검색일: 2020. 9. 12)

https://www.warren.senate.gov/imo/media/doc/2018-12-13%20Arms%20Con-
    trol%20Letter.pdf (검색일: 2021. 2. 2)

https://www.whitehouse.gov/briefings-statements/statement-president-regard-
    ing-intermediate-range-nuclear-forces-inf-treaty/ (검색일: 2020. 9. 12)

Kristensen, Hans. 2014. "Russia Declared In Violation Of INF Treaty: New Cruise
    Missile May Be Deploying." *The Federation of Atomic Scientists*, July 30.

Miles, Simon. 2020. "The War Scare That Wasn't: Able Archer 83 and the Myths
    of the Second Cold War." *Journal of Cold War Studies*, 22(3): 86-118.

Mohr, Charles. 1983. "Pershings Put Moscow on 6-Minute Warning." *The New
    York Times*, February 27.

NATO(North Atlantic Treaty Organization). 2019. "NATO and the INF Treaty."
    August 2.

Norris, Robert S. and Hans M. Kristensen. 2006. "Nuclear Notebook: Global Nu-
    clear Stockpiles, 1945~2006." *Bulletin of the Atomic Scientists*, Vol. 62,
    No. 4 (July/August), pp. 64-66.

Panda, Ankit. 2019. "After the INF Treaty: US Plans First Tests of New Short and

Intermediate-Range Missiles." *The Diplomat*, March 14.

Rief, Kingston. and Shannon Bugos. 2020. "U.S. Aims to Add INF-Range Missiles", *Arms Control Today* (October).

Sanger, David E. and William J. Broad. 2018. "U.S. to Tell Russia It Is Leaving Landmark I.N.F. Treaty." *The New York Times*, October 19.

Sayler, Kelley M. 2020. *Hypersonic Weapons: Background and Issues for Congress*. Washington, DC: Congressional Research Service, December.

Senate Democrats Urge White House to Continue Nuclear Arms Control Negotiations.

Shipler, David K. 1987. "Reagan and Gorbachev Sign Missile Treaty and Vow to Work For Greater Reductions." *The New York Times*, December 9.

Shultz, George. 1993. *Turmoil and Triumph: My Years as Secretary of State*. New York: Charles Scribner's Sons.

U.S. Department of Defense, 2018 Nuclear Posture Review.

U.S. Department of Defense, Indo-Pacific Strategy Report: Preparedness, Partnerships, and Promoting a Networked Region (June 2019)

U.S. Department of Defense, *Military and Security Developments Involving the People's Republic of China, 2020* (Washington, DC: Department of Defense, 2020).

U.S. Department of State, U.S. Withdrawal from the INF Treaty on August 2, 2019.

U.S. White House, Statement from the President Regarding the Intermediate-Range Nuclear Forces (INF) Treaty.

Witte, Griff. 2014. "After Russian Moves in Ukraine, Eastern Europe Shudders, NATO to Increase Presence." Washington Post, April 19.

제2장 유엔사의 과거, 현재, 그리고 미래:
관련 논쟁의 구조와 쟁점[*]

손한별(국방대학교 군사전략학과)

I. 서론

2018년 이후 한반도 평화체제에 대한 기대가 커지면서 "유엔군사령부UNC: United Nations Command(이하 '유엔사')"의 역할과 존속 여부에 대한 관심이 높아졌다. 이러한 관심이 처음은 아니다. 1953년 정전협정 이후, 1970년대 데탕트 시기, 1990년대 탈냉전과 같이 한반도 평화체제에 대한 관심이 높아질 때마다 함께 거론되는 것이 바로 유엔사 문제이다. 유엔사는 1950년 북한의 남침을 규탄하는 국제연합UN: United Nations의 결의에 의해 통합사령부로 창설되어 북한의 침략을 격퇴했고, 이후에는 한미동맹체제와 함께 한반도의 안정을 지켜왔다. 바로 그런 이유 때문에 유엔사가 남북한 평화체제로 전환하는 데에 걸림돌이 되고 있다는 비

---

* 본 챕터는 『한국과 국제정치』 36권 4호(2020)에 게재된 내용을 수정보완한 것임을 밝힌다.

판적 시각이 있고, 평화협정이 체결되면 당연히 해체되어야 한다는 주장이 있다. 이와 함께 역대 유엔사 사령관들의 '유엔사 강화' 주장이 한국민의 우려를 불러일으키기도 했다(『조선일보』, 2007/01/19).

　이같은 논쟁의 일부는 한미 연합방위태세에 대한 오해에서 비롯된 것이다. 1978년 이후 작전통제권을 한미 연합군사령부CFC: Combined Forces Command에 위임한 이후에는 유엔사가 정전 관리를 주임무로 해왔다는 사실을 간과하거나, 주한미군USFK: United States Forces Korea과 다국적군으로 구성된 유엔사를 혼동하기도 한다. 때로는 반미 정서에 기대어 유엔사를 비롯한 모든 외국군의 철수를 주장하는 일부의 시각을 반영한다. 실제로 세 개의 군사사령부를 한 명의 미군 4성 장군이 지휘하고 있어 한국의 안보보다 미국의 국익과 동아시아 전략을 우선적으로 추구한다거나, 주한미군 범죄의 처리, 방위비 분담 등과 관련하여 한국과 갈등을 겪으면서 "오만한 거인arrogant giant"이라는 평가를 받기도 했다(국방부 군사편찬연구소, 2013: 14-15).

　유엔사의 존립에 대한 논란은 계속될 것으로 보인다. 한국전쟁을 법적으로 종식시키는 '평화협정'이 체결되는 경우 유엔사 체제의 존속 여부가 논란이 될 우려가 있고, 최근에는 연합연습 간에 나타난 연합사와 유엔사의 지휘권한 갈등이 이슈화되기도 했다(『YTN』, 2019/09/14). 유엔사는 유엔헌장이나 그 법리 해석만으로는 존립 여부를 논할 수 없고, 정전협정의 폐기나 평화협정 체결 이후에도 미국의 의지에 따라 존속이 가능하다는 점에서 논쟁의 여지가 남아있다. 유엔사 문제는 한미동맹의 근간을 흔들 수 있고, 한국 안보 전반에 영향을 줄 수 있는 사안이다. 따라서 유엔사에 대한 관련국들의 입장을 정리하고, 우리의 대응방안을 사전에 마련할 필요가 있다.

본 연구의 핵심 질문은 '유엔사에 대한 쟁점은 무엇이 있으며, 어떻게 풀어나갈 것인가?' 라는 것이다. 궁극적으로는 한국의 국익에 부합하는 유엔사의 역할은 무엇이며, 이를 구현하려는 한국의 정책 방향을 설정하는 데 목적을 둔다. 이러한 질문에 답하기 위해, 우선 2장에서는 유엔사와 관련된 논쟁의 구조를 살펴본다. 기존 연구들의 경향을 간단히 살펴보고, 논쟁을 더욱 복잡하게 만들고 있는 시간과 영역에서 서로 다른 차원이 혼재되어 있는 현실을 분석한다. 3장에서는 유엔사를 둘러싼 쟁점들을 과거, 현재, 미래로 구분하여 살펴본다. 4장에서는 유엔사의 역할 대안과 한국의 전략 방향을 제시한다. 5장은 논의를 정리하면서, 향후 전망과 위험 관리 방안을 제시한다.

II. 유엔사 관련 논쟁의 구조

이미 유엔사에 대한 다양한 연구가 진행되어 왔다. 첫째, 많은 연구는 유엔사의 창설과 법적 지위를 다룬다. UN헌장의 근거와 작전지휘권의 이양, 유엔사의 법적 지위에 대한 논쟁이다(김동욱, 2009; 김정균, 1985; 노동영, 2017; 이상면, 2007). 둘째, 유엔사의 역할 변화 양상을 다룬 연구들이 있다. 유엔사의 창설기로부터 1970년대 존폐 논쟁기, 탈냉전기의 논쟁점 등을 다루고, 특히 냉전 이후 꾸준히 추진되고 있는 유엔사 역할 강화를 분석한 연구들이 많다(김종대, 2012; 설인효, 2018; 안준형, 2019; 홍규덕 등, 2019a). 셋째, 남북한의 상황 변화를 계기로 유엔사의 존립 여부에 대한 검토들이 있다(김선표, 2005; 이명철·엄태암 외, 2009; 정재욱, 2014; Chung, 2019; Yoo, 2017). 많은 경우 유엔사가 남북관계의 개선을 가로막는 분쟁의 원인으로 치부되면서 해체되어야 한다는 결론으로 귀결되지만(이철기, 2001; 장용훈, 2003; 조성렬, 2007), 더 적극적으로 유엔사를 활용하고 참여할 것을 요구하는 연구도 있다(장광현·최승우 외, 2017; 한국국방연구원, 2007; 홍규덕 등, 2019b).

유엔사에 대한 역사적 고찰이 우선되어야 겠지만, 중요한 것은 유엔사에 대한 다양한 쟁점을 정확하게 파악하고, 각 쟁점에 대한 한국의 입장과 전략은 무엇인지를 살펴보는 것이다. 이에 앞서, 이러한 논쟁이 발생하게 된 구조부터 분명히 할 필요가 있다. 6·25전쟁 이후 한반도의 정전체제를 유지하고 한국의 안보를 직접 담당해온 유엔사에 대해서, 2020년 시점의 다양한 견해가 놀라운 일은 아니다. 그만큼 유엔사가 한국 안보와 국방에서 담당해온 비중이 컸다는 것을 방증하는 것이며, 급변하고 있는 한반도 안보 환경의 안정성에 대한 불안이 투영된 것임을 알 수 있다. 또 서로 논의의 근거로 삼는 시간과 영역의 차원이 혼재되어 있다는 데에서 기인한다. 유엔사 문제는 다른 안보 및 동맹 이슈들과 연계되어 있고, 연구자에 따라 의도적으로 또는 의도치 않게 시간과 영역을 넘나든 결과로 불필요한 논쟁이 확산되기도 한다.[1]

먼저 '시간'적으로 과거, 현재, 미래 유엔사의 역할과 지위를 혼동하여 사용한다. 첫째, '과거'의 유엔사는 안보리 결의에 따라 창설되어 국제법에 근거를 두고 있는 국제기구로서, 한반도에서의 전쟁 재발을 성공적으로 억제해왔다. 한국전쟁 당시 참전국들은 유엔사를 통해 전력

1　특히 '시간' 요소에 따라 쟁점을 구분한 것은 각각의 쟁점이 시작된 시점을 강조하는 것이다. 따라서 본 연구에서 '과거'나 '현재'의 쟁점으로 분류되었다고 해서 쟁점이 해결되었음을 의미하지는 않는다. 또 각각의 쟁점이 완전히 독립적이지 않고 서로 연계되어 있다는 점은 분명하다.

을 파견·유지하였고, 전쟁을 수행하였다. 정전협정 체결 당일에는 참전국들이 워싱턴조약을 통해 전쟁 재발시 지원군을 파견할 것을 약속한 바 있다. 1978년 연합사가 창설된 이후에는 정전협정의 유지와 유사시 전력 제공 역할을 수행해왔다. "집단안보와 유엔군의 이상[理想]"을 갖고 창설된 유엔사는 한국 안보의 큰 축을 담당해왔다(손경호·박민형 외, 2019: 105-113).

둘째, 전시작전통제권 전환 과정에 있는 '현재'의 유엔사는, 미중의 경쟁과 협력이라는 동북아 안보 지형과 한반도 비핵화와 평화체제를 두고 경쟁하는 남북관계의 현실을 반영한다. 북한은 지금까지 평화체제 구축의 전제조건으로 "존재 자체가 한반도 평화를 위협"하는 유엔사 해체를 주장해왔고, 중국과 러시아도 최근까지 유엔사 해체를 한반도 종전선언과 연계시켰다(United Press International, 2019/10/23). 한국 정부도 북한과 미국의 입장 변화를 예의주시하고 있으나 평화체제 이행과 관련하여 유엔사에 대한 특정 입장을 공식화하지 않고 있다. 다만 남북 교류협력을 추진하는 가운데 일부 법 적용의 문제가 불거지면서, 한국의 "주권행사를 제한할 수 있다"는 우려를 내놓은 바 있다. 평화체제로의 이행을 위한 로드맵이 합의되지 않은 채, 유엔사가 보유한 '현재'의 권한과 역할이 '미래' 유엔사에 대한 기대와 상충하고 있는 것이다.

셋째, '미래'의 유엔사에 대한 우려는 특정한 가정에 기초하는데, '한반도에서는 평화체제가 이어질 것이지만 미중 간의 경쟁이 격화될 것'이라는 것이다. 특히 현재 진행 중인 전작권 전환 이후 평화체제 하에서 유엔사의 존립 및 역할과 관련하여 한미 간의 이견이 발생할 수도 있다. 핵심적인 관심은 평화체제 하에서 유엔사가 존속할 것인지, 그 근거를 상실하는 것인지에 대한 논쟁이다. 작전적인 수준에서는, 평시 북한이 국지도발을 일으키는 경우 미국이 유엔사를 통해 한측의 대응조치를 통제함으로써 군사주권을 제한할 수 있고, 유사시에는 이북지역 작전에 미국이 소극적으로 대응하면서도 유엔사를 통해 영향력을 유지하려는 시도에 대한 우려가 있다.

다음으로는 '영역'의 측면에서도 제도, 운영, 행태적인 측면이 구분되지 않고 혼재되어 나타난다. 첫째, 많은 경우 유엔사의 '제도적 측면 institutional aspect'을 강조한다. 유엔사를 안보리의 공식 보조기관으로 볼 것인지, 다국적군의 한 기관으로 볼 것인지의 법적 성격, 만약 해체한다면 해체 방식과 절차에 대한 문제, 전작권 전환 이후 유엔사의 작전통제권 행사 여부 등이 있다. 이 때문에 미래 유엔사의 역할과 지휘관계에 대한 우려를 '관련약정TOR: Terms of Reference'과 '전략지시SD: Strategic Directive'로써 해결하려는 제도적 측면에 집중하지만, 유엔사와 관련된 모든 우려가 제도만으로 불식되는 것은 아니다.

둘째, 현실주의적 국제정치에 주목하면 유엔사는 '운영의 측면operational aspect'에서 바라볼 수밖에 없다. 특정 체제의 제도화, 법제화와 상관없이 이를 어떻게 운영하는가 하는 것이다. 이 경우 유엔사의 실질적인 운영은 국력과 군사력에 의해서 결정된다. 미래 한반도 방위체제의 구조와 제도가 어떻게 성립하더라도 주한미군 사령관의 영향력은 유지될 것이며, 동맹체제 내의 '힘의 균형'에 따라 달라질 수 있다는 것이다. 전작권 전환과 '유엔사 재활성화'와 관련하여 미국의 의도에 의구심을 가지는 이들은 동맹 내의 비대칭성을 제도로 극복하고자 한다. 그러나 제도를 통해 모든 우려를 해결할 수도 없고, 그것을 해석하고 운영하는 것은 전혀 다른 문제이다.

셋째, '행태적인 측면behavioral aspect'에서 바라본다면 구성주의적 관점 또는 동맹의 신뢰성에 집중하게 될 것이다. '오만한 거인'으로서의 미국의 행태에 불만을 품을 수 있고, 미국이 유엔사에 대한 절대적인 권한을 가진다는 사실은 이러한 불만을 더욱 강화하는 근거로 사용된다. 그러나 반대로 한국과 미국의 상호신뢰가 기반된다면 유엔사는 미국의 의지대로만 지위와 역할이 결정되지 않을 것이다. 70년 한미동맹의 역사, 지전략적 가치를 가진 주류국host nation로서의 한국에 대한 인식, 동맹 내의 동맹정치alliance politics가 제도나 운영보다 더욱 중요한 의미를 가질 수도 있다.

[표 1] 유엔사 관련 이슈와 쟁점

과 거	현 재	미 래
유엔사 존립 근거와 역할	전시작전통제권 전환	한반도 평화체제의 정착
• 유엔사의 존립 근거(I) • 한국의 지위 문제(O) • 정전협정 유지 임무(O)	• 교전규칙의 충돌(O) • 저작권 보유의 주체(I) • 전환 이후 지휘관계(O) • 유엔사 재활성화/확대(O)	• 유엔사의 존폐 문제(I) • 유엔사의 역할 변화(B) • 유사시 대응 및 억제(B)

[표 1]은 유엔사와 관련된 이슈와 쟁점을 정리한 것이다. 앞서 밝힌 바와 같이 각각의 쟁점이 서로 엮여 있을 뿐만 아니라 유엔사 외에 연합 방위 및 한미동맹, 국가안보 이슈와도 연계되어 있다는 점에서 엄격한 구분은 불가능하다. 그러나 복잡한 현상을 단순화하여 보는 과정 역시 상황에 대한 명확한 인식을 위해 병행되어야 한다. 과거-현재-미래의 시간적 연속선상에서, 제도-운영-행태라는 쟁점의 영역이 혼재되어 있지만, [표 1]과 같이 거칠게 구분할 수 있다. 본 연구는 이러한 10개의 쟁

점을 자세히 분석함으로써, 유엔사의 변화를 역사적으로 고찰하고 미래 유엔사 역할에 대한 선택지와 한국의 전략을 논의하는 작업도 병행할 수 있을 것으로 기대한다.

III. 유엔사 관련 쟁점: 과거, 현재, 미래

1. 과거: 유엔사의 존립 근거와 역할

1) 유엔사는 유엔의 산하기관인가? (I)

1950년 6월 25일 북한의 불법 남침으로 전쟁이 발발하자, 유엔 안보리는 북한의 남침을 규탄하고 침략 중지 및 철수를 요구하는 결의안 제82호를 결의하였다(UN Security Council Resolution[이하 'UNSCR'] 82, 1950). 27일에는 결의안 제83호를 통해 유엔 회원국에게 지원을 요청하였으며(UNSCR 83, 1950), 7월 7일에는 회원국의 참전을 효과적으로 지원하기 위한 통합사령부United Command 창설을 권고하는 결의안 제84호를 채택하였다(UNSCR 84, 1950). 7월 31일에는 국제사회의 한국 지원 및 구호를 유엔사가 결정하도록 하는 결의안 85호를 채택했다(UNSCR 85, 1950). 지휘권을 위임받은 미국은 미 합참을 대행기구로 지정하였고, 합참은 당시 극동군 총사령관이자 주일미군 사령관을 겸직하고 있던 맥아더Douglas MacArthur 원수를 유엔군사령관에 임명하였다(박홍순, 2010: 314-316). 7월 14일에 맥아더 사령관에게 유엔군사령부 부대기가 전달되었고, 이승만 대통령은 한국군에 대한 작전지휘권 일체를 유엔군사령관에게 이양하였다. 7월 24일, "유엔군을 지휘통제하며, 북한군의 무

력공격을 격퇴하고 국제평화와 안전 회복을 위한다"라는 목적의 유엔
군사령부가 도쿄의 극동군사령부에서 창설되었다.

유엔사에 관한 가장 오랜 쟁점이자 가장 첨예하게 대립하고 있는 것
이 바로 유엔사가 유엔의 산하기관인가 하는 문제이다. 먼저 유엔사가
유엔의 보조기관이 아니라는 견해가 있다(김선표, 2005; 민경길, 1997;
Higgins, 1970). 안보리의 결의에 의해서 창설된 것은 맞지만 산하기관
은 아니라는 주장, 안보리의 강제조치는 있었지만 참전국들의 행동은
개별행위로 보아야 한다는 주장, 참전국들의 군사행동은 유엔의 강제
조치가 아니라 미국이 주도하는 다국적군MNF: Multi National Force의 형태로
집단적 자위권을 행사했다는 주장이 있다. 유엔사가 유엔의 예산을 사
용하지 않고, 유엔의 공식기록에 보조기관으로 제시되지 않고 있으며,
유엔의 지휘를 받지 않는다는 점이 이러한 주장을 뒷받침한다. 1994년
부트로스-갈리Boutros-Ghali 유엔 사무총장이 "유엔 안보리가 통합사령부
를 설립한 것은 아니다"라고 공식적인 입장을 표명했고,[2] 1998년에도
코피 아난Kofi Annan 사무총장은 "전임 사무총장 가운데 그 누구도 유엔의
이름을 사용하도록 승인한 바 없다"라고 밝힌 바 있다(안준형, 2019: 61).

반대편에는 유엔사가 유엔의 '보조기관'이라고 보는 견해가 있다
(노동영, 2017: 57-65; 박치영, 1995: 291). 유엔사는 안보리 결의에 따라 강
제조치를 실행하는 기관이며, 유엔의 이름으로 실력을 행사한다는 것
이다. 유엔사는 안보리 결의안 제84호에 따라 통합사령부로 창설되었

---

2 부트로스-갈리 사무총장(1994. 6. 24.)은 북한 외무상에게 "유엔 안보리가 통합사령부를 설립한 것
   이 아니라 그렇게 할 것을 권고한 것"이고, 그렇기 때문에 "(유엔이 아니라) 미국만이 유엔사 존속이
   나 해체에 대한 결정 권한을 갖고 있다"라는 공식입장을 발표한 바 있다.(구본학, 2019: 6)

으며, 결의안 제85호는 국제사회의 지원 및 구호를 안보리를 대신하여 유엔사가 관장하도록 했다는 점에서 이 주장의 근거를 찾는다. 이후 유엔의 각종 문서에서도 '유엔군UN forces' 또는 '유엔사령부UN Command'라는 용어가 일반적으로 사용되었고, 유엔 총회는 한국문제에 대해 통합사령부에게 지속적으로 지침을 하달하고 보고를 접수한 바 있다.[3] 1950년 유엔 총회는 한국전 참전 병력에게 유엔 기장을 수여하도록 했으며, 1955년에는 '한국 내 유엔기념묘지'를 설립하도록 결의한 바 있다. 이러한 사례를 통해 유엔사를 유엔의 보조기관으로 볼 수밖에 없다는 주장은 설득력을 얻는다.

유엔사의 '기관성' 문제는 양측의 주장이 평행선을 달리고 있고, 법적으로 판정될 수 있는 문제는 아니다. 양측의 주장은 각각 근거가 있고, 한반도 안보 상황이 변해가면서 더욱 첨예하게 대립할 수 있다. 그런 의미에서 제성호 교수는 절충적 해석을 내놓았다. 유엔사의 '보조기관성 긍정론'이 전통적 견해로서 지지받아온 것도 사실이고, 엄격한 의미에서 유엔사가 그 법적 지위를 온전히 인정받는 것은 어렵지만, '넓은 의미의 보조기관'으로 이해할 수 있다는 것이다. (제성호, 2003: 45). 유엔사의 기관성 논쟁은 이후 다른 쟁점들과 연계되면서 더욱 복잡한 양상을 보이고 있는바, 이에 대한 이해는 유엔사를 이해하는 가장 기초적인 작업이다.

---

3   유엔에서 공식적으로 사용된 사례로, 유엔총회 결의 제376(V)호(1950. 10. 7.), 제410(V)호(1950. 12. 1.), 제498(V)호(1951. 2. 1.), 제610(Ⅶ)호(1952. 12. 3.), 제804호(1953. 12. 3.), 안보리결의 제88호(1950. 11. 8.), 유엔총회 결의 제3390(A, B)호(1975. 11. 18.)에서 the United Nations Unified Command, the United Nations forces, the United National Command를 단독 또는 혼용하여 사용하였다(제성호, 2019: 4).

2) 유엔사 내에서 한국의 위치는 무엇인가? (I)

어떤 국가가 유엔사 전력제공국 또는 회원국인지는 현재까지도 논란이 되고 있다. 1953년 유엔사령관이 유엔 사무총장에게 보고한 내용에 따르면, 호주·벨기에·캐나다, 콜롬비아·에티오피아·프랑스·그리스·룩셈부르크·네덜란드·뉴질랜드·필리핀·태국·터키·남아프리카공화국·영국·미국·한국 등 17개국이 유엔사의 전투부대를 구성하고 있다. 또한 덴마크·인도·이탈리아·노르웨이·스웨덴을 의료지원국으로, 기타 수송, 의료장비, 식량, 재정, 기타 지원을 제공한 국가를 나열했다(S/2897, 1953). 한국이 유엔사의 회원국인지의 법리적인 해석 문제는 유엔사 체제에서의 한국 정부의 권한을 설정하는 데 있어 중요한 근거가 될 수 있다.

먼저, 한국이 유엔사의 전력제공국이자 회원국이라는 견해가 있다. 이기범은 위의 1953년 유엔사령관 보고서를 근거로 한국이 유엔사의 '전력제공국'이었다고 주장한다. 그는 어떤 국가가 유엔사 파견국인지는 미국이 결정한다고 전제하면서, 유엔사의 파견국을 "1953년 정전 시까지 한국전쟁 기간 동안 유엔사에 인적 또는 물적 자원 제공을 제안한 국가 중 미국이 그것을 받아들인 국가"라고 정의했는데, 한국도 이러한 조건을 충족하기 때문에 유엔사 전력제공국이라고 결론내렸다(홍규덕 등, 2019a: 42-43). 유엔사가 유엔의 보조기관이라는 관점에 따른다면, 그 목적이 한반도 안정 유지에 있다고 하더라도 전력제공국의 지위가 전혀 어색한 것은 아니다.

다른 한편으로는, 한국은 유엔사의 회원국이나 전력제공국이 아니라 피지원국일 뿐이라는 주장이 있다(제성호, 2019: 16-17). 사실 한국은 한국전쟁 당시 유엔 회원국도 아니었다는 점에서 정전협정 체결의 '당사자 문제'가 논란이 되기도 했고, 현재도 '잠재적 피지원국'의 지위에 머무른다는 주장이다. 물론 한국이 유엔사에 작전지휘권을 이양하는 등 유엔사와 완전히 무관하다고는 할 수 없지만, 유엔사 내에서 한국의 공식적인 지위가 인정되지는 않는다는 견해이다. 이같은 견해는 한국이 유엔사의 일부가 아니라 유엔사와 협의해야 하는 '주체'로서 역할을 해야 한다는 입장을 대변한다.[4] 한국군이 유엔사의 일부를 구성하고는 있지만 굳이 회원국으로서 역할을 할 필요는 없다는 주장이다.

그러나 한국이 유엔사의 회원국이 아니라는 근거를 찾기도 어려운 것이 사실이다. 위에서 본 바와 같이 전력제공국이라는 이름은 한국 문제에 대한 주도권을 표현하지 못한다는 비판은 있다. 따라서 회원국이나 전력제공국이 아니라 '주류국host nation'으로서 '유엔사의 일원'이 되며, 한국 문제에 대한 주도권을 가진다는 견해가 설득력을 가진다. 한국은 주류국으로서 유엔사에 참모진을 제공하고 전력제공국들과 협의를 진행한다는 것인데, 최근 독일과 일본의 유엔사 편입 우려는 오히려 주류국으로서의 한국의 지위를 공고히 하고 유엔사 문제에 대한 동의와 사전 협조 권한을 확보한 사례라고 판단된다(『YTN』, 2019/07/11). 유엔사 재활성화나 미래 역할 변화에 있어 한국의 이익을 적극적으로 관철하기 위해서도 주류국의 지위를 가지고 유엔사와 협의하는 것이 나을 것이다.

---

4 미국 합참의장지시(Chairman of the Joint Chiefs of Staff Instruction) 2015.01에 따르면, '유엔군 사령부 전력 제공을 위한 절차'는 한국과 미국을 제외한 현재의 유엔 전력제공국 목록을 열거하면서 "신규 유엔사 전력제공국 지정에는 반드시 美 국무부와 대한민국 간 협의가 선행되어야 한다"라고 명시했다(안준형, 2019: 41 재인용).

3) 유엔사의 '정전협정 유지' 임무는 어떤 의미가 있는가? (O)

1953년 7월 27일 정전협정이 체결되었다. 유엔사령관은 일방당사자로 정전협정에 서명하였고, 이후 정전협정 준수 및 이행의 책임을 지게 되었다.[5] 1953년 8월 30일 클라크Mark W. Clark 사령관이 동해와 서해에 북방한계선NLL: Northern Limit Line을 설정한 것도 양측의 군사력을 분리하는 정전협정 관련 임무를 수행한 것이었다. 2018년 남북한이 '평양공동선언'과 '판문점선언 군사분야 이행합의서'에 합의했는데, 여기에는 유엔사의 정전협정 관련 권한과 책임에 대한 내용이 상당수 포함되었다. 이에 따라 남북한 및 유엔사의 3자 협의체가 공동경비구역JSA 비무장화를 논의하기도 했다. 정전협정 체결 이후 유엔사의 '정전협정 유지' 임무가 변함없이 지속되고 있다는 것을 잘 보여준다.

이러한 유엔사의 정전협정 유지를 '책임'으로 보는 이들은 정전협정의 군사적 의미에 중점을 둔다. 정전협정 제1조 9항은 "민사행정 및 구제사업의 집행에 관계된 인원과 군사정전위원회로부터 특별히 허가를 얻어 들어가는 인원을 제외하고는 어떤 군인이나 민간인도 비무장지대로 들어가는 것이 허가되지 않는다"라고 명시하고 있으며, 10항에서는 "비무장지대 내 군사분계선 이남의 부분에 있어서의 민사행정 및 구제사업은 유엔군사령관이 책임진다"라고 규정하였다(정전협정, 1953). 이러한 책임 규정에 따라서 유엔사는 비무장지대 남측 지역에서의 모

---

5 정전협정과 관련한 유엔사의 임무는 다음과 같다. 군사정전위원회 가동, 중립국감독위원회 운영, 판문점 공동경비구역 경비대대 파견·운영 및 휴전협정 준수를 위한 작전통제, 비무장지대 내 경계초소 운영, DMZ(Demilitarized Zone) 출입 및 군사분계선 통과 승인, 북한과의 판문점 장성급 회담 등을 통한 북한군과의 대화 및 접촉 유지, 휴전협정 이행에 관한 유엔안보리 보고 및 건의 등(이상철, 2012: 96).

든 활동에 대한 승인권을 가진다. 미국이 '9·19 군사합의' 이행 과정에서 유엔사의 '정전체제 유지' 임무를 강조한 것은 유엔사와 정전협정의 무실화를 사전에 차단하려는 것으로 평가할 수 있다(『중앙일보』, 2018/ 09/26).

반면, 유엔사의 정전협정 유지를 '권한'으로 보는 입장이 있다. 정전협정이 군사적인 차원을 넘어 포괄적인 한반도 평화 유지를 의미하는 것이며, 정전협정 유지를 위해 광범위한 정치외교적 권한을 행사할 수 있다는 결론에 이른다. 실제로 이러한 권한은 때로 군사분계선 이남 2km라는 지역적 범위를 뛰어넘어 한국의 정치적 자주성과 외교적 유연성을 제약하는 기제로 작동하기도 했다. 이러한 견해는 전작권 전환에도 불구하고 정전협정이 폐기되지 않는다면, 미국이 이를 근거로 전시에도 한국의 독자적인 자위권을 허용하지 않을 수 있다는 우려로 발전했다. 유엔사가 미국의 주도로 운영되는 상태에서, 유엔사와 미국을 동일시하는 시각을 반영하는 것이다.

그러나 위에서 보는 것처럼 유엔사의 정전협정 유지는 권한일 뿐만 아니라 책임이기도 하고, 그 적용의 문제도 상황에 따라 선호가 달라지거나 해석의 차이를 보일 수 있다. 따라서 유엔사의 정전협정 유지와 관련한 문제는 협의를 통해 운영적으로 풀 수밖에 없다. 한미는 평시에도 안보·국방 당국간 강력한 협의체를 가지고 있고 전시에는 전쟁지도기구가 구성되기 때문에, 일부에서 우려하는 바와 같이 유엔사가 독단적으로 정전협정 유지를 강요하기 어렵다. 전시의 적성선포, 방위태세 격상, H-hour(공격개시시간) 선포 등은 양국 군통수권자의 협의사항이므로, 미 합참의 지시를 받는 군사기구인 유엔사가 전쟁지도부의 결정을 제한할 근거가 없기 때문이다. 오히려 군사적 차원에서 유엔사가 그 책임을 다하는 것을 정치적으로 제약하는 데서 갈등이 증폭될 우려가 있다.

2. 현재: 전시작전통제권 전환과 유엔사 재활성화

1) 평시 한국의 자위권과 유엔사의 정전교전규칙은 충돌하는가? (O)

정전협정이 유지되는 한반도의 특수한 상황은 평시와 전시를 구분할 수밖에 없도록 만들었다. 2011년 한국군과 유엔사는 '정전 관리 기록각서'를 체결하였다. 골자는 정전협정과 전략지시 2호에 명시되어 있는 유엔사령관의 정전 관리 책임과 권한을 인정하고 지킬 것을 약속하는 것이었다. 2010년 북한의 연이은 도발에 한국군이 과도하게 대응함으로써 한반도에 위기를 고조시킬 수 있다는 우려에서 비롯된 것이다. 최근에 우려가 제기된 유엔사령관의 지휘권 문제도 '유엔사/연합사 규정 525-4: 정전교전규칙(2013년 5월 8일)'에 근거를 두고 있다. 전작권 전환 이후에도 평시에는 유엔사가 정전협정의 관리주체이고, 한국군에 대해서도 정전협정 관련 지시권directive authority을 갖는다(안준형, 2019: 47-48).

먼저 유엔사가 정전 관리 권한을 행사하는 경우 한국의 자위권을 제한할 수 있다는 주장이 있다. 전작권이 전환되더라도 정전협정이 유지되는 한 이같은 우려는 완전히 해소되기 어렵다. 정경영은 연평도 포격 도발시 "비례성의 원칙에 의거 포로만 대응을 하고 일체 전투기로 보복, 폭격하지 못하도록 한국의 카운터파트에게 전화하였다"라는 게이츠Robert Gates 국방장관의 회고록을 근거로 정전교전규칙이 한국의 자위권을 제한했다고 주장했다(홍규덕 등, 2019b: 15). 2020년 5월 발생한 감시초소GP: Guard Post총격 사건에서 보는 것처럼 유엔사는 북한의 도발에 대한 한국의 '과잉대응'을 우려해왔고, 정전협정의 틀 안에서 대응해야 한다는 원론적인 입장을 갖고 있다(『서울신문』, 2020/05/26).

반대 측에서는 한국의 자위권이 어떠한 국내외 법과 규정보다 우선

한다고 본다. 연평도 포격도발 당시, 청와대 국방비서관이었던 김병기는 다른 해석을 내놓았다. 당시 유엔사가 한국군의 자위권적 군사행동을 저지했다는 주장이 제기되고 있으나, 이는 한국군의 최초 대응이 아니라 차후 조치 단계에서 발생한 사안이라는 것이다. 초기대응 시 강력한 자위권적 대응을 시행하지 않은 것은 미국의 압력이 아니라 확전을 통제해야 한다는 한국군 수뇌부의 전략적 판단에 따른 것이며, 유엔사와는 협의조차 하지 않았다고 밝혔다(홍규덕 등, 2019b: 4). 이러한 주장은 1994년에 한국으로 평시 작전통제권이 전환되었기 때문에 평시 국지도발에 대해서는 합참의 교전규칙이 우선한다는 해석으로 발전하기도 했다.

이같은 논쟁은 유엔사의 정전교전규칙이 국군의 '기본교전규칙 SROE: Standing Rules of Engagement'이나 '합참 교전규칙'과 상이하기 때문에, 무엇을 우선 적용해야 하는가의 문제에서 비롯된다. 물론 자위권이 어떠한 교전규칙에도 우선한다는 것은 분명하며, 교전규칙이 자위권을 침해하는 경우가 있어서는 안된다. 다만 한국군과 유엔사의 교전규칙을 합치하려는 위한 노력이 필요하며, 최소한 불일치가 발생하는 지점을 어떻게 해석할지에 대한 협의가 필요하다. 전작권 전환 이후 평시와 전시의 작전통제권을 모두 보유하게 될 '미래 연합사'가 유엔사와 좀더 긴밀한 관계를 유지할 수 있도록 노력해야 할 이유이기도 하다.

2) 전작권 전환 이후, 작전통제권이 유엔사에 귀속된다는 해석의 여지가 있는가? (I)

전작권 전환은 한국 합참과 현재와 미래 연합사령부, 주한미군사, 유엔사의 지휘관계에 관련된 다양한 문제가 결부되어 있다. 1994년 평시 작전통제권이 전환되었고, 2000년대 전시 작전통제권의 전환 문제가 본격적으로 논의되기 시작했다. 연합사와 유엔사가 함께 해체되는지에 대한 논의도 있었지만, 핵심 쟁점은 전작권을 보유하고 있는 주체는 누구인지, 연합사에 위임되었던 전작권이 유엔사로 재차 귀속되는지의 문제였다. 이는 1950년 7월 이승만 대통령이 유엔사령관에게 허여한 '작전지휘권', 1978년 11월 유엔사가 연합사에 위임한 '작전통제권', 1994년 전환된 '평시작전통제권'과 현재 추진 중인 '전시작전통제권'이 담고 있는 내용이 동일한 것인지에 대한 것으로, 법적인 해석의 문제를 담고 있다.

먼저, 현재 연합사령관이 가진 전시작전통제권은 1978년 유엔사가 '위임'한 것이므로 전작권이 전환되면 다시 유엔사로 돌아간다는 주장이다(안광찬, 2002: 122). 1950년 이승만 대통령이 한국군에 대한 '지휘권 일체'를 유엔군사령관에게 이양한 것과 1954년 '한국에 대한 군사 및 통제 원조에 관한 대한민국과 미합중국 간의 합의의사록'에서 근거를 찾는다(박홍순, 2010: 314-316). 1950년 작전지휘권을 이양한 것은 한국과 유엔 사이에 체결된 것이고, 1954년 합의의사록과 1978년 연합사 설치에 관한 교환각서는 한국과 미국 사이에 체결된 것이므로 재차 전환된다면 별개의 합의가 요구된다는 주장이다(이상철, 2003: 162). 전작권 전환 이후 연합사가 해체되지 않더라도, 유엔사가 보유한 작전통제권은 유효하며 이를 행사할 수 있다는 결론에 이른다.

그러나 많은 학자가 합의의사록의 작전지휘권과 연합사 교환각서의 작전통제권을 동일한 것으로 보고, 한국군으로의 전작권 전환은 유엔사와는 관계가 없다는 것에 동의하고 있다. 유엔사가 한반도 전구에서 작전통제권을 갖지 않으며, 전작권 전환 이후 유엔사가 전투사령부

화될 수 있다는 우려를 일축하는 것이다. 또 합의의사록이나 교환각서
는 모두 미국과 체결한 것이므로 '신법우선원칙'에 따라 미국과의 전작
전 전환 합의가 우선하며, 미국 역시 이같은 주장을 인정해왔다(안준형,
2019: 42-45). 주한미군은 유엔사가 한국군에 대한 전작권을 행사할 수
없음을 공식화한 바 있다(『조선일보』, 2017/01/24). 또 한미 양국이 연합
사를 해체하지 않고 기존의 연합사 구조를 유지하기로 합의하면서 논
쟁은 의미를 잃었다는 견해도 있다.

전작권 전환 이후 유엔사의 존속이나 지휘관계의 문제는, 2018년의
제50차 한미안보협의회의SCM: Security Consultative Meeting에서 어느 정도 정
리된 것으로 분석된다. 양국 국방장관은 연합사와 유엔사를 유지하는
것을 골자로 하는 공동성명을 통해 전작권 전환 이후에도 큰 틀에서의
연합방위체계가 변하지 않을 것임을 확인했다. 따라서 지휘권, 작전지
휘권, 작전통제권으로 명칭이 다르게 사용된 것이 혼동의 원인이 되기
는 했지만, 양국이 새로운 합의를 해나가면서 오해의 소지를 줄여나가
고 있음을 알 수 있다. 명칭보다는 실질적인 권한의 내용에 대한 우려가
있는데, 이는 정치적인 공약과 동맹의 신뢰성, 국제법적 해석과 연구,
군사 운영을 통해서 해결이 가능할 것이다.

3) 유엔사는 전투사령부가 될 것인가? (O)

2007년 2월, 한미 국방장관은 전작권 전환과 함께 연합사를 해체하
기로 결정하면서, 유엔사는 어떻게 될 것인지에 대한 논의가 이어졌다.
수차례 언급한 바와 같이 2018년 제50차 SCM에서 연합사와 유엔사의
존속을 천명하면서 다수의 논란을 해소하기도 했지만, 여전히 몇가지
문제가 남는다. 그중에서도 유엔사가 별도의 전투사령부가 될 것이라

는 우려가 있다. 바로 아래에서 살펴볼 '유엔사 재활성화'를 통해 확대된 전력제공국의 능력을 통합하여 독립적인 전투사령부로서 존재할 수 있다는 것이다. 유엔사를 전투사령부화할 것이냐의 문제는 순전히 미국의 의도에 따르는 것이며, 이를 제도적으로는 차단하기 어렵기 때문에 운영적인 측면에서 바라보아야 한다.

먼저, 유엔사가 전투사령부가 될 것이라는 우려가 있다. 전작권 전환 논의가 시작될 시기에 정제되지 않은 발언들이 원인이라고 할 수 있다. 2006년 벨Burwell Bell 사령관은 한국과 미국이 각각 '독립적인 전투사령부'를 구성하는 방안을 검토하는 중이라고 밝혔고, 2007년에는 전작권 전환 이후 유엔사령관이 모든 지원 전력에 대한 작전지휘권을 보유할 것이라고 언급한 바 있다.(『한겨레』, 2006/07/13, 2007/01/18) 또 2019년 8월 실시된 '한·미 연합 지휘소훈련'은 전작권 전환을 위한 기본운용능력IOC: Initial Operational Capability 검증을 겸하였는데, 이 과정에서 에이브럼스Robert Abrams 대장이 유엔사령관 자격으로 미래사에 대한 지휘권 행사를 주장한 것으로 알려지면서, 전작권 전환 이후에도 유엔사의 권한을 통해 한반도에서의 군사적 영향력을 유지하려 한다는 우려가 나오기도 했다(『중앙일보』, 2019/09/17).

반대편에는 미국이 굳이 유엔사를 전투사령부로 만들지는 않을 것이라는 전망이 있다. 현대 군사력의 작전 반경을 고려할 때 좁은 한반도 전구 내에 2개의 전투사령부가 존재할 필요가 없으며, 지휘 통일을 위해서는 유엔사가 지원사령부 역할에 만족할 것이라는 판단이다. 에이브럼스 사령관이 "유엔사의 역할은 전력제공국들의 협조본부"라고 강조한 것은 전투사령부에 대한 국내 우려를 의식한 결과로 해석된다. 그는 "유엔사의 가장 중요한 역할은 정전협정을 집행하는 책임과 권한을 가진다는 것이며, 유사시에는 전력제공국들의 전력 기여를 협조하고 조율하는 협조본부 역할을 한다"라면서 "유엔사 전력제공국들의 전력을 수용해 연합사로 통합하는 데까지 협조하고 조율하는 본부 역할을 하게 되는 것"이라고 강조했다(『국민일보』, 2019/11/17).

분명한 사실은 유엔사가 유사시에는 전투사령부의 외형을 가진다는 것이다. 제공된 전력이 '전시증원(수요, 대기, 전방이동, 통합: RSOI)'되기까지는 유엔사령관이 작전지휘권을 통해 전구사령관의 작전부담을 경감시키는 데 기여한다. 아울러 전력제공국들은 한국 내 자국 국민의 안전이 핵심 관심사안이므로 '비전투원후송작전NEO: Non-combatant Evacuation Operation' 시행을 위한 작전지휘권을 가질 수밖에 없다. 제50차 SCM에서 합의된 '한미 연합방위지침'에 따라 전작권 전환 이후의 지휘구조를 구체화해 나가야겠지만, 유엔사의 전투사령부화를 제도적으로 완전히 차단하는 것은 불가능하고 전략적 융통성을 제약할 수도 있음은 분명하다. 따라서 한반도 평화체제 수립 이후에 유엔사가 어떠한 역할을 할 것인지는 제도보다는 운영의 측면에서 면밀하게 검토할 필요가 있다.

4) 유엔사 재활성화는 한국군에 대한 영향력을 유지하려는 시도인가? (O)

유엔사 재활성화revitalization는 2014년에 개시되어, 2018년에 완료되었다(『뉴데일리』, 2019/04/19). 유엔사가 정전 관리와 전시 전력 제공이라는 임무를 달성하려면 형해화되어 있는 본래의 기능을 강화해야 한다는 문제인식으로부터 시작되었는데, 전력제공국의 참여 확대, 상시 참모부 편성, 자체 작전계획 수립 및 연합훈련 강화, 방문군 협정VFA:

Visting Forces Agreement 체결, 안정화작전 등의 특정임무 강화를 들 수 있다 (손한별, 2018: 40;『한국일보』, 2019/10/30). 손경호·박민형 외(2019: 123-127)는 유엔사 재활성화의 의미를 몇 가지로 정리하였는데, 유엔사 본래의 기능 강화 외에, 6·25전쟁 시기와 같이 다국적 군대를 수용하고 지휘하는 합참 직속의 지역사령부로 활용하거나, 유엔사의 임무와 기능 확장, 군사기지 재배치와 연동하여 주한미군의 전략적 유연성을 극대화하는 카드로 활용할 수 있다는 것이다. 따라서 유엔사 재활성화는 내용보다는 의도에 대한 의구심이 쟁점을 이룬다.

먼저, 재활성화는 전작권 전환과 관계가 없으며, 유엔사 본래의 임무를 위해 '정상화'하는 과정이라는 주장이다. 유엔사 재활성화는 전작권 전환에 따라 진행된 것으로 알려지지만, 역대 유엔사령관들은 그 이전부터 유엔사를 강화하려고 노력해왔다. 주목할만한 것은 2014년 유엔사 기참부장 오웬스Christoper Owens 소장이 합참 전략기획부장에게 "재활성화된 유엔사는 한반도 평화와 안보를 위한 동맹의 다국적 조력자로서 지원 역할에 충실하고, 현재의 유엔사 권한 범위 내에서 유엔사의 효과를 최적화하는 것일 뿐 기존의 유엔사 임무나 권한 면에서 일체의 확장은 없을 것이며 한미 계획 및 의사결정에 영향을 미치지 않을 것"임을 밝힌 바 있다(장광현, 2018: 96-97). 유엔사 재활성화는 한국군에 대한 영향력 유지보다는 지역 차원에서 변화하는 안보 환경에 대응하기 위해 조직과 역량을 확대하고, 최적화하려는 데 목표를 둔다는 것이다.

반대로 전작권 전환 이후에도 미국이 유엔사를 통해 한반도 및 동북아 지역에서의 주도권과 영향력을 유지하려고 한다는 주장이 있다. 2007년 벨 사령관이 "한미 연합사의 해체와 한국군으로의 작전통제권 전환이 유엔사의 군사 권한과 책임에 부조화를 초래할 것이며, 이로 인해 유엔사는 정전 관리 측면에서 한미 연합사령관이 보유하고 있는 한 국군 전투부대에 대한 접근 권한이 없어지게 될 것"이라고 우려를 표명한 데서 근거를 찾는다(김종대, 2012). 한국이 전작권을 가지고 있음에도 한반도 문제에 대한 주도권을 가지지 못하거나, 불필요한 미국의 분쟁에 연루될 수 있다는 우려가 있다. 또 회원국이 확대되면 의사결정의 복잡성이 증가할 수 있는데, 특히 북한지역에서의 군사적 작전에 대해서는 국가간 입장이 상이할 수밖에 없고, 한미동맹의 전쟁 지도를 방해하는 요인으로 작용할 수 있다는 것이다.

유엔사는 분명한 임무와 기능을 가지고 한반도 안보의 한 축을 담당하고 있다. 전력제공국의 대사 및 연락관 회의를 매달 개최하고 있으며, 2018년 1월 15일 밴쿠버에서는 한국과 미국, 전력 제공 16개국을 비롯한 20개국의 외교장관이 북한의 비핵화와 국제제재를 강력히 이행할 것을 촉구하면서 공동성명을 발표하기도 했다(Howell, 2018: 28). 재활성화를 통해 정전체제 유지와 유사시 전력 제공이라는 유엔사 본래의 임무와 역할을 충실히 수행하는 것은 한국의 국익에도 부합한다. 한국은 유엔사 재활성화와 관련하여 협의 절차를 강화해야겠지만, 한국이 스스로 재활성화를 거부할 이유는 없을 것으로 보인다. 유엔사 재활성화는 유엔사의 억제력과 존재감을 더할 것이며, 유사시 국제적 정당성을 결집하고, 가용 능력을 확대하고 사전에 확보하는 데 기여할 수 있기 때문이다.

3. 미래: 한반도 평화체제와 유엔사의 역할 변화

1) 평화체제 수립시 유엔사는 자동적으로 해체되는가? (I)

1970년대 데탕트의 분위기 속에서 유엔사를 두고 유엔에서 첨예하게 대립한 이래, 한반도에 평화 무드가 일어날 때마다 유엔사의 존폐 문제가 대두되었다. 1970년대의 해체 요구는 유엔 내의 정치 지형의 변화에 따라 공산 측의 주장에 힘이 실렸던 것이지만(손경호·박민형 외, 2019: 118-123), 평화체제가 이행된다면 유엔사 해체 주장은 또 다른 국면을 맞이할 가능성이 있다. 1975년 서방 측이 제출한 유엔총회 결의 제3390호(A)가 "정전협정을 대체할 새로운 장치가 마련되면" 유엔사가 해체될 수 있다는 것을 언급했고, 공산 측이 제출한 제3390호(B)는 유엔사 해체와 동시에 정전협정의 평화협정으로의 대체를 언급했기 때문이다(UN General Assembly Resolution 3390A/3390B, 1975). 따라서 한반도 평화체제가 수립되는 경우 유엔사가 자동 해체되는가의 문제는 분명히 논란의 여지가 있다.

먼저, 정전협정이 평화협정으로 대체되는 경우 유엔사가 자동으로 해체 또는 임무가 소멸된다고 보는 견해가 있다(김명기, 1994: 133). 북한을 명백히 적으로 규정하고 있는 유엔사는 존립의 근거를 잃는다는 것이고, 유엔사가 유엔의 보조기관이 아니라는 전제에 기반하고 있다. 평화협정이 체결되거나 1950년 당시의 안보리 결의가 종료되었음을 확인할 조치가 있다면, 안보리 결의 없이도 유엔사가 해체될 수 있고 최소한 유지의 명분을 상실하게 된다는 것이다(정태욱, 2007: 214-218). 이 경우 오히려 미국의 독단적인 결정에 의해서 평화협정과 관련 없이 해체를 결정하거나, 비명시적으로 임무를 종결하는 것도 가능할 것이다.[6]

다른 한편, 그 임무가 자동 소멸되었다고 하더라도 유엔사는 유엔의 보조기관이므로 해체를 위해서는 유엔 안보리의 결정이 필요하다는 주장이 있다. 안보리 결의에 의해서 설립되었기 때문에 해체를 위한 안보리 결의가 일반적으로 예상되는 절차이지만, 의장성명, 의장 명의의 서한, 각서, 이사국들의 '미기록 동의' 등 다양한 방법이 거론된다(도경옥·안준형, 2019: 108). 다른 한편에서는 보조기관이 아니라고 하더라도 해체를 위한 복잡한 절차와 민감성 때문에 실현가능성이 낮다고 평가하기도 한다. 즉, 유엔헌장 상의 군사적 강제조치이기 때문에 평화협정과 관계 없이 유엔 안보리가 결정해야 한다는 주장과 미군이 주도하는 '집단적 자위권'이 행사된 것이기 때문에 미국의 주도로만 해체가 가능하다는 설명으로 구분할 수 있다(홍규덕 등, 2019a: 42-43).

2018년 남북과 북미의 정상이 연이어 회담을 이어가면서 종전선언, 평화협정의 논의가 이어졌다. 그러나 현재의 비핵화 협상과 평화체제에 대한 논의 이전부터 유엔사에 대한 관련국들의 관심은 컸고, 유엔사에 대한 입장이 명백하게 나뉘어 협상 또는 조율의 가능성은 전혀 없었다. 특히 결정권을 가진 미국의 입장에서 유엔사는 여전히 사활적인 이익이다. 다자협력을 통해 재정 압박을 해소하면서 국내 비판 여론을 완화시키는 등 비용을 최소화할 수 있을 뿐만 아니라, 인도-태평양 전략 기조 아래 중국을 견제하면서 역내 전략적 우위를 유지하여 미국의 이익을 극대화할 수 있기 때문이다. 2018년 에어Wayne D. Eyre 부사령관도

---

6 이기범은 1970년대 초반 동아시아와 남북한의 데탕트 분위기 속에서 유엔사 해체를 준비하고 있다는 미국의 의지를 다수의 유엔 문건을 통해 확인하였다(홍규덕 등, 2019b: 50-53).

"북한의 완전한 비핵화까지 유엔사는 유지될 것이며, 적절한 시기에만 유엔사가 해체될 것"이라고 밝힌 바 있다(『중앙일보』, 2018/10/06). 따라서 유엔사의 존립과 관련하여 한국은 미국의 입장 변화를 더욱 명확히 파악할 필요가 있다.

2) 평화체제 하에서 유엔사의 역할은 무엇이 될 것인가? (B)

전작권 전환이 지휘 구조의 변화를 이끈다면, 평화체제는 유엔사 존립의 정당성에 문제를 제기한다. 따라서 유엔사가 자동 해체되는 것은 아니라고 할지라도 그 역할과 임무를 조정할 필요는 분명이 있을 것이다. 이같은 지휘체계 및 운용 상의 연계성, 운용적 역할 변화 등을 고려할 때 현재까지 제시된 유엔사의 역할 대안을 몇 가지로 구분할 수 있다. 지금까지 유엔사 역할에 대한 논의는 조성렬 박사 등이 제시한 '평화유지군으로의 전환'이 대표적이다. 여기에 현 체제의 유지와 해체를 포함하면 몇 가지 대안이 추가될 수 있다. '현재의 임무 중 어디에 중점을 두어 유엔사의 역할을 변화시킬 것인가'를 중심으로 관련 주장을 대별해본다.

먼저, 현재의 '정전체제 유지'의 역할을 이어받아 한반도 평화체제를 관리하는 역할로 전환하는 것이다. 평화협정 체결 여부와 관계 없이 한반도 평화체제가 정착되는 것은 오랜 시간이 걸릴 것이며, 관련국들의 이익이 충돌하기 때문에 이를 관리하기 위한 국제기구가 필요하다는 전제가 있다. 그 형식의 측면에서 유엔안보리 산하의 공식 보조기관으로서 유엔 평화유지군으로 임무를 변경하거나, 다국적군으로 전환하여 임무를 수행하도록 하는 방안이 거론된다(홍현익, 2009: 211). 더 구체적으로 '평화 유지기구PMO: Peace Maintenance Organization'로의 전환을 주장하면서, 폴란드와 체코의 중립국 감시위원회 복귀로부터 시작하여 남북 군비통제 이행을 감시하는 기능을 강화하는 방안도 제시된 바 있다(홍규덕 등, 2019b: 3-5).

다른 한편에는 평화체제 자체를 관리하는 역할보다는 유사시 전력 제공의 역할을 중심으로 해야 한다는 주장이 있다. 바로 아래에서 자세하기 다룰 '전시 전력 제공'의 역할을 강조하면서 유엔사 유지의 근거를 찾는다. 평화체제가 추진되더라도 한반도에 군사적 위협이 완전히 사라지는 것은 아니며, 기존의 국제적 지원 공약을 유지하고 활용하기 위해서 유사시 전력 제공을 위한 제도적 장치를 마련하면서 유엔사의 역할을 변경해나가야 한다는 것이다. 이 경우 유엔사의 위치는 중요한 것이 아니며, 굳이 회원국을 확대하거나 조직의 변화를 진행할 필요가 없게 된다. 이에 따라 인도-태평양사령부 또는 주일미군사령부에 이전하는 방안이 구체적으로 제기되기도 한다.

유엔사의 역할에 대해 한미 간의 이견이 발생할 수 있는 지점은 다음과 같다. 먼저 평시에는 미국이 북한의 국지도발에도 유엔사를 통해 한측의 대응조치를 통제하면서 군사적 주권 제한 논란이 발생할 수 있다(설인효, 2018: 27). 유사시에는 이북지역 작전에 소극적으로 대응하면서도 유엔사를 통해 개입 공간과 영향력을 유지하려는 시도를 하는 경우 등이 있을 것이다. 한반도 평화체제 수립 이후에도 한국과 미국의 입장이 더욱 극명하게 나뉠 가능성이 있기 때문에, 한미는 유엔사와 한미동맹 체제의 변화에 대한 로드맵에 합의하는 과정이 무엇보다 중요할 것이다.

3) 유사시 억제 및 대응을 위한 유엔사의 역할은 무엇인가? (B)

유사시 대응 및 억제에 대한 우려는 유엔사의 군사적 역할에 주목하는 데서 비롯된다. 만약 유엔사와 유엔사 후방기지가 해체된다면 유사시 국제사회의 군사적 지원을 보장하기 어렵고 과도한 시간이 소요되어 적시 적절한 대응이 어렵다는 주장, 미국의 안보공약 이행 의지가 담보된다면 일부 증원태세 및 작전수행에 제약에도 불구하고 한미동맹·미일동맹이 있기 때문에 문제가 없을 것이라는 주장이 있다. 이같은 차이는 북한의 위협에 대한 인식 차이 때문에 발생한다. 유사시를 상정하고 있는 이 문제는, 유엔사의 역할을 '언제' 변화시킬 것인가의 질문과 연계된다. 비교적 초기로 예상되는 '평화협정의 체결' 이후가 될 것인지, '실질적인 평화체제'가 정착된 이후가 될 것인지를 결정하려면 위협과 대응 능력을 함께 고려해야 하기 때문이다.

먼저, 유엔사가 해체되면 유사시 군사적 대응 능력이 크게 부족할 것이라는 주장이 있다. 현재의 유엔사는 유사시 추가적인 결의 없이 전력제공국들의 군사적 개입을 정당화시킬 수 있는 매개체 역할을 하고 있다. 만약 유엔사가 해체된다면 그와 같은 국제사회의 군사적 지원을 받기 어렵다는 것을 의미한다(김일영·조성렬, 2003: 254). 한국전쟁 참전국들이 추가적인 결의 없이 한국에 군사적 지원을 제공하려면 1950년 발생한 안보리 결의들과 유엔총회 결의 제376호가 계속 유효해야 하는데, 그 유효성을 실체적으로 보여주는 것이 바로 유엔사이기 때문이다. 또한 유엔사가 해체되는 경우 90일 이내에 철수한다고 규정되어 있는 유엔사 후방기지의 사용권도 종료된다.[7] 따라서 유사시에 대비하려면 현재 유엔사 체제의 이점을 활용해야 한다는 주장이 설득력을 얻는다.

반면, 유엔사가 해체되더라도 별다른 문제가 없을 것이라는 주장이 있다. 평화체제가 이행되면 북한 위협은 현저히 감소할 것이고, 군사적 대비보다는 평화체제를 신속하게 정착시키는 과감한 조치들이 필요하다는 전제에서 비롯된다. 다른 한편, 유엔사가 없어도 기존 결의를 활용할 수 있다는 주장도 있다. 1953년 참전 16개국은 일명 '워싱턴 선언'에서 "무력공격이 재발하는 경우, 세계평화를 위해 다시 단결하여 즉각적으로 이에 대항할 것"이라는 공약은 유효하다(Kim and Pak, 1997). 또 '미일 방위협력지침'은 자위대의 무력행사 범위뿐만 아니라 미군 등 타국군에 대한 지원을 확대하는 방향으로 개정되어 왔기 때문에(김두승, 2017: 6-7), 한미동맹과 미일동맹 체제를 통해 동북아 지역의 위협에 대응할 수 있다는 것이다.

유엔사 전력제공국들이 별도의 제약 없이 군사 지원을 할 수 있다는 사실만으로도 유엔사는 한반도의 전쟁 재발을 억제하는 중요한 역할을 해왔다. 따라서 유엔사가 해체되면 전력제공국의 군사 지원이 제한될 수 있다는 우려는 타당하다. 다만 이들의 전력 제공 문제는 제도나 운영의 문제라기보다는 유사시 이들 국가의 행태에 달려있다는 점에서 70년 전의 상황과 다를 수 있다. 이들 국가의 관심은 한반도 상황에 대한 정보 공유와 자국 국민의 안전이다. 유엔사 체제를 유지하는 것은 전력제공국들이 미국과의 우호관계를 유지하려는 의도에서 비롯되기도 하지만, 한반도에서의 자국 이익이 핵심요인이기 때문이다. 한국은 '무엇

---

7   유엔사 후방기지는 유엔군의 통신, 군수, 정비, 수송, 의료 등을 지원한다. 주일유엔군지위협정(UN-GOJ SOFA(Status of Forces Agreement)) 제24조와 25조는 유엔사가 존재하지 않으면 일본에서 모든 유엔군이 철수할 것과 주일유엔군지위협정은 종료된다고 명시하고 있다(HQ UNC-Rear, 2015).

을', '어떻게' 제공받을 것인가에 관심이 있지만, 이들은 '왜' 제공해야
하는지를 국내 정치에 설득해야 하는 어려움이 있다. 한국은 평소부터
이러한 간극을 극복하려면 반대급부를 제공하고 설득하는 노력을 지속
해야 한다.

IV. 한국의 전략 방향

1. 미래 전망

본 연구는 2018년 이후 한반도 안보 환경이 그 이전과는 다르게 진
행되고 있음을 분명히 한다. 1950년대 창설기, 70년대 존립논쟁기를 거
쳐 탈냉전을 맞으면서 유엔사 역할의 주요 전환점이 있었지만, 다음의
세 가지 측면에서 유엔사를 둘러싼 현재의 상황은 구조적으로 변화되
었다고 볼 수 있다. 첫 번째는 동아시아를 중심으로 벌어지고 있는 미국
과 중국의 경쟁과 국제체제의 구조적인 변화 움직임이다. 중국은 개혁
개방 이후 경이로운 경제성장에 힘입어 국력을 획기적으로 증대시켰
고, 미국은 경제적인 어려움 속에서도 아시아에서의 주도권을 잃지 않
으려는 분명한 의도를 가지고 있다. 양국의 경쟁은 지역 국가들에 선택
을 강요하는데, 이러한 선택의 문제는 정치, 외교, 경제, 군사의 전영역
으로 확대되었다.

둘째는 북한의 핵무장이다. 2006년 제1차 핵실험 이후 지속된 문제
이지만, 2017년 북미 간의 긴장이 고도화된 사례에서 보듯이 각국의 입
장은 급격하게 변화하고 있다. 가장 큰 변화는 북한의 핵무기 보유로 인
해 남북한 및 동북아에서의 '힘의 균형'이 변경되었다는 것이다. 이는

'이익 균형' 변화를 요구하는 이유가 되는데, 핵보유로 인해 북한이 군사적으로 신중한 태도를 취할 수 있지만, 외교 협상의 측면에서는 더 공세적인 입장을 취할 수 있음을 의미한다(Bell, 2015; Sagan, 1993; Sagan and Waltz, 1995). 북한은 한반도 평화체제 구축의 필수 전제조건으로 "존재 자체가 한반도 평화를 위협"하는 유엔사 해체를 주장해왔음을 주목할 필요가 있다(『통일뉴스』, 2019/03/10).

셋째는 평화체제 이행을 지향하고 있는 남북관계에 있다. 유엔사의 존립 근거 자체를 문제 삼는 중국이나 북한의 주장이 더욱 강경해질 수 있으며, 유엔사를 협상 의제화 함으로써 평화체제 및 비핵화 협상에서 자국의 전략 공간을 확대하고자 할 수 있을 것이다. 명시적으로 유엔사 문제를 의제화하지 않더라도 현재 상황을 유엔사의 임무와 기능을 무실화하는 수단으로 사용할 수 있다. 전시작전통제권 전환과 맞물려 한미 지휘관계는 더욱 혼선을 빚을 가능성이 크고, 유엔사 해체 주장이 힘을 얻게 될 가능성이 있다.

위의 논의에 따라 한국이 유엔사의 미래에 대해 어떠한 선택을 해야 할지를 분석하려면 몇가지 가정이 필요하다. 첫째, 미국은 현재 유엔사가 주는 이점을 활용하여 한반도에서의 영향력을 유지하려고 할 것이다. 한국은 동맹 파트너인 미국의 이익에 무관심해서는 안 되며, 오히려 한국과 협력할 필요성을 강조할 수 있을 것이다. 둘째, 남북관계는 평화협정이라는 획기적인 성과를 얻는다고 하더라도 협력보다는 경쟁과 갈등이 빈번할 것이다. 평화체제의 정착을 위해서는 상당한 시간과 노력이 필요하며, 이행 과정에서 군사분쟁이 발생할 가능성도 있다. 셋째, 비핵화·전작권 전환·평화협정·유엔사 해체와 같은 이슈들은 서로 연계하여 해결해야 할 수밖에 없다. 한반도 안보와 관련된 각 사건의 선후관계가 역전되거나, 다음 조치까지 시간이 지연된다면 이를 보완하는 방안도 함께 필요하다.

2. 유엔사의 역할 대안

상황의 변화에 따라서 더욱 다양한 방안이 나올 수도 있고, 특정 방안이 선택될 가능성이 커질 수도 있지만, 현재 한국이 검토해볼 수 있는 유엔사의 역할 대안은 5가지 정도로 정리해볼 수 있다(손한별, 2019). 첫째, 현재의 유엔사를 그대로 유지하는 방안이다. 현재의 유엔사 체제는 북한의 도발에 적절하게 대응하지 못했다는 비판도 있지만, 현재까지 한반도의 '군사적 안정'을 유지하며 한반도 방위를 위한 가장 중요한 축을 담당해왔다. 미국의 입장에서도 한미동맹과 미일동맹을 연결하는 상위체계이자, 유사시 주일 미군기지를 자유롭게 이용하며, 평화체제 구축 과정에서 영향력을 유지할 법적 근거로 활용할 수 있기 때문에 가장 선호하는 방안이 될 것이다. 유엔사를 유지하는 이점으로는, 유사시 자동적인 회원국의 개입을 확보하고, 후방기지를 통한 자유로운 전력 투사, 북한지역 군사적 개입의 근거 제공 등이 있고, 'UN'의 명칭이 주는 중립성과 정당성 이미지, 정치적 상징성 등을 들 수 있다.

둘째, 유엔사를 확대하는 방안은 기존 체제에 개방성을 더하는 진화적 발전을 의미한다. 한반도의 방위와 전력 제공이라는 기존의 역할과 기능을 더 확대하여 유엔사가 역내 안보 이슈에 대하여 적극적, 포괄적으로 대응하는 것을 의미한다. 즉, 한반도 방위를 위한 정치·군사적 이점은 활용하면서 그 영역을 확대한다는 것이다. 지역 평화 유지 활동, 안정화 및 재건 지원, 지역안보협력 구상, 인도적 지원 및 재난구호 등 범세계적 안보 도전에 대처하는 임무를 포괄한다(정경영·권영근 외,

2018: 229). 이러한 역할 확대에 따라 회원국을 확대하는 것도 고려될 수 있다. 전력제공국들의 역량을 통합하여 군사적 효용성을 극대화할 수 있고, 국제적 정당성을 바탕으로 '전략적' 한미동맹으로 나아가는 융통성을 확보하며, 북대서양조약기구NATO: North Atlantic Treaty Organization형의 집단안보기구화 방안과도 연결된다(제성호, 2019: 22-23).

셋째, '정치적 평화'를 위해 한반도 외부로 유엔사를 이전하는 방안도 고려할 수 있다. 이 방안은 유엔사의 유사시 전력 제공 역할에 중점을 둔다. 현재 주한미군 선임장교가 겸직하고 있는 유엔사 사령관을 인도-태평양사령관이 겸직토록 하는 방안인데, 평시에는 유엔사의 작전통제권을 인도-태평양사령관이, 유사시에는 주한미군 사령관(미군 4성 장군)에게 위임하는 것을 검토할 수 있다. 이 경우 현재 운용 중인 지휘소를 그대로 이용할 수 있다는 장점이 있고, 2009년 편성된 유엔사 다국적협조본부MNCC: Multinational Coordination Center를 인도-태평양사로 이전하여 평시부터 유엔사 지휘소와 전력제공국 간의 통제 및 협조 임무를 수행할 수 있다(정경영·권영근 외, 2018: 226-229). 중국이나 북한의 반발을 다소 완화시킬 수 있고, 남북관계 개선을 위한 한미동맹의 노력을 가시적으로 보여줄 수 있다는 장점도 있다.

넷째 방안은 유엔사의 역할을 '국제평화유지군'으로 전환하는 방안이다. 한반도가 실질적인 평화체제로 이행됨에 따라 현재 주한미군을 중심으로 하는 유엔사 기능 중 정전협정 이행 관리만을 강조하여, 유엔사를 '국제평화유지군PKO: Peace Keeping Operation'으로 전환하는 것을 의미한다. 이는 UN헌장 제43조에 따라 한반도에 실질적 '집단안보시스템'을 구축하는 방안이다(홍규덕 등, 2019a: 21-24, 25-27). 유엔 평화유지군 또는 다국적 평화유지군의 두 가지 방안이 있는데, 유엔 결의의 정당

성을 유지하고 평화협정에서 주요한 역할을 하게 될 중국과 러시아의 우
호적 개입을 유도하려면 유엔 평화유지군의 형태가 적합할 것이다.

마지막으로, 평화협정 체결과 함께 유엔사를 해체하는 방안이다. 위
에서 살펴본 바와 같이 유엔사의 존립 근거와 기관성에 대한 논쟁이 지
속해 왔고, 한반도에서 전쟁 상태가 해소되는 '종전선언'으로 이미 유엔
사의 존립 근거가 사라진 것, 한반도의 진정한 평화를 위해서는 유엔사
의 즉각적인 해체가 필요하다는 것이 이러한 주장을 지지한다. '북한의
무력공격 격퇴 및 한국 방어'는 연합사의 책임이며, 남북한의 평화협정
이 체결된다면 정전 관리 및 평화 유지, 통일 지원의 책임이 유엔사에서
당사국인 남북한으로 전환될 것이기 때문에, 해체의 당위성이 강조될 수
있다. 다만 미국이 주도하는 다자안보협력체를 포기할 가능성은 크지
않고, 유엔사 체제가 주는 다양한 이점을 활용할 수 없다는 한계가 있다.

3. 전략적 방향 설정

한국의 기본 입장은 "한반도에 안정적 평화정착이 실현"될 때까지는
"현재의 유엔사 체제를 유지"하는 것이 되어야 한다. 결의안(1950년 6월
27일)에 명시된 것처럼 "한반도의 평화를 파기한 북한의 적대행위"가 사
라진 후, 즉 남북한 간 군사적 긴장이 완전히 사라진 이후에 유엔사 해
체를 논의하는 것이 타당하기 때문이다. 먼저 정치적으로 볼 때, 유엔사
는 평화협정 체결과 관계 없이 한미동맹을 '포괄적 가치동맹'으로 발전
시키는 중요한 기반을 제공하면서, 평화체제 이행을 관리하고 촉진하
는 역할을 수행할 수 있을 것이다. 또 '9·19 군사합의'를 비롯하여 향후
남북 간에 합의될 다양한 군비통제 조치를 안정적으로 이행해가는 데
있어 유엔사의 '정전체제 유지' 임무는 결정적이다. 아울러 합법적인

권한을 가지고 국제적 정당성 및 지지를 확보함으로써, 한반도 통일 과정을 안정적으로 관리하는 '통일보증자'의 역할을 수행할 수도 있을 것이다.

군사적인 측면에서도, 유엔사는 남북한의 우발적 충돌을 방지하고, 제3국의 개입을 억제함으로써 한반도 및 동북아 지역의 평화와 안정에 기여할 수 있다. 반대로 유엔사 해체 또는 이전될 경우 한미동맹의 약화 및 북한의 오판을 초래할 수 있다는 것도 함께 고려되어야 한다. 또 유사시 전력제공국의 군사력을 직접 활용할 수 있으며, 미국의 양자동맹 체계를 넘지 못하는 동아시아의 현실 속에서 유엔사 체제는 특히 '서유럽' 국가들을 동원할 수 있는 기제로 활용될 수 있다. 필요시 북한에 인도적 지원 및 안정화, 대량살상무기WMD: Weapons of Mass Destruction 대응 및 처리 등 다양한 역할을 수행할 수 있다는 점에서 여전히 유용성이 크다.

그러나 위에서 언급한 '어떤' 방안이 한국의 이익에 가장 부합하는가의 문제보다는, '어떻게' 우리에게 유리한 방향으로 이끌 것인가가 더욱 중요하다. 또한 변화되는 상황에 적극적으로 대응하려면 급격한 정책 변화보다는 융통성을 어떻게 확보할 것인가에 중점을 두어야 한다. 따라서 사전에 다양한 전략 대안을 면밀히 검토하고, 전략 방향을 설정할 필요가 있다. 유엔사 문제에 대해서는 미국이 주도권을 가지고 있기는 하지만, 한미동맹의 핵심 이슈라는 점에서 한국이 적극적으로 목소리를 낼 수 있을 것이다.

V. 결 론

본 연구는 전시작전통제권 전환과 평화체제 이행으로 대표되는 안보 환경 변화를 둘러싸고 제기되는 유엔사에 대한 이슈와 쟁점을 다루었다. 불필요한 오해와 이념 논쟁을 피하고자 논쟁의 구조를 엄밀하게 구분하였다. 또 시간과 영역에 따라 구분한 10개의 쟁점을 세부적으로 살펴보면서, 유엔사의 성립부터 전개 과정, 전작권 전환과 유엔사에 대한 관련국의 입장을 정리했다. 이를 토대로 한국이 고려할 수 있는 유엔사의 미래로서 역할 변화의 선택지를 제시하였다. 마지막으로 국익에 기반하여 한국의 기본 입장과 5개의 역할 대안에 대한 분석을 통해 전략 방향을 제시하였다. 한국은 변화하는 안보 환경을 고려하여 유엔사 문제에 유연하게 대처해야겠지만, 우선 한국의 공식적인 입장을 정립하고 역할 변화의 시기와 단계를 포함한 추진 전략을 명확히 할 필요가 있다.

상황에 따라 국익에 대한 평가는 달라지겠지만, 이와 관련 없이 유엔사의 역할 및 지위 변경은 '단계화'하여 추진함으로써 상황 변화에 기민하게 대응할 수도 있다. 노무현 정부에서 이미 1단계 남북한 군사적 신뢰 구축, 2단계 유엔사 및 주한미군의 역할 변경 검토, 3단계 평화협정 체결 이후 본격적으로 유엔사와 주한미군의 역할 변경을 추진할 수 있다고 정리한 바 있다. 그러나 한반도 안보 상황이 달라진 만큼 여기에 대한 추가 고민이 필요하다. 유엔사의 역할 및 지위는 주한미군의 역할 및 태세와 연계되어 있으며, 제50차 SCM의 합의에 따라 현재 '한미 공동연구 실무협의회'가 한미동맹과 주한미군의 미래 비전에 대한 연구를 진행 중이다. 국익에 기반하여 좀 더 냉철한 검토가 요구되는 시점이다.

다만 유엔사 문제는 다양한 행위자와 이익이 복잡하게 엮여 있다는 점에서 다양한 위험요소가 존재한다. 첫째, 한국의 방위태세 근간을 마련한 한미 상호방위조약, 한미 합의의사록 등에 대한 정당성 문제를 제기하거나, 이를 근거로 복잡한 법리 문제로 치환하는 시도는 논쟁의 본질을 흐리고 불필요한 국론 분열, 동맹 간의 불협화음을 낼 우려가 있다. 둘째, 미국이 유엔사를 독단적으로 운용할 우려도 있으므로, 한미 양국이 미래사 주도-유엔사 지원 관계를 명확히 한 연합방위지침을 준수하고, 유엔사 참모진에 한국군을 적극적으로 편성하는 등 협조를 원활히 하고 공감대를 형성할 필요가 있다. 셋째, 북한이 유엔사 해체와 주한미군 철수를 동일시했던 시기가 있으며 외세의 배제를 지속적으로 주장해온바, 자연스럽게 주한미군의 철수 주장의 근거로 활용될 수 있다. 일부 역할과 규모의 변화는 불가피할 수 있으나 주한미군 철수는 통일 이후, '주변국 위협'을 고려하여 검토할 사안임을 분명히 해야 한다. 마지막으로 한반도 유사시 다양한 전력을 통합 운용하기 위한 개념, 절차 등에 대한 제도 보완, 협의와 연습이 요구된다.

| 참고문헌 |

1차 자료

UN Security Council Resolution 82. 1950, "Complaint of aggression upon the Republic of Korea," June 25, https://undocs.org/S/RES/82(1950) (2020/08/20).

UN Security Council Resolution 83. 1950, "Complaint of aggression upon the Republic of Korea," June 27, https://undocs.org/S/RES/83(1950) (2020/08/20).

UN Security Council Resolution 84. 1950, "Complaint of aggression upon the Republic of Korea," July 7, https://undocs.org/S/RES/84(1950) (2020/08/20).

UN Security Council Resolution 85. 1950, "Complaint of aggression upon the Republic of Korea," July 31, https://undocs.org/S/RES/85(1950) (2020/08/20).

UN General Assembly Resolution 376 (1950. 10. 7.) "The Problem of the Independence of Korea," https://documents-dds-ny.un.org/doc/RESOLUTION/GEN/NR0/059/74/IMG/NR005974.pdf?OpenElement

UN General Assembly Resolution 3390A/3390B. 1975, "Question of Korea," November 18, https://digitalarchive.wilsoncenter.org/document/117737 (2020/08/20).

UN Security Council, S/2897. 1953, "Note dated 53/01/06 from the Representative of the United States addressed to the Secretary-General transmitting the 54th report of the United Nations Command in accordance with the Security Council resolution of 7 July 1950 (S/1588)," January 8, https://digitallibrary.un.org/record/604755 (2020/08/20).

정전협정. 1953, "국제연합군 총사령관을 일방으로 하고 조선인민군 최고사령관 및 중국 인민지원군 사령원을 다른 일방으로 하는 한국 군사정전에 관한 협정", 7월 27일, http://theme.archives.go.kr/viewer/common/archWebViewer.do?singleData=Y&archiveEventId=0049272219 (2020/08/20).

HQ UNC-Rear. 2015, "United Nations Command-Rear Fact Sheet," September 24, https://www.yokota.af.mil/Portals/44/Documents/Units/AFD-150924-004.pdf (2020/08/20).

저서 및 논문

구본학. 2019, "유엔사 관련 발표자료", 한국국제정책연구원 세미나 (서울, 4월 1일).

국방부 군사편찬연구소. 2013, 『한미동맹 60년사』 (서울: 국방부 군사편찬연구소).

김동욱. 2009, "주한 유엔군사령부의 법적 지위와 전시작전통제권 전환", 『군사』, 71호, 241-262쪽.

김두승. 2017, "평화안전법제 정비 이후 미일동맹과 한국", 『한일군사문화연구』, 23권, 3-35쪽.

김명기. 1994, 『한반도 평화조약의 체결: 휴전협정의 평화조약으로의 대체를 위하여』 (서울: 국제법출판사).

김선표. 2005, "한반도 평화체제 구축과 유엔사 문제에 대한 소고", 『서울국제법연구』, 12권 2호, 85-105쪽.

김일영·조성렬. 2003, 『주한미군: 역사, 쟁점, 전망』 (파주: 한울).

김정균. 1985, "남북한 간의 협정형태에 관한 연구", 『국제법학회논총』, 30권 1호.

김종대. 2012, "유엔사 강화 노리는 한미, '6.25전쟁으로 회귀' 바라나", 『민족21』, 9월호.

노동영. 2017, "한국문제에서 유엔사의 지위와 역할", 『국방연구』, 60권 4호, 53-76쪽.

도경옥·안준형. 『한반도 평화협정의 법적 쟁점과 과제 (KINU 연구총서 19-03)』 (서울: 통일연구원).

민경길. 1997, "국제법상 한반도 정전체제의 종결에 관한 연구", 『국제법학회논총』, 42권 1호, 99-113쪽.

박치영. 1995, 『유엔 정치와 한국 문제』 (서울: 서울대학교 출판부).

박홍순. 2010, "6·25전쟁 유엔의 역할", 김영호 외, 『6. 25전쟁의 재인식』 (서울: 기파랑).

설인효. 2018, "유엔사의 어제와 오늘", 『군사』, 108호, 1-36쪽.

손경호·박민형·김태현·손한별. 2019, "안보정세 변화에 따른 한미동맹의 재정립", 『안보연구시리즈』, 5권 2호 (논산: 국방대 안보문제연구소).

손한별. 2018, "한미 군사 협력체제의 오늘과 내일", 『신아세아』, 25권 4호, 22-52쪽.

———. 2019, "한반도 평화체제와 유엔사의 역할 대안: 유지, 확대, 이전, 전환, 해체", 2019 KAIS·ISA/IDSS 공동 하계학술대회(서울, 7월 4일).

안광찬. 2002, "헌법상 군사제도에 관한 연구: 한반도 작전지휘권을 중심으로", 동국대학교 법학과 박사학위논문.

안준형. 2019, "유엔사의 역할 변화에 대한 법적 쟁점과 과제", 『서울국제법연구』, 26권 2호.

이명철·엄태암·박원곤. 2009, 『안보 상황 변화가 유엔사 역할에 미치는 영향』 (서울: 한국국방연구원).

이상면. 2007, "한국전쟁과 휴전의 당사자문제", 『국제법학회논총』, 52권 2호, 233-257쪽.

이상철. 2003, "한반도 정전체제와 UNC 위상", 『한반도 군비통제』, 34호.

———. 2012, 『한반도 정전체제』 (서울: 한국국방연구원).

이철기. 2001, "한반도 평화체제: 정치, 군사적 분야의 과제와 방안", 『통일문제연구』, 13권 1호, 19-42쪽.

장광현·최승우·홍성표. 2017, "한반도유사시 유엔사의 전력창출에 관한 연구", 『국방연구』, 60권 4호, 77-115쪽.

장광현. 2018, "전시작전통제권 전환에 따른 유엔군사령부 재활성화에 관한 연구," 아주대학교 NCW학과 박사학위논문.

장용훈. 2003, "유엔사 사전허가 없인 금강산 못가? 왜?", 『통일한국』, 229권, 28-30쪽.

정경영·권영근·문성묵·장삼열·최용호. 2018, 『통일을 향한 한미동맹과 국제협력』 (서울: KCP7·27).

정재욱. 2014, "전시작전통제권 전환과 한미동맹: 유엔군사령부의 역할정립을 중심으로", 『JPI 정책포럼』, 141권, 1-8쪽.

정태욱. 2007, "주한 '유엔군사령부'(UNC)의 법적 성격", 『민주법학』, 34호, 197-227쪽.

제성호. 2003, "남북평화협정 체결에 따른 법적 제문제", 『국제법 동향과 실무』, 2권 4호, 29-49쪽.

———. 2019, "유엔군사령부의 법적 지위와 재활성화 문제", 서울국제법연구원 추계세미나 (서울, 12월 5일).

조성렬. 2007, "한반도 평화체제 로드맵", 『민족21』, 4월호.

한국국방연구원. 2007, 『유엔사 후방기지의 의미와 활용방안』 (서울: 한국국방연구원).

홍규덕, 구본학, 설인효, 권태환, 김영준, 류제승, 배기찬, 손한별, 안광수, 유상범, 이기범, 정재욱. 2019a. "유엔사의 미래: 역할과 임무의 조정", 한국국제정책연구원 세미나 (서울, 4월 1일).

홍규덕, 김병기, 손한별, 정경영, 신경수, 조성렬, 신상범, 최석훈, 이기범. 2019b. "유엔사 revitalization에 대한 미측의 입장에 대해 한국 정부의 옵션은?", 한국국제정책연구원 세미나 (서울, 11월 28일).

홍현익. 2009, "한반도 평화체제 구축과 한미동맹", 『세종정책연구』, 5권 1호.

Bell, Mark S. 2015, "Beyond Emboldenment: How Acquiring Nuclear Weapons Can Change Foreign Policy," *International Security*, Vol. 40, No. 1: 87-119.

Chung, Kyung-young. 2019, "Building a Peace Regime on the Korean Peninsula and the Future of UNC," *The Korean Journal of Defense Analysis*, Vol. 31, No. 4: 477-500.

Higgins, Rosalyn. 1970, United Nations Peacekeeping: 1946-1967 Documents and Commentary (London, UK: Oxford University Press).

Howell, Brian (ed.). 2018, 2018 Strategic Digest (Seoul: UNC/CFC/USFK).

Kim, Myong Chol and Chol Gu Pak. 1997, "DPRK Perspectives on Ending the Korean Armistice," *NAPSNet Policy Forum*, May 07, https://nautilus.org/napsnet/napsnet-policy-forum/napsnet-forum-4-dprk-on-ending-the-armistice-2/ (2020/08/25).

Sagan, Scott D. 1993, The Limits of Safety: Organizations, Accidents, and Nuclear Weapons (Princeton, NJ: Princeton University Press).

Sagan, Scott D. and Kenneth Waltz (eds.). 1995, The Spread of Nuclear Weapons: a Debate (New York, NY: W. W. Norton).

Yoo, Sangbeom. 2017, "Future Roles of United Nations Command," 『평화연구』, 25권 2호, 161-183쪽.

언론기사

『국민일보』, 2019년 11월 17일.

『뉴데일리』, 2019년 4월 19일.

『서울신문』, 2020년 5월 26일.

『조선일보』, 2007년 1월 19일, 2017년 1월 24일.

『중앙일보』, 2018년 9월 26일, 10월 6일, 2019년 9월 17일.

『통일뉴스』, 2019년 3월 10일.

『한겨레』, 2006년 7월 13일, 2007년 1월 18일.

『한국일보』, 2019년 10월 30일.

『YTN』, 2019년 7월 11일; 2019년 9월 14일.

United Press International, 2019년 10월 23일. https://www.upi.com/Top_News/World-News/2019/10/23/North-Korea-denounces-UN-Command-in-South-Korea/6721571831281/

제3장 한반도 미사일 방어의 딜레마[*]:
북핵과 미중 핵 경쟁 사이에서

신성호(서울대학교 국제대학원)

I. 서론

2000년대 들어 급증하는 양자무역을 발판으로 전략적 협력 동반자 관계를 구가하던 한중관계는 2016년 한국 정부의 종말고고도미사일 방어THAAD: Terminal High Altitude Area Defense(이하 사드로 통칭) 체계 배치 결정을 시발로 급속히 악화되기 시작하였다. 바로 전년인 2015년까지만 해도 한국은 미국과 일본의 반대에도 불구하고 중국이 주도한 아시아인프라투자은행AIIB: Asian Infrastructure Investment Bank 가입하였으며, 9월에는 박근혜 대통령이 미국 동맹국으로는 유일하게 중국의 2차 대전 승리 70주년 전승절 행사에 참석함으로써 한중 간 밀월관계를 과시하였다. 그러나 2016년 1월 북한이 최초의 수소폭탄이라 주장하는 4차 핵실험을 단

---

[*] 본 챕터는 『국제지역연구』 30권 2호(2021년 여름)에 게재된 논문을 수정, 보완한 것임을 밝힌다.

행하고 5월 7차 당대회에서 '핵보유국' 지위를 선언하자 한국 정부는 7
월 "사드 체계를 주한미군에 배치한다"라고 전격 발표한다.

미국의 오바마 행정부는 2011년 김정일 사망 이후 새로이 지도자로
들어선 김정은이 핵과 미사일 개발을 가속화하자 "북한 장거리미사일
과 핵무기는 한반도와 동북아 평화는 물론 미국에게도 직접적이고 점
증하는 위협"으로 규정하고 미사일 방어의 필요성을 본격 제기하였다
(US DoD, 2014: 4). 2014년 6월 커티스 스캐퍼로티Curtis Scaparrotti 한미연
합사령관이 사드 도입 필요성을 제기하였고 9월에는 미 국방부 로버트
워크Robert Work 부장관이 한국 정부와 사드 배치를 협의 중임을 언급하
기도 하였다. 2015년 4월에는 미 태평양사령관 해리 해리스Harry Harris가
상원 청문회에서 "한반도에 사드 포대 배치를 논의 중이다"라고 밝히기
도 하였다. 이에 대해 프랭크 로즈Frank Rose 미 국무부 군축·검증이행 담
당차관보는 "사드가 배치되면 북한 노동·스커드 미사일 위협에 대처하
는 '핵심적 역량critical capabilities'이 될 것"이라며 배치 필요성을 강조하였
다(Rose, 2015). 그러나 동시에 주한 미 대사이던 마크 리퍼트Mark Lippert
등 다른 미국 고위관료와 한반도 관계자들은 사드 논의의 민감성을 반
영하여 한국과의 공식협의 사실을 부인하는 모습도 보였다. 한편 한국
정부는 중국과 러시아의 반발을 의식하여 미국의 미사일 방어체계에
대해 "요청도, 협의도, 결정된 것도 없다"는 3NONo Request, No Consultation, No
Decision 원칙을 통해 공식 참여를 유보해왔다(통일연구원 북핵대응 T/F팀,
2016).

미국 당국의 사드 배치 논의에 대해 중국은 초기부터 민감하게 반응
하였다. 2014년 11월 추궈훙 주한 중국대사는 "사드의 한국 배치는 한
중관계에 영향을 미칠 것으로 우려되며 명확히 반대한다"라는 입장을

밝혔다. 2015년 2월 9년 만에 서울에서 열린 한중 국방장관회의에서 창완취안 국방부장은 사드 한반도 배치에 우려를 표명하였다(정용수, 2015). 2016년 1월 북한의 4차 핵실험 이후 한미 간 사드 논의가 가시화되자 2월 왕이 외교부장은 사드 배치를 유방과 항우의 고사를 인용하며 중국을 겨누는 미국의 칼춤에 비유하기도 하였다(신경진, 2016). 곧이어 중국은 훙레이 외교부 대변인을 통해 "모두가 알다시피 사드의 적용 범위, 특히 엑스x-밴드 레이더는 한반도의 방어 수요를 훨씬 넘어서 아시아 대륙의 한복판으로 깊이 들어온다"라며 "관련국이 한반도 문제를 이용해 중국의 국가 안전(안보)이익을 훼손하는 데 대해 결연히 반대한다"라고 비판하였다(이용인·성연철, 2016). 이어 추궈훙 중국대사는 사드가 "한중관계를 순식간에 파괴"할 것을 강력 경고하였고 6월에는 시진핑 주석이 푸틴 대통령과의 정상회담 뒤 공동성명에서 "중러의 전략 이익을 훼손하는 사드 한반도 배치를 반대"한다고 선언하였다. 그럼에도 7월 8일 한미 당국자가 사드 배치를 공식 선언하자 중국 외교부는 즉각 성명을 내고 "사드 배치 결정에 강렬한 불만과 단호한 반대를 표시한다"라고 입장을 밝혔다(조규희, 2017).

중국의 거듭된 경고에도 한국 정부가 북핵 위협에 대한 방어적 조치라며 사드 배치를 강행하자 중국은 실제로 한국에 대한 경제보복을 실행하였다. 2016년 9월 북한이 5차 핵실험을 실시한 후 그해 11월 한국 롯데그룹의 성주골프장이 사드 부지로 선정되자, 중국은 현지에 진출한 롯데마트 및 계열사의 전 사업장에 대한 소방, 위생, 안전 점검을 실시하며 실질적인 사업장 폐쇄 조치를 취하였다. 이후 1중국의 112개의 롯데마트 중 87곳이 영업정지 처분을 받으면서 롯데그룹은 전체 사업 철수를 결정하였다(『한겨레』, 2017). 이어 2017년 3월에는 한국행 단체 관광이 전면 금지되고, 한국 드라마와 연예인들의 중국 진출을 금지하는 한한령을 비공식적으로 실시한 것으로 알려졌다. 그 외 관광과 식품 수출 금지 등으로 한국이 입은 피해는 2017년에만 한국 국내총생산의 0.5%에 달하는 8조 5천억 원에 이를 것으로 분석되었다(박의래, 2017). 2017년 새로이 들어선 문재인 정부는 10월 '미국의 MD(미사일 방어체계) 참여, 사드 추가 배치, 한·미·일 군사동맹'을 하지 않겠다는 이른바 '3불'[*] 입장을 표명하고, 양국은 "모든 분야의 교류 협력을 정상적인 발전 궤도로 조속히 회복시켜 나가기로" 합의하며 중국과의 관계 개선을 추구하였다. 그러나 합의 후 2년이 지난 2019년에도 여전히 한국 연예인의 중국 활동과 중국의 단체 관광은 재개되지 않은 것으로 보도되었다(박수찬·김진명, 2019). 한편 한미의 사드 배치 원인을 제공한 북한도 『로동신문』 사설에서 "사드 배치놀음은 승냥이의 손을 빌어 민족의 귀중한 자산인 동족의 핵보검을 없애보겠다는 극악무도한 대결망동"이라고 비난하였다. 이어 인민군 총참모부 포병국은 "사드가 배치될 위치와 장소가 확정되는 그 시각부터 이에 대한 물리적 대응 조치가 실행될 것"이라고 엄포를 놓았다(정윤아, 2016).

북한의 핵개발로 촉발된 한반도의 미사일 방어 문제는 남북을 넘어 미중 전략 경쟁과 연계되면서 많은 파장과 논란을 낳고 있다. 점증하는 북한의 핵과 미사일 위협에 대처할 한국의 미사일 방어의 기원과 그 현황은 어떻게 진행되고 있는가? 왜 중국은 사드가 북핵 위협에 국한된 것이라는 한국의 입장에 이처럼 강경한 자세와 정책을 취하였는가? 한미 동맹과 한국의 미사일 방어는 어떻게 조화를 이룰 수 있을까? 장기적인 동북아 정세 및 미중 경쟁의 전개 속에 한국의 미사일 방어는 어떻게 추진되어야 할 것인가? 본 글에서는 한국의 미사일 방어 추진이 가지는 여러 논란과 정책적 함의를 미사일 방어의 역사와 이를 둘러싼 논쟁, 한국형 미사일 방어 구축 현황, 사드 배치를 둘러싼 한중 갈등의 원인과 쟁점, 그리고 향후 전망에 대해 알아보기로 한다.

II. 미국의 미사일 방어 정책

본토로 날아오는 핵무기를 막고자 하는 노력은 핵무기를 최초로 개발한 미국에 의해 미사일 방어 개발로 이어졌다. 최초 미국의 미사일 방어 개발은 지상발사 요격체제를 기반으로 육군이 주도하였다. 초기의 개념은 1950년대 후반에 시도된 나이키 제우스Nike-Zeus 개발에 그 시초를 둔다. 여기에는 400킬로톤kt의 핵탄두로 무장한 미사일로 100km이상의 고도에서 낙하하는 소련의 전략 핵미사일을 역사 핵탄두를 장착한 미사일을 사용하여 공중에서 대규모 핵폭발로 요격하는 개념이 도입되었다(Berhow, 2005). 그러나 이러한 계획은 적의 가짜미사일 사용 가능성, 대규모 핵폭발에 따른 추가 공격에 대한 레이더 탐지 문제와 방사능 낙진 문제 등의 기술적 한계와 재정 문제로 중단된다(Yanarella, 2010; Walker et al., 2010). 기존 미사일 방어의 기술적 문제와 더불어 방대한 재정 소요 등에 비판적이던 맥나마라Robert McNamara 국방장관은 1967년 신흥 핵국가로 등장한 중국이나 사고로 인한 소규모 제한적 핵 공격으로부터 미 대류 전체를 방어할 목적의 센티넬Sentinel 프로그램을 추진한다. 여기에는 1965년부터 나이키 제우스를 개량하여 나이키X로 추진되던 최초의 2층 방위 시스템이 도입되었다. 이를 위해 고고도용 스파르탄Spartan 요격미사일과 저고도 단거리 핵탄두 요격체인 스프린트

Sprint 요격미사일 개발이 진행되었다. 그러나 여전히 앞서 제기된 문제들이 해결되지 않고 여기에 상호확증파괴에 기반을 둔 소련과의 핵억제 균열, 그로 인한 소련의 대규모 선제공격 시도, 핵 경쟁의 심화 가능성 등의 문제가 제기되었다(Clearwater, 1996).

미국 내 뉴욕, 워싱턴 등 15개의 주요도시와 알래스카와 하와이를 방어한다는 센티넬 프로젝트 역시 막대한 비용은 물론, 오히려 소련의 대규모 핵공격을 부추긴다는 해당 도시 주민들의 반대로 다시금 축소된다. 대신 미국 내 외딴곳에 설치된 전략 핵미사일 시설에 대한 방어를 목적으로 보다 제한된 규모의 미사일 방어가 추진되었다. 1970년대에 나이키 세이프가드로 추진된 계획은 적의 탄도미사일을 고도 20~320km에서 고고도용의 나이키 스파르탄 요격미사일LIM-49A로 요격하고, 이것이 실패할 경우 고도 1.5~30km에서 저고도용의 스프린트로 요격한다는 방어체계였다(Leonard, 2011). 그러나 1972년 미소 양국은 앞서 지적된 미사일 방어체제의 기술적 문제, 막대한 비용, 핵억제 균형 파괴 등의 근본적인 문제점이 오히려 상호 핵억제와 핵 균형을 저해한다는 공통의 인식을 형성한다. 마침 현실주의 외교와 소련과의 데탕트를 추구하던 닉슨 행정부는 브레즈네프 서기장과 상호 미사일 방어를 제한하는 탄도탄요격유도탄조약ABM Treaty: Anti-Ballistic Missile Treaty에 합의하였고, 미국의 나이키 세이프가드 프로그램은 개발 수개월 만에 종료된다. [1]

---

1 상기조약에 의해 미소는 각자 100개의 미사일로 한 개의 시설만을 방어하는 방어체제를 유지하기로 합의하였다. 소련은 A-35 Galosh 미사일 체계를 개발하여 모스크바에 설치하고 지금까지 유지하고 있으나, 미국은 1975년 노스다코타주의 미니트맨 ICBM 기지 주변에 설치했던 세이프가드 시스템을 수개월만 운영하다 폐기하였다(Finney, 1975).

핵폭발을 이용하여 적 미사일을 파괴하려던 미국의 미사일 방어는 1980년대 들어 새로운 방향으로 발전한다. 적의 미사일을 핵탄두가 아닌 물리적 요격체로 충돌시켜 운동에너지kinetic energy로 격추시키는 새로운 개념이 도입된 것이다. 1983년 3월 레이건 대통령이 발표한 "전략방위구상SDI: Strategic Defense Initiative"은 우주 배치 탄도 요격시스템을 통해 소련의 대규모 미사일 공격으로부터 미국 본토와 동맹을 방어한다는 '전면방어 개념'을 주창하였다. 이후 '스타워즈Star Wars'로도 불리던 새로운 미사일 방어체계는 400개의 위성레이더일명 Brilliant Eye를 지구궤도 주변에 배치하고 우주정거장에서 발사되는 수백 개의 요격체일명 Brilliant Pebbles로 최대 3,500개의 지상 목표물을 적의 공격으로부터 방어한다는 야심찬 계획을 세웠다. 문제는 '다층적 우주 배치 계획'을 실현하기 위한 기술의 한계가 드러났고, 또한 개발 단계에서부터 막대한 예산 소요가 발생하면서 계획 추진이 지지부진하게 되었다.

1990년대 초 냉전이 해체되면서 소련의 대규모 핵공격을 상정하던 미국의 미사일 방어 정책은 새로운 위협에 대한 정책으로 전환하게 된다. 1991년 1월에 발표된 '제한공격에 대한 범세계 방어GPALS: Global Protection Against Limited Strikes' 구상은 미사일 방어의 목표를 소련의 대규모 핵공격에 대한 전면방어 대신 핵을 보유한 제3세계 국가나, 구소련의 핵무기가 배치된 상태에서 독립한 신생국가 및 비정상적인 러시아 미사일 부대 지휘관에 의한 '제한된 규모의' 미사일 공격에 대한 방어로 전환하였다(Cooper, 1992, 27-30). 이후 클린턴 행정부는 1993년 5월 '탄도미사일 방어구상Ballistic Missile Defense Initiative'을 발표한다. 냉전시기의 과도한 국방예산을 축소하려던 클린턴 정부는 전 세계 우방의 방어 목표를 포기하고 미국 본토와 해외 주둔 미군 방어에 중점을 둔 제한된 지역

방어를 추구하였다. 즉, 제한적인 전술탄도탄 요격을 목표로 한 '전역 미사일 방어Theater Missile Defense'에 우선 집중하고 동시에 중·장거리 대륙 간 탄도탄 요격을 겨냥한 '본토 미사일 방어National Missile Defense'는 장기 계획으로 추진한다는 구상이었다(GAO, 1993). 이는 1991년 걸프전 당 시 이라크의 사우디나 이스라엘에 대한 스커드 미사일 공격을 효과적 으로 방어하지 못한 경험이 그 배경이 되었다. 광범위한 본토 방어보다 제한된 전장에서의 방어를 위해 '해상 광역방어체계'NTWD: Navy Theater Wide Defense와 '육상배치 전역고고도방어체계'THAAD 개념이 본격적으로 등장하였다. 전역 미사일 방어는 대기권 내 저고도 목표물 타격용으로 육군의 PAC-3 및 해군의 NADNavy Area Defense 미사일로 구성된 저층Low Tier 요격시스템과 대기권 밖 고고도 목표물 타격용으로 육군의 사드 THAAD 및 해군의 NTWNavy Theater Wide미사일로 구성된 고층Upper Tier 요격 시스템의 다층, 다영역으로 구성되었다. 그리고 2001년까지 PAC-3, 2003년까지 NAD를 각각 배치하여 저층 요격시스템을 구축하고 고층 요격시스템인 사드는 2007년까지, NTW는 2006년까지 개발 후 배치하 는 것이 설정되었다.

한편 공화당을 중심으로 미국 본토방어를 위한 체계가 필요하다는 압력에 의해 클린턴 행정부는 1996년 '3+3 프로그램'을 발표하고 1997~ 1999년 연구, 2000~2002년 실전 배치 필요성 검토 후 2003년까지 본토 미사일 방어체계를 배치한다는 기본 추진 계획을 밝힌다. 특히 1998년 7월 럼스펠드Donald Rumsfeld 전 국방장관 주도로 의회에 의해 초당적으로 구성된 연구위원회는 이란과 북한 등 일부 불량적성국가가 5년 이내 미 국 본토를 위협하는 미사일을 개발할 가능성이 있음을 예고하는 보고 서를 발간한다(US Congress, 1998). 곧이어 1998년 8월 북한이 대포동 1

호 시험 발사를 하면서 동 보고서의 경고가 현실화되는 것으로 평가되었다. 이에 따라, 클린턴 행정부는 본토 미사일 방어NMD 예산을 추가 배정하였으나, 2000년 9월 클린턴 대통령은 NMD 배치 여부에 대한 결정은 차기 행정부로 연기한다고 발표한다(Arms Control Today, 2000).

2001년 9월11일 뉴욕과 워싱턴을 강타한 테러는 미국 본토의 미사일 방어 필요성을 본격적으로 제기하였다. 조지 부시 행정부는 9·11 테러 이후 대규모의 핵전쟁보다 테러범에 의한 핵 테러나 불량국가의 핵 공격 위협을 가장 심각한 안보 위협으로 상정하였다. 이들에 의해 불시에 있을지도 모르는 소규모 핵공격을 막기 위한 미사일 방어의 중요성이 새로이 제기되었다. 러시아와 같은 핵 강국에서 날아오는 수십, 수백 개의 핵미사일은 다 막아내지 못하더라도 한두 개의 제한된 핵 공격은 최소한 막을 수 있는 미사일 방어의 필요성과 중요성이 새로이 대두된 것이다. 여기에 그동안 기술 발전에 따라 이러한 제한적 미사일 방어체계는 충분히 실현 가능성이 있는 것으로 제시되었다. 1970년대 중반 포드 행정부 이후 부시 행정부의 국방장관으로 다시 임명된 럼스펠드는 이전 자신의 보고서를 바탕으로 미국의 미사일 방어 시스템 개발에 박차를 가한다. 부시 행정부는 클린턴 전 행정부의 제한적 NMD 개념을 폐기하고, 포괄적 NMD를 추진하는 방향으로 미사일 방어 전략을 수정한다. 이를 위해 기존 미사일 방어체계의 전역 미사일 방어체계TMD: Theater Missile Defense와 국가 미사일 방어체계NMD: National Missile Defense를 통합하였다. 또한 유럽의 NATO 동맹국과 미국 안보의 협력 연계 필요성에 따라 NMD의 방어 대상을 미국에 한정하지 않고 우방국까지 확대하는 정책을 추구한다. 이런 입장에 따라 2001년 3월 럼스펠드 국방장관은 NMD, TMD의 구분이 없어진 포괄적이고 보편적인 미사일 방어MD:

Missile Defense라는 용어를 공식 채택한다. 부시 행정부가 추진한 미사일 방어는 요격 대상이 되는 미사일의 비행궤적을 추진단계Boost, 비행단계 Midcourse, 진입단계Terminal의 세 단계로 구분하고, 단계별로 공중배치, 지상, 해상배치, 우주배치별 다양한 무기체계를 통해 적 미사일 공격에 대응한다는 다층적 요격시스템Multi-layered Defense System 구축을 추구하였다 (Coyle, 2002). 2004년과 2005년에 걸쳐 알래스카와 캘리포니아주의 군 기지에 지상기반중층방어 요격 체제를 구축하면서 실제 요격 시험을 진행하고, 동시에 해상의 이지스 구축함에서 SM-3 미사일을 이용한 요격 시험도 본격 실시하기 시작하였다. 미국은 알래스카에 40개, 캘리포니아에 4개의 지상기반 요격 미사일과 탐지 레이더를 운용하고 있으며, 해상기반 미사일 130기와 더불어 영국과 그린랜드에 탐지 레이더를 운용하고 있다.

한편 2001년 12월에 부시 행정부는 본격적인 미사일 방어체계의 개발을 위해 1972년 소련과 맺은 ABM 조약 탈퇴를 공식 선언한다. 동시에 나토 동맹국 및 동유럽에 미사일 방어기지 건설을 추진하였다. 미국은 2015년까지 이란이 미국과 유럽에 도달할 수 있는 장거리 미사일을 개발할 것으로 전망하면서 이란의 장거리 미사일 위협으로부터 유럽 및 미국을 보호하기 위해 유럽에 미사일 방어체계 구축이 필요함을 역설하였다. 미국은 2000년대 초 영국의 군 기지와 덴마크의 그린랜드를 미사일 방어에 필요한 레이더 시설 구축에 사용할 장소로 협조를 구하였다. 이어서 2011-13년까지 폴란드에는 10기의 요격 미사일 기지를, 체코에는 레이더 기지를 건설한다는 계획을 수립하고, 2007부터 폴란드·체코와 공식 협의를 시작하였다(Mardell, 2007).

이러한 부시 행정부의 광범위한 미사일 방어체계 구축에 가장 강하

게 반발한 국가는 러시아였다. 러시아는 특히 인접국가인 동유럽 내 미
사일 방어기지를 건설하려는 미국의 계획에 대해 이것이 실질적으로는
자국을 겨냥한 계획으로 비판하면서 그에 대한 '비대칭적 대응책'을 강
구할 것이라고 강조하였다. 또한, 러시아는 중거리 핵 전력 폐기 협정
INF Treaty: Intermediate-Range Nuclear Forces Treaty의 일방적 파기 및 유럽 내 재래
식 전력 감축조약CFE Treaty: Conventional Armed Forces in Europe Treaty 의무 이행
모라토리움 선언 등을 위협하며 미국의 유럽 내 미사일 방어 구축 노력
에 강한 반감을 드러냈다(USA Today, 2007). 실제 푸틴 러시아 대통령
은 2007년 G8 정상회의에 참석하여 동유럽 내 미사일 방어기지가 러시
아의 핵공격 대상이 될 수 있다고 위협하였다(Deutsche Welle, 2007).
러시아의 강한 반발에 직면하여 2009년 오바마 대통령은 이란이 아직
유럽을 위협할 만한 장거리 미사일을 개발하지 못했기 때문에 지중해
의 미 해군 이지스 시스템만으로도 충분히 대처할 수 있다고 하면서 폴
란드와 체코의 미사일과 레이더 설치 계획을 철회하였다(BBC News,
2009). 이후 오바마 행정부는 스페인 주둔 미 해군에 이지스 수상기반
방어 시스템을 구축하고 터키에 탐지레이더를 설치하였다. 또한 2014
년 러시아의 크림반도와 우크라이나 침공 등으로 미러 관계가 악화되
면서 2015년과 2016년에는 각각 루마니아와 폴란드에(VOA, 2016) 이지
스 방어시설을 구축함으로써 유럽의 미사일 방어체계를 사실상 완성하
였다(CNN, 2017).

한편 오바마 행정부는 유럽 외의 지역에서도 미국의 광역 미사일방
어체계 구축 노력을 지속하였다. 뉴욕과 괌에 각기 새로운 요격 탐지레
이더와 사드 방어체계를 구축하는 한편 중동의 카타르, UAE, 이스라엘,
터키 등과도 탐지레이더 설치 등의 협력을 추구하였다. 아시아의 경우

일본이 이지스 구축함을 이용하여 자체적으로 해상기반 요격시스템 구축하면서 북한은 물론 중국과 대만까지도 커버할 수 있는 고성능의 X 밴드 레이더(AN/TPY-2)를 2006년 일본 북부 츠가루시의 샤리키 기지에 배치한 데 이어 2012년에는 중부지역에도 2번째 레이더 시설 추가 구축을 합의하였다(NTI, 2013). 또한 2012년 호주와 탐지레이더 시설 구축을 합의하였고 동남아시아에도 탐지레이더 시설 구축을 시도하고 있다.

III. 북핵과 한반도 미사일 방어

1. 한국형 미사일 방어체계 KAMD: Korean Air and Missile Defense

북한은 핵폭탄 개발과 더불어 이를 운반할 수 있는 미사일 능력 개발에도 박차를 기울여왔다. 북한은 1960년대 중반부터 다양한 탄도미사일 개발과 배치에 노력하였다. 1980년대 중반 사거리 300km의 스커드-B와 500km의 스커드-C를 배치하였으며, 1990년대 후반에는 한반도 전역을 사정권에 두는 사거리 1,300km의 노동 미사일을 배치하였다. 북한은 이후 위성발사용 로켓 개발이라는 구실로 장거리 미사일 개발에도 착수하여 1998년 대륙간 탄도탄과 원리가 같은 대포동 1호를 시발로 2016년까지 5차례에 걸쳐 대포동 2호 로켓 발사체 시험을 실시하였다. 2006년 첫 핵실험을 시행한 북한은 주요 운반수단인 중장거리 미사일 개발을 본격화하였다. 2007년에는 사거리 3,000km 이상의 무수단 미사일을 배치하여 한반도는 물론 주변국에 대한 직접적인 타격 능력을 보유하게 되었다. 특히 김정은 위원장 집권 이후 4차례의 핵실험과 더불어 2012년 이후 미국 본토를 타격할 수 있는 대륙간 탄도탄 미사일에 대한 시험 발사를 본격화하였다. 위성로켓이라고 주장한 대포동 로켓에 이어 2017년에는 본격적인 탄도미사일 화성-12형을 북태평양 방향으로 발사하였고, 연이어 미국 본토를 위협할 수 있는 화성-14형과 15형을 시험 발사하였다. 최초의 미북 정상회담이 열린 2018년에는 미사일 시험 발사가 없었으나, 2019년 하노이 정상회담 결렬 이후 북한은 기존 액체 로켓에 비해 작전 운용상 관리가 유리한 다종의 고체 추진 단거리 탄도미사일과 신형 잠수함발사 탄도미사일SLBM 북극성-3형을 시험 발사하며 미사일 능력 고도화에 더욱 노력을 기울이는 모습을 보이고 있다(국방부, 2020: 28-29).

2020년 10월 당 설립 75주년 열병식에서 신형 대륙간탄도미사일 ICBM과 '북극성-4ㅅ'으로 표기된 신형 잠수함발사 탄도미사일SLBM 등 총 9종의 탄도미사일을 공개하였고, 2021년 1월의 8차 노동당대회 기념 심야 열병식에서도 신형 잠수함 탄도미사일로 추정되는 '수중전략탄도탄'을 선보였다(BBC News 코리아, 2021). 이러한 북한의 최근 노력은 미국 본토를 실제 공격할 수 있는 전략무기로써 장거리 탄도미사일 및 잠수함 탄도미사일 능력을 보유하여 미국에 대한 핵억제 능력을 함양하고 핵보유국으로서 미국과의 핵 및 군축 협상에 대등한 지위를 확보하려는 포석으로 분석된다. [2]

한편 2020년 8월 유엔 안전보장이사회 산하 대북제재위원회 전문가

---

2 그러나 전문가들은 북한의 대륙간 탄도탄이나 잠수함 탄도미사일이 탄두의 대기권 재진입 기술 확보 여부 등을 검증할 수 있는 실거리 사격은 실시하지 않아 이에 대한 추가 확인이 필요하며, 아직은 작전 가능한 핵미사일 제조 능력을 가지지 못한 것으로 분석한다.

패널이 작성한 보고서에 의하면 세계의 여러 정보 당국이 '북한이 탄도 미사일 탄두에 들어갈 수 있는 소형화된 핵무기를 개발했을 것'으로 판단하고 있는 것으로 보도되었다(United Nations Security Council, 2020). 대니얼 카블러Daniel Karbler 미 육군 우주미사일 방어사령관은 북한이 핵탄두 소형화에 성공했을 가능성이 있다는 유엔 보고서에 대해 "우리는 북한에서 나오는 모든 미사일을 최상의 중대 위협으로 다뤄야 한다"라고 강조하면서 미사일 방어 능력의 중요성을 역설하였다. 찰스 리처드Charles Richard 미 전략사령관도 "북한은 불법적 핵무기 추구를 계속하고 있고 미사일 시스템을 개선하고 있다"라고 말하고, 이러한 능력은 역내 주둔하고 있는 미군과 동맹을 위협하는 것은 물론, 특히 최근 몇 년 간 이뤄진 북한의 대륙간탄도미사일ICBM 시험은 미국 본토에 위협을 가할 수 있다고 주장하였다(황준범, 2020).

이렇듯 점증하는 북한 핵무기와 미사일 위협에 대응하여 한국 정부와 군은 한국형 미사일 방어체계KAMD: Korea Air and Missile Defense의 구축을 위해 노력해왔다. 한국형 미사일 방어체계는 한국의 지형에 맞게 탐지센서 운영범위를 한반도로 제한하고, 요격미사일의 능력도 하층 방어에 국한함으로써 북한의 미사일 위협에 대응하는 제한적인 범위와 목적을 가진다. 즉 전 세계에 걸쳐 구축된 미국의 미사일 방어망에 편입하는 대신 미국의 미사일 방어체계를 축소하여 한국 자체의 대북 미사일 방어체계를 구축하는 것으로 이해된다(신영순, 2013). 북한의 핵/미사일 억제 대응을 위한 두 축 중 하나로 '전략적 타격체계'와 함께 추진되고 있는 '한국형 미사일 방어체계'는 탐지체계, 지휘통제체계, 요격체계로 구성된다(대한민국 국방부, 2020: 61-62). 국방부에 따르면 현재 한국의 미사일 방어체계는 탄도탄 조기경보레이더, 이지스함, 패트리어트

[표 1] 북한의 미사일 종류 및 제원

구분	스커드-B/C	스커드-ER	노동	무수단	대포동 2호	북극성/북극성-2형	화성-12형	화성-14형	화성-15형
사거리(km)	300~500	약 1,000	1,300	3,000 이상	10,000 이상	약 1,300	5,000	10,000 이상	10,000 이상
탄두중량(kg)	1,000	500	700	650	500~1,000	650	650	미상	1,000
비고	작전 배치	작전 배치	작전 배치	작전 배치	발사	시험 발사	시험 발사	시험 발사	시험 발사

출처: 『국방백서』, 2018.

등을 전력화하여 수도권 핵심시설 및 주요 비행기지에 대한 다층방어 능력을 구비해 나가고 있다(대한민국 국방부, 2018: 54). 한국 국방부는 국내 기술로 개발한 미사일 요격체계를 추가 확보하여 독자적인 미사일 방어 능력을 확충하는 한편, 주한미군 미사일 방어체계와의 상호운용성을 강화하여 동맹의 대응 능력도 지속해서 발전시켜 나갈 것이라고 밝히고 있다.

이러한 점에서 미국의 미사일 방어와 한국의 미사일 방어는 그 목적과 체계에서 차이점이 있다. 미국의 미사일 방어는 본토 방호에 주안점을 두면서도 동맹을 비롯한 우방국과 해외 주둔 미군 전력에 대한 미사일 방호를 함께 추구한다. 따라서 범지구적인 감시체계와 다층 요격체계 구축이 필요하다. 이를 위해 먼저 우주기반의 위성체계와 지상 및 해상에 다양한 레이더 체계를 배치하여 지구 전역에 대한 정밀감시 능력을 추구한다. 그리고 중단거리 탄도미사일에서부터 대륙간 탄도미사일에 이르는 다양한 적의 미사일을 요격하기 위해 상승, 중간, 종말 단계의 다층 요격체계를 운용한다. 이는 한반도의 좁은 지역에 대한 탐지와 하층 방어에 집중하여 추진되는 한국형 미사일 방어체계와는 다른 특성을 가진다. 즉 한국형 미사일 방어체계는 지역이나 지구 차원의 감시체계나 ICBM급 탄도미사일의 요격 수단이 필요하지는 않은 것이다.

　이는 초기 한국의 미사일 방어가 주로 북한의 스커드 미사일 공격을 방호하기 위한 것에 기인한다. 북한은 현재 크게 세 지역에 걸쳐 위의 [표 1]에 나오듯이 사거리가 다른 미사일을 운용하는 것으로 알려졌다. 먼저 1구역인 전방에서 50~90km에 이르는 지역에 사정거리 300~700km의 스커드 미사일 500~600기를 집중 배치하고 있다. 또한 같은 지역 내에 미사일 이동 차량도 40여 대 보유하고 있는 것으로 알려졌다. 이어서 2구역인 평양을 포함한 후방 90~120km 지역에는 1,300km 사정거리의 노동 미사일 200~300기를 30여 대의 이동식 차량과 함께 배치하고 있다. 마지막으로 3구역인 120km 후방의 깊숙한 내륙지역에 30~50여 기의 사거리 3,000km 무수단 미사일을 30여 대의 이동식 차량과 함께 배치하고 있다(The Korea Herald, 2016). 한국의 미사일 방어체계는 주로 단거리 하층 방어에 집중하고 있다. 전방지역에 배치된 스커드 미사일이 수도권을 타격할 경우, 탐지에서 요격까지 소요되는 시간이 너무 짧아 하층 방어 능력에 주력할 수밖에 없는 현실을 반영한 것이다. 그러나 이후 사거리 1,000km가 넘는 노동 미사일이 북한 후방에서 발사될 경우에는 좀 더 상층에서의 중거리 타격 능력이 요구되며 이 경우 사드와 같은 고고도 미사일 방어 능력의 중요성이 부각된다. 그 경우 탐지 능력 및 요격 능력의 확대가 필연적이다.

　한국군은 현재 한반도 전용의 탐지거리 500km의 조기경보용 그린파인 레이더 1대를 이스라엘에서 들여와 운용하고 있다. 또한 동해에 배치된 세종대왕 이지스함의 경우 2009년과 2012년 북한의 미사일 발사 시험을 조기에 탐지하는 능력을 보여주기도 하였다. 1,100발에 이르는 북한의 스커드와 노동 미사일 요격을 위해 한국은 독일 중고 패트리어트 PAC-2 8개 포대(발사대 6대 × 미사일 4발), 신형 패트리어트 PAC-3

1개 포대(발사대 8개 × 미사일 16발), 천궁 PIP 8개 포대(발사대 4대 × 미사일 8발) 등 대략 580발의 요격 미사일을 배치해 대응하고 있다. 모자라는 나머지 요격은 현무-2 미사일 수백 발로 선제 타격하는 킬체인을 구축하여 제거할 계획을 세우고 있다. 2020년에는 러시아 기술을 기반한 고도 15~20km의 천궁II 요격 미사일을 실전 배치함으로써 독자적 탄도탄 방어 무기체계를 개발해 배치한 세계 7번째 나라가 되었다(이승윤, 2020).

한편 국방부는 2019년 '2020~2024년 국방중기계획'을 통해 날로 심각해지는 북한의 탄도미사일 위협에 대응해 한국형 미사일 방어체계의 방어지역을 확대하고 요격 능력을 더욱 높일 계획을 발표하였다. 여기에는 이지스 구축함에 탑재되는 SM-2 함대공 미사일과 함께 탐지거리 800km 이상의 탄도탄 조기경보 레이더를 추가해 북한 미사일에 대한 탐지 능력을 확대할 것이 포함되었다. 또한 영상레이더와 전자광학-적외선 위성 등 군 정찰위성 5기를 전력화하고 패트리어트 미사일과 철매-2를 성능 개량해 배치하고 장거리 지대공미사일L-SAM을 개발 완료해 하층과 중층에 걸치는 복합 한국형 미사일 방어체계 구축에 노력할 것이라고 하였다. 동시에 북한 핵미사일에 대한 킬체인의 일부로 20여 대의 F-35B 수직이착륙기와 이를 수송할 경항모 제작이 포함된 국방중기계획은 향후 5년에 걸쳐 연평균 477억 달러, 총 2,340억 달러의 예산 투입을 계획하고 있다(한상미, 2019).

2. 사드와 한중 갈등의 쟁점

북한이 각종 미사일 능력을 고도화함에 따라 한국의 미사일 방어 중요성이 더욱 강조되는 것은 당연하다. 더구나 현재 북한의 비핵화 전망이 불투명한 가운데 김정은 정권의 핵무기 개발이 가속화되면서 이에 대한 효과적인 억제력과 대응책의 필요성이 절실하다. 앞서 살펴본 한국의 킬체인 구축과 자체적인 미사일 방어체계 구축 노력은 아직 기술과 비용 면에서 초보단계에 그치고 있다. 대신 주한미군과 연합하여 운용하고 있는 패트리어트 미사일과 정찰 위성 및 탐지 시스템이 대북 미사일 방어의 주를 이루고 있는 현실이다. 문제는 기존의 패트리어트 미사일만으로는 북한의 노동 미사일과 같이 고속으로 대기권에 돌입하는 중거리 미사일이 핵을 탑재할 경우 이에 대한 방어가 쉽지 않다는 것이다. 또한 단거리 미사일의 경우 요격에 성공하더라도 핵폭발로 인해 지상에 미치는 피해가 크다는 점도 지적된다. 2016년 북한의 연이은 핵실험과 미사일 발사 이후 주한미군 방어를 위해 고성능의 사드 방어체계가 들어온 이유이다.

사드THAAD는 미국 육군의 탄도탄 요격유도탄 체계로, 정식 명칭은 종말고고도지역방어終末高度地域防禦: Terminal High Altitude Area Defense이다. 북한의 스커드나 노동 같은 사거리 350에서 1,500km 사이의 단거리SRBM, 준중거리MRBM, 중거리IRBM 탄도유도탄을 종말 단계에서 직격파괴로 요격하도록 설계되었다.[3] 록히드마틴이 주도하여 개발한 사드 시스템은 패트리어트 PAC-2나 PAC-3와는 달리 폭발성 탄두를 이용하지 않고, 순수 타격 충돌 기술hit-to-kill technology을 사용하여 현존하는 미사일 방어체계MD 중 가장 요격 성공률이 높은 것으로 평가받고 있다. 한국에 배

---

[3] 사드와 비슷한 프로그램으로는 해군의 해상발사형인 이지스 탄도미사일 방어시스템이 있으며, 현재 지상에서 발사되는 '이지스 어쇼어(Aegis ashore)'가 있다(안성규·최강, 2016).

치된 사드 1개 포대는 6개의 발사대로 구성되며 발사대당 8개의 요격미사일이 있다. 또한 날아오는 적 미사일을 탐지하기 위한 고성능의 AN/TPY-2 X-밴드 레이더가 함께 구성된다(Lamothe, 2017). 현재 미국은 하와이, 괌에 사드 포대를 운용하고 있으며, 해외로는 이스라엘과 UAE에 포대를, 터키에 사드 레이더를 루마니아에 이지스 어쇼어Aegis Ashore를 운용하고 있다.

북한 핵 위협에 대한 방어수단으로 사드 배치를 한 미국과 한국의 결정에 대해 중국 당국은 매우 강력한 경고와 비난, 그리고 실질적인 제제를 가하였다. 중국이 사드에 대해 이렇게 민감하게 반응한 배경 중 하나는 자신들의 전략적 안보 이해에 대한 중요한 침해로 간주한 배경이 있다. 중국의 군사적/안보적 우려는 다음의 몇 가지로 분석된다. 첫째, 사드의 주요 구성요소인 고성능 X-밴드 레이더에 민감한 반응을 보인다. 중국은 주한미군이 운영하는 사드의 AN/TPY-2 레이더가 중국 내륙의 미사일 기지를 탐지할 수 있다고 주장한다. DF-5나 DF-31 같은 자국의 대륙간탄도탄ICBM의 초기 요격이 가능해져 그 생존성과 보복공격second strike 역량이 급격히 약화돼 대미 핵억제 능력을 크게 손상할 수 있다고 우려한다(MacDonald and Ferguson, 2015: 16). 중국은 현재 약 250에서 300여 개의 핵탄두와 100여 기의 다양한 사거리와 종류의 핵미사일을 보유하고 있다. 이는 미국과 러시아가 보유한 2,000여 발의 핵탄두와 1,000여 발의 핵미사일에 비해 매우 적은 수량으로 핵선제불사용 원칙과 기본적 2차 보복 능력을 중심한 최소억제Minimum Deterrence 원칙에 기반한 것이다. 그리고 이들 핵무기는 크게 미국과 러시아를 겨냥하여 지역적으로 분산되어 있으며, 이중 미국을 겨냥한 중국의 전략핵무기가 한반도와 가까운 동북 3성에 주로 배치되어 있다(US Office of the Secretary of Defense, 2016; 2020, 55-56). 문제는 한국에 배치된 사드의 탐지레이더가 날아오는 미사일을 요격하기 위한 종말모드TM의 경우 탐지 거리가 600km 내외로 한반도에 국한되지만,(Sputnik News, 2015) 동시에 조기 탐지용FBR으로 사용될 경우 최대 2,000에서 3,000km의 탐지반경을 가지게 되어 중국 전역을 탐지할 수 있다는 것이다(Lewis and Postol, 2012).⁴ 실제 일본의 경우 2006년과 2014년 각기 북부 샤리키와 중부 교토의 주일미군 기지에 배치된 X-밴드 레이더가 조기 탐지 전용인데, 비록 이것이 주로 북한의 미사일을 겨냥한다고 하지만 실제로는 북경을 포함한 중국의 주요 지역을 커버하는 것으로 알려졌다.⁵ 중국의 우려에 대해 한국과 주한 미군은 사드 레이더가 대북 미사일에 대응하는 종말 요격용으로만 사용된다고 주장하며 중국에 영향을 미치지 않을 것을 선언하였다. 그러나 중국은 미국이 주한미군에 종말 요격용 사드 레이더를 배치한 뒤 이를 'look mode'(원거리 감시 모드)로 재설정하고 회전시켜rotate 중국 내부에 '스파이 행위'를 할 것이라고 의심한다(Rinehart et al., 2015: 16). 더욱이 중국은 아시아에 전진 배치되는 사드 탐지레이더가 가진 또 다른 능력에 주의한다. 즉 중국의 제한적 2차 보복에서 중요한 요소로 간주하는 기만탄 사용 시 미국이 이를 구분하는 능력이다. 앞서 지적했듯이 중국은 현재 미국에 비해 전략핵무기의 수와 그

---

4 사드의 미래와 관련, 최근에는 사드 레이더의 능력을 확장하는 안도 제시됐다. NRC 보고서에 따르면 AN/TPY-2를 겹으로 쌓는(stacked) 복층 GBX(지상배치 X-band)레이더를 제안했다. 현재 AN/TPY-2 레이더는 방위각 120도 범위에서 정찰하는데 'mechanical steering kit'가 개발되거나 복층 레이더를 턴테이블에 올릴 수 있으면 방위각 270도까지 볼 수 있다. 탐지거리도 3,000km까지 늘어나는 것으로 추정된다(National Research Council 2012).
5 이에 대해 중국은 외교부 성명을 통해 "지역의 전략적 안정과 상호 신뢰에 도움이 되지 않는다"라고 비판하였다(Reuters 2014).

운반수단이 절대적인 약세를 보인다. 숫자가 얼마 안 되는 중국의 핵미사일이 억제력을 가지기 위해서는 생존성을 높이기 위해 기만탄의 사용이 중요하다. 그런데 사드의 전진배치 탐지레이더는 중국에 근접 배치되어 중국이 '기만탄 전개decoy-deployment' 시 개별 타깃의 속도 변화를 감지해 기만탄과 진짜 핵탄두를 식별해낼 수 있다는 것이다. 이는 중국의 최소억제 핵 균형을 위해 미국이 넘어서는 안 되는 레드라인으로 간주된다(Lewis and Postol, 2012).[6] 이 경우 한국에 배치된 사드 레이더는 대중국 탐지 능력에서 일본에 비해서도 훨씬 그 효용이 커질 수 있다.

둘째, 사드가 최근 중국 지역방어 전략의 핵심으로 부상한 A2AD 전략의 주 전력인 중거리 전역 미사일을 무력화시킬 수 있다는 것이다. 중국은 최근 남중국해와 대만, 동중국해 등에서 무력분쟁 발생 시 개전 초기 1,250기에 이르는 지상배치 탄도미사일이나 순항미사일로 오키나와와 괌의 미 공군 및 해군 시설을 공격하며, 이어 미국 항공모함의 서태평양 진입을 차단하는 공격을 통해 미국의 군사 개입을 저지하는 지역방어 전력에 집중 투자하고 있다.(US Office of the Secretary of Defense, 2020: 55-60, 72-73) 미국은 이에 대해 다영역 작전을 통해(US Army, 2018) 중국의 레이더와 미사일 시스템 및 기지를 파괴한다는 전략으로 맞서고 있다(Martinage, 2018). 이 과정에서 중국의 중거리 미사일 공격을 효과적으로 막을 수 있는 미사일 방어가 중요한 역할을 할 것으로 예상된다. 중국은 한반도와 연한 동북 3성에 배치된 중국 전략지

---

6 앞서 인용한 NRC 보고서에 따르면 사드의 X-band 레이더는 미사일 탄두뿐 아니라 탄두와 함께 대기권 밖의 무중력 공간을 비행하는(중간단계 비행) 미사일 파편(debris) 및 기만체를 정확하게 식별하는 능력을 갖추도록 설계되어 식별 문제를 '적절하게' 해결할 수 있다고 분석한다.

원군 예하 3개 유도탄 여단에 중단거리 둥펑DF 계열 미사일 600여 기를 배치해 유사시 한반도와 동북아 상황에 대처하고 있다(정충신, 2016). 일본에 배치된 해상의 이지스 방어체계와 육상의 사드 레이더는 북한의 중단거리 미사일을 모두 방어할 수 있는 것으로 분석된다. 중국의 전역 미사일은 북한의 중단거리 미사일과 기능 면에서 거의 같다. 1,300~3,500km 사거리의 북한 중거리 노동 미사일은 중국이 연안에 집중 배치한 DF-21 시리즈의 중거리 미사일과 사거리와 탄도가 거의 유사하다. 중국의 중거리 미사일 전력을 사용한 A2AD 전략이 한반도의 사드에 의해 큰 타격을 입을 수 있다는 것이다. 만일 사드가 추가 배치된다면 한국의 사드 레이더와 미사일은 중국의 전략을 더욱 크게 제약할 수 있다.

셋째, 한국의 사드 배치는 결국 미일이 추구하는 대중국 포위 전략이 장기적으로 공고화될 수 있는 가능성을 제시한다. 사드가 주한미군에 배치될 경우 한국·일본이 공히 미국의 미사일 방어체계를 공유하게 되어 실질적인 한미일 삼각 군사 협력 체제가 작동하게 될 수 있는 것이다. 일단 사드가 한국에 배치되면 추가 배치의 문이 열리고, 업그레이드된 미국의 MD체계가 한반도에 들어올 가능성이 높아진다(이상무, 2020). 최근 미국이 경북 성주에 배치된 사드와 기존 패트리어트 미사일과의 연동, 발사대의 원격조정 등의 성능 개량을 위한 논의를 국방부와 하고 있다는 내용이 보도되기도 하였다. 더 큰 문제는 이러한 무기체계가 상호 연동됨으로써 사실상 중국이 맞서기 힘든 한미일 군사안보협력의 기반이 만들어질 수 있다는 것이다. 사드를 통해 한미일이 하나의 군사 블록으로 업그레이드 될 수 있다. 여기에 대만의 사드 배치 가능성까지 제기되면서 한국의 사드 배치는 중국에게는 새로운 판도라의 상자를 여는 것으로 인식될 수 있다(Everington, 2017).

한국은 사드 도입단계에서부터 "북한에 대해서만 운용될 것이며, 어떠한 제3국도 지향하지 않는다"라며 중국의 우려를 불식하려 노력하였다(국방부 2016). 이후 한국 정부는 2017년 9월 "대한민국 정부는 사드 추가 배치를 검토하지 않고 있고, 미국의 미사일 방어체계MD에 참여하지 않는다는 기존 입장에 변함이 없으며, 한미일 3국 간의 안보 협력이 3국 간의 군사동맹으로 발전하지 않을 것"이라는 '3불' 입장을 천명하였다. 곧이어 한중간 '한중 관계 개선 관련 양국 간 협의 결과'에서 한국 정부는 "사드 문제와 관련한 중국의 입장과 우려를 인식한다"며, "(사드가) 중국의 전략적 안보 이익을 해치지 않는다"라는 견해를 밝혔다. 이에 대해 중국 정부는 "중국의 국가안보를 지키기 위해 한국에 배치된 사드 체계를 반대한다"라는 기존 입장을 재확인했다(정욱식 2020). 이후 한중은 사드 배치로 악화된 양국관계를 점진적으로 개선하려 노력하고 있다. 그러나 사드 문제는 현상유지 차원에서 봉합된 것이며, 여전히 양국 간에는 이를 둘러싼 긴장과 갈등의 불씨로 남아있다.

IV. 결 론

북한 핵과 미사일 위협의 심화로 인한 한국의 미사일 방어 노력은 사드 배치를 기회로 한중 갈등으로 전개되면서 동아시아의 미중 경쟁과 동북아 군사 경쟁의 중요한 이슈로 부상하였다. 한국 입장에서는 북한의 위협에 대한 순수 방어적 목적의 사드 배치에 대해 중국이 강경한 비난과 제재를 가한 것은 정당한 자위권 침해의 부당한 조치와 적반하장으로 여겨진다. 실제 사드 보복 이후 한국인의 대중국 여론은 급속히 나빠져 한때 한국인들 83%가 중국을 가장 큰 위협으로 꼽으며(연합뉴스, 2017), 아시아 국가 중 중국에 가장 부정적인 시각을 나타냈다(박태인, 2017). 혹자는 중국이 미국의 미사일 방어에 가장 협조적인 일본에는 별다른 조치를 취하지 않으면서 왜 한국에만 유독 적대적인지 묻기도 한다. 또 중국이 한반도를 대상으로 수백 개의 미사일을 배치하고 한편으로는 자신들도 사드와 비슷한 러시아제 미사일 방어체계를 구축한 이중성을 지적하기도 한다.

문제는 한반도 사드를 둘러싼 미사일 방어가 남북이나 한중관계를 넘어 이중, 삼중의 복합적인 안보 동학을 가진다는 점이다. 그 기저에는 21세기 들어 격화된 미중 전략 경쟁이 있다(US Congressional Research Service, 2020). 흔히 신냉전으로 불리는 미중 경쟁은 2010년대 이후 격화되면서 정치, 경제를 넘어 군사 분야로 본격 확산되고 있다(The Department of Defense, 2019). 미중 군사 경쟁의 격화는 곧 가장 중요한 전략 무기인 핵무기 경쟁이 본격화되는 시발점을 제공한다(백악관 2020). 이와 관련하여 중국 외교부 군비통제 및 군축국의 샤 주캉Sha Zu-kang 대사는 일찍이 1999년 미국의 미사일 방어에 대해 네 가지 중국의 우려를 지적하였다. 첫째, 탄도미사일 방어로 미국이 창과 방패를 동시에 가지게 되면 중국의 핵억제에 직접적인 위협이다 둘째, MD는 국제적인 핵군비 통제와 전략 균형을 훼손한다. 셋째, 핵무기 감축을 정지시키고, 미사일 확산을 촉진하며 우주의 군비 경쟁을 촉발한다. 넷째, 탄도미사일 방어는 미국의 압도적인 정치 군사적 힘을 구축하여 다른 국가의 안보를 약화시킨다(MacDonald and Ferguson, 2015, 12-13). 이러한 중국의 미국 미사일 방어에 대한 우려는 전략핵 균형에 의한 핵억제

이론의 대가인 케네스 월츠Kenneth Waltz가 미사일 방어의 비현실성과 위험성을 비판한 내용과 일치한다.[7]

미중 경쟁이 본격화되기 전인 2000년대 초 호주 시드니대학교 위안진둥袁勁東 교수는 중국은 미사일 방어가 미국의 선제공격전략과 맞물려 중국의 제한된 핵 억지력과 동아시아 안보 그리고 대만에 미치는 영향을 우려해왔다고 지적하였다(Yuan, 2003). 실제 미국의 핵무기 전문가들은 2000년대 이후 미국이 최첨단 기술력을 바탕으로 핵전쟁에서 선제공격을 통해 러시아나 중국의 핵 전력을 2차 보복공격의 기회를 주지 않고 일방적으로 파괴할 수 있다고 주장한다(Leiber and Press, 2006, 7-44; 2017, 9-49). 더욱이 최근 남중국해나 중국 주변을 둘러싼 미중의 전략 경쟁이 격화되면서 중국은 무엇보다 핵 전력의 취약점을 느낄 수밖에 없으며, 미국의 미사일 방어가 자신들의 최소 억제 능력을 손상하는 가장 결정적인 요소로 부상하게 되었다.

이러한 맥락에서 2016년 한국의 사드 도입은 한반도가 미국 미사일 방어체계에 본격 편입되는 계기로 의심되면서 중국에게 시기적으로나 전략적으로나 정치적으로 가장 긴급한 안보 현안으로 부상했을 가능성이 크다. 2000년대 초 일치감치 미국 미사일 방어에 편입된 일본은 중국이 문제 삼기에는 너무 늦었다는 판단을 하였을 수도 있다. 그렇기 때문에 한국의 사드 도입에 더욱 민감하게 반응한 이유일지도 모른다. 한국의 경우 미중 전략 경쟁과 아울러 핵 경쟁이 본격화되는 시기에 사드가

---

7   월츠는 미사일 방어가 기술적으로 불가하며 막대한 비용의 낭비만 초래할 뿐 아니라 나아가 핵억제의 안정성을 해치고 위험한 군비 경쟁만을 초래한다고 지적하였다.(Waltz, 1990; 2004)

배치됨으로 인해 그 상징성이 더 크게 부각되었을 수 있다. 즉 중국 입장에서는 일본에 이어 한국마저 미국 미사일 방어에 편입되는 것만은 막아야 한다는 절박성이 가중되었다는 분석이 가능하다. 여기에 일본에 비해 지리적으로 훨씬 가까운 한국의 전략적 중요성은 중국이 추구하는 접근 거부 전략과 중국 본토 방어에 더욱 심각한 위협으로 여겨질 것이다.

그렇다면 향후 한국의 미사일 방어 정책에서 고려해야 될 점은 무엇인가? 현재 북한의 핵과 미사일 능력이 지속적으로 발전하는 상황에서 북한의 비핵화가 갑자기 이루어지거나 한국이 독자적 핵 억제력을 가지지 않는 한 한국의 미사일 방어는 어쩔 수 없는 선택으로 추구해야 한다. 단, 한국의 미사일 방어가 북한 위협에만 국한된다는 한국 정부의 입장을 지속적으로 견지하면서 실질적으로 그러한 방어체계 구축에 노력해야 한다. 이러한 원칙은 주한미군과의 협력이나 한국과 일본의 개별적인 미사일 방어체계의 구축 과정에서도 지켜져야 할 것이다. 이는 한미동맹이 미중 전략 경쟁이나 한반도 이외에서의 미중 군사 충돌에 연계되지 않는다는 보다 큰 전략적 원칙에서 접근해야 한다. 또한 한국의 미사일 방어는 결국 북한의 핵과 미사일 위협에 의한 것이고, 따라서 북한의 비핵화와 한반도 평화체제가 이루어지면 그 필요성도 자연스럽게 소멸될 수 있다는 점이 강조되어야 할 것이다. 이는 곧 중국이 우려하는 한미동맹의 미사일 방어 문제 해소를 위해서는 중국 역시 북한 비핵화를 위해 함께 노력해야 한다는 점을 인식해야 한다는 것이다.

최근 사드를 둘러싼 미중간의 신경전이 재현되는 모습이 나타났다. 2021년 2월에 싱하이밍 주한 중국대사가 사드에 대해 여전히 중국의 우려를 표명한 것에 대해 바이든 행정부의 국무부 관계자가 "사드는 무모하고 불법적인 북한의 무기 프로그램에 대처하기 위한 신중하고 제한적인 자기방어 역량"이라면서 "이를 비난하거나 자위적 방위 조치를 포기하라고 한국에 압력을 가하는 것은 부당하고 부적절하다"라고 비판하였다. 이는 바이든 행정부의 사드 문제에 대한 첫 공식입장으로 2017년 이후 4년 만에 미국 정부에서 처음으로 나온 발언이다(박희준, 2021).
한중 간 사드 배치 논란이 한창이던 2016년 당시 국무부 부장관이던 토니 블링컨Tony Blinken은 PBS 방송 인터뷰에서 "중국이 자신들이 가진 대북 지렛대를 사용하지 않으면, 미국은 우리와 동맹국의 방어를 위해 대북 압박 조치를 취할 것이며, 사드 배치에 대해 한미 양국이 협의에 착수한 것은 이 때문"이라며 사드를 중국의 대북 압박을 위한 '대중對中 지렛대'로 활용 가능성을 시사하는 발언을 하였다(『중앙일보』, 2016). 새로이 출범한 바이든 행정부의 국무장관으로 임명된 블링컨은 최근 인터뷰에서 트럼프 정부의 대중 강경노선이 원칙적으로는 맞았지만 방법이 틀렸다면서 중국과의 협력이 필요한 부분은 협력할 것을 밝혔다. 미중 모두 북한의 비핵화를 위한 협력은 한반도와 동북아의 평화뿐 아니라 양국의 안보 이익에도 도움이 된다는 지혜를 살릴 때다.

| 참고문헌 |

국방부. 2016. "주한미군 사드(THAAD) 배치 관련 한미 공동 발표문". 대한민국 정책브리핑. 2016.02.07. https://www.korea.kr/news/pressReleaseView. do?newsId= 156108509 (검색일: 2021. 2. 15).

대한민국 국방부. 2018. 『2018 국방백서』.

대한민국 국방부. 2020. 『2020 국방백서』.

박수찬·김진명. 2019. "사드 합의 2년… 뺨만 맞은 한국". 『조선일보』. 2019.11.01. https://www.chosun.com/site/data/html_dir/2019/11/01/ 2019110100175.html (검색일: 2021. 2. 12).

박의래. 2017. "'사드보복 피해' 한국 8조5천억·중국 1조1천억원 달할 듯", 연합뉴 스, 2017.5.3. https://www.yna.co.kr/view/AKR20170502160700002 (검색일: 2021. 2. 12).

박태인. 2017. ""중국? 일본보다 싫다" 한국내 호감도 순위 북한 다음 2위". 『매일 경제』. 2017.03.20. https://www.mk.co.kr/news/politics/view/2017/03/ 189011/

박희준. 2021. "美 국무부 "中사드 압박 부당·부적절"…4년 만에 첫 중국 겨냥 논 평", 『글로벌이코노믹』. 2021.02.11. https://news.g-enews.com/view.ph p?ud=20210211104556869c5557f8da8_1&md=20210211105029_R (검 색일: 2021. 2. 12).

신경진. 2016. "왕이 中외교부장 '사드는 유방(중국)노린 항우(미국)의 칼춤'. 『중앙일보』. 2016.02.14. https://news.joins.com/article/19564107 (검색 일: 2021. 2. 13).

신영순. 2013. "한국형 미사일 방어체계". 『국가안보전략』. Vol. 2 No. 5. 한국군사 전략연구원, http://www.krins.or.kr/1616 (검색일: 2021. 2. 12).

안성규·최강. 2016. "한반도사드 배치와 중국". 『이슈브리프』. 아산 정책연구원. http://www.asaninst.org/contents/%ED%95%9C%EB%B0%98%EB%

8F%84%EC%82%AC%EB%93%9C%EB%B0%B0%EC%B9%98%EC%99%80%EC%A4%91%EA%B5%AD-3/#20 (검색일: 2021. 2. 15).

연합뉴스. 2017. "한국인, IS보다 '중국 세력확장' 더 위협적으로 간주". 2017. 08. 02. https://news.naver.com/main/read.nhn?mode=LSD&mid=sec&sid1 =104&oid=001&aid=0009449266 (검색일: 2021. 2. 18).

이상무. 2020. "美 '사드 추가 배치' 1월에 통보"…국방부 '아니다'…靑은 '침묵'". 『뉴데일리』. 2020. 02. 14. http://www.newdaily.co.kr/site/data/html/2020/ 02/ 14/ 202002 1400149.html (검색일: 2021. 2. 15).

이승윤. 2020. "北 노동 미사일 잡는 천궁II 배치…한국 미사일 방어체계 첫 단추 끼웠다". 『YTN』. 2020. 11. 29. https://www.ytn.co.kr/_ln/0101_20201129 0230085486 (검색일: 2021. 2. 15).

이용인·성연철. 연도????. "중국, 북핵 3원칙에 '자국 안보' 추가…"사드, 결연히 반 대". 『한겨레』. 2016. 02. 15. http://www.hani.co.kr/arti/international/america/ 730451.html#csidx0fae4a0af14725aa716fafe254817b3 (검색일: 2021. 2. 12).

정용수. 2015. "창완취안 '한국에 사드 배치 우려' 돌발 발언". 『중앙일보』. 2015. 02. 05. https://news.joins.com/article/17097444(검색일: 2021. 2. 13).

정윤아. 2016. "[일지]사드 도입 거론부터 사드부지 교환 합의까지". 『뉴시스』. 2016. 11. 16. https://newsis.com/view/?id=NISX20161116_0014520749 (검색일: 2021. 2. 12).

정욱식. 2020. "다시 불붙은 사드 '3불' 논쟁, 무엇이 국익인가". 『프레시안』. 2020. 10. 27 https://m.pressian.com/m/pages/articles/2020102717064339830# 0DKW (검색일: 2021. 2. 18).

정충신. 2016. "中도 남한 향해 레이더·미사일… '사드 반대 명분없다'". 『문화일 보』. 2016. 07. 13. http://www.munhwa.com/news/view.html?no= 201607- 1301070530114001 (검색일: 2021. 2. 15).

조규희. 2017. "사드배치 결정부터 잔여발사대 임시배치까지". 『뉴스1』. 2017. 09. 06. https://www.news1.kr/articles/?3094296 (검색일: 2021. 2. 12).

『중앙일보』. 2016. "[사드부지확정]사드 도입 거론부터 경북 성주 발표까지". 7월 13일. https://news.joins.com/article/20301890 (검색일: 2021. 2. 12).

통일연구원 북핵대응 T/F팀. 2016. "사드 배치 결정 이후 한반도 정세 및 대응 방안". 『KINU 통일나침반』. 2016.08. 통일연구원. https://www.kinu.or.kr/pyxis-api/1/digital-files/19ebb4e5-2a36-40b8-a914-901b2a5704e8(검색일: 2021. 2. 12), 2-3.

『한겨레신문』. "[한겨레 사설] 중국의 '사드 보복', 해도 해도 너무한다". 2017.09. 15. http://www.hani.co.kr/arti/opinion/editorial/811205.html#csidxe7f8e004b5df96fbdffcbc57b499408 (검색일: 2021. 2. 12).

한상미. 2019. "한국 '국방장기계획' 발표···"한국형 미사일 방어체계 확대". 『VOA 뉴스』. 2019.08.15. https://www.voakorea.com/korea/korea-politics/5043166 (검색일: 2021. 2. 15).

황준범. 2020. "미 우주미사일 방어사령관 '모든 북한 미사일 최상위협으로 다뤄야". 『한겨레』. 2020.08.05. http://www.hani.co.kr/arti/international/international_ general/956526.html#csidx921eb423ba7257ea838ce824ed0ca98(검색일: 2021. 2. 12).

『BBC News 코리아』. 2021. "북한 열병식, 지난 10월과 달라진 점은···신형 미사일 공개". 2021.01.15. https://www.bbc.com/korean/international-55672206 (검색일: 2021. 2. 12).

『VOA 뉴스』. 2016. "미국, 폴란드 내 미사일 방어기지 착공". 2016.05.13. https://www.voakorea.com/world/europe/3328903 (검색일: 2021. 2. 14).

Arms Control Today. 2000. "Remarks by President Bill Clinton On National Missile Defense." September 1. https://www.armscontrol.org/act/2000-09/remarks-president-bill-clinton-national-missile-defense (검색일: 2021. 2. 14).

BBC News. 2009. "Q&A: US missile defence, US President Barack Obama has cancelled plans to station an anti-ballistic missile system in Poland and the Czech Republic", September 20. http://news.bbc.co.uk/2/hi/europe/

6720153.stm (검색일: 2021. 2. 14). ?

Berhow, Mark. 2005. "US Strategic and Defensive Missile Systems 1950-2004." Oxford: Osprey.

Clearwater, John. 1996. "Johnson, McNamara, and the Birth of SALT and the ABM Treaty 1963-1969." Universal-Publishers.

CNN. 2017. "John Kirby, 'Trump is wrong: Obama wasn't weak on missile defense'." August 10. https://edition.cnn.com/2017/08/10/opinions/trump-obama-missile- defense-opinion-kirby/index.html. 검색일????

Cooper. 1992. "LIMITED BALLISTIC MISSILE STRIKES; GPALS COMES UP WITH AN ANSWER." NATO *Review*, No.3, Vol. 40 June 1992. https://www.nato.int/docu/review/1992/9203-6.htm (검색일: 2021. 2. 13).

Coyle, Phillip. 2002. "Rhetoric or Reality? Missile Defense Under Bush." *Arms Control Today*, May. https://www.armscontrol.org/act/2002-05/features/rhetoric-reality-missile-defense-under-bush (검색일: 2021. 2. 14).

Deutsche Welle. 2007. "Putin: We Will Target Europe if US Builds Missile System." March 6. https://www.dw.com/en/putin-we-will-target-europe-if-us-builds-missile- system/a-2574113 (검색일: 2021. 2. 14).

Everington, Keoni. 2017. "THAAD may be deployed in Taiwan: HK media." *Taiwan News*. 2017.02.15. https://www.taiwannews.com.tw/en/news/3095284 (검색일: 2021. 2. 15).

Finney, John W. 1975. "Safeguard ABM System to Shut Down; $5 Billion Spent in 6 Years Since Debate." *New York Times*. Nov. 25. https://www.nytimes.com/ 1975/11/25/archives/safeguard-abm-system-to-shut-down-5-billion-spent-in-6-years-since.html (검색일: 2021. 2. 13).

GAO. 1993. "Ballistic Missile Defense: Evolution and Current Issues." July. https://www.gao.gov/assets/160/153551.pdf (검색일: 2021. 2. 13).

Lamothe, Dan. 2017. "U.S. military deploys advanced defensive missile system to South Korea, citing North Korean threat." *Washington Post*. March 7,

https://www.washingtonpost.com/news/checkpoint/wp/2017/03/06/
u-s-military-deploys-advanced-defensive-missile-system-to-south-ko-
rea-citing-north-korean-threat/ (검색일: 2021. 2. 15).

Leonard, Barry. 2011. "History of Strategic and Ballistic Missile Defense: Volume
II: 1956-1972." (PDF). DIANE Publishing. https://history.army.mil/html/
books/bmd/BMDV2.pdf. 검색일??????

Lewis, George and Postol, Theodore. 2012. "Ballistic Missile Defense: Radar
Range Calculations for the AN/TPY-2 X-Band and NAS Proposed GBX
Radars." *mostlymissiledefense*. September 21. https://mostlymissiledefense.
com/2012/09/21/ballistic-missile-defense-radar-range-calculations-for-
the-antpy-2-x-band-and-nas-proposed-gbx-radars-september-21-2012/.
검색일??????

Lieber, Keir A. and Press, Daryl G. 2006. "The End of MAD? The Nuclear Dimen-
sion of U.S. Primacy." *International Security*, Vol. 30, No. 4. (Spring
2006)

_____. 2017. "The New Era of Counterforce; Technological Change and the
Future of Nuclear Deterrence." *International Security*, Vol. 41, No. 4.
(Spring 2017)

MacDonald, Bruce W. and Ferguson, Charles D. 2015. "Understanding the Drag-
on Shield: Likelihood and Implications of Chinese Strategic Ballistic Mis-
sile Defense" *FAS*, September 2015. https://fas.org/wp-content/uploads/
2015/09/DragonShieldreport_FINAL.pdf (검색일: 2021. 2. 15).

Mardell, Marc. 2007. "Europe diary: Missile defence." *BBC News*, May 31. http://
news.bbc.co.uk/2/hi/europe/6704669.stm (검색일: 2021. 2. 14).

Martinage, Robert. 2014. "Toward A New Offset Strategy: Exploiting US Long-
term Advantages to Restore US Global Power Projection Capability." Cen-
ter for Strategic and Budgetary Assessments, 2014.

National Research Council. 2012. "Making Sense of Ballistic Missile Defense: An

Assessment of Concepts and Systems for U.S. Boost-Phase Missile Defense in Comparison to Other Alternatives." https://www.airforcemag.com/PDF/ SiteCollectionDocuments/Reports/2012/September%202012/ Day12/NRC_missile_defense.pdf (검색일: 2021. 2. 15).

NTI. 2013. "Japan, U.S. Reveal Location for Early-Warning Radar." October 3. https://www.nti.org/gsn/article/japan-us-reveal-location-new-radar-will-monitor-n-korea-missiles/ (검색일: 2021. 2. 14).

Reuters. 2014. "China criticizes U.S. missile defense radar in Japan." October 23. https://www.reuters.com/article/us-china-japan-usa-idUSKC-N0IC16P20141023 (검색일: 2021. 2. 15).

Rinehart, Ian E. and Hildreth, Steven A. et al. 2015. "Ballistic Missile Defense in the Asia-Pacific Region: Cooperation and Opposition." CRS Report, April 3. https://fas.org/sgp/crs/nuke/R43116.pdf (검색일: 2021. 2. 15).

Rose, Frank A. 2015. "Frank Rose, Assistant Secretary, Bureau of Arms Control, Verification and Compliance, 'Missile Defense and the U.S. Response to the North Korean Ballistic Missile and WMD Threat'." Institute for Corean-American Studies (ICAS), Washington, DC. May 19. https://www.icasinc.org/ 2015/2015s/2015sfar.html (검색일: 2021. 1. 24).

Sputnik News. 2015. "Chinese Military Expert Warns of THAAD Risks to Regional Security." April 23. https://sputniknews.com/asia/ 20150423-1021263872/ (검색일: 2021. 2. 15).

The Department of Defense. 2019. "Indo-Pacific Strategy Report; Preparedness, Partnerships, and Promoting a Networked Region." June 1, https://media. defense.gov/2019/Jul/01/2002152311/-1/-1/1/DEPARTMENT-OF-DEFENSE-INDO-PACIFIC-STRATEGY-REPORT-2019.PDF

The Korea Herald. 2016. "South Korea's military to greatly increase Hyunmoo missiles." Aug 15. http://www.koreaherald.com/view.php?ud= 20160815000064 (검색일: 2021. 2. 12).

The White House. 2020. "United States Strategic Approach to the People's Republic of China." May 21. https://www.whitehouse.gov/wp-content/uploads/2020/05/U.S.-Strategic-Approach-to-The-Peoples-Republic-of-China-Report-5.20.20.pdf (검색일: 2021. 2. 10).

United Nations Security Council. 2020. *Report of the Panel of Experts Established Pursuant to Resolution 1874 (2009)*. August 28. https://www.securitycouncilreport.org/atf/cf/%7B65BFCF9B-6D27-4E9C-8CD3-CF6E4FF96FF9%7D/s_2020_840.pdf (검색일: 2021. 2. 15).

US Army. 2018. "The U.S. Army in Multi-Domain Operation in 2028." December 6. https://www.tradoc.army.mil/Portals/14/Documents/MDO/TP525-3-1_30Nov2018.pdf (검색일: 2021. 2. 10).

USA Today. 2007. "U.S., Russia no Closer on Missile Defense." Oct 12. https://usatoday30.usatoday.com/news/world/2007-10-12-us-russia_N.htm (검색일: 2021. 2. 14).

US Congress. 1998. "EXECUTIVE SUMMARY of the REPORT of the COMMISSION TO ASSESS THE BALLISTIC MISSILE THREAT TO THE UNITED STATES." https://fas.org/irp/congress/1998_hr/bm-threat.htm (검색일: 2021. 2. 14).

US Congressional Research Service. 2020. "Renewed Great Power Competition: Implications for Defense - Issues for Congress." December 3. https://crsreports.congress.gov/product/pdf/R/R43838/69 (검색일: 2021. 2. 10).

US DoD. 2014. *Quadrennial Defense Review*. March 4. https://archive.defense.gov/pubs/2014_Quadrennial_Defense_Review.pdf (검색일: 2021. 2. 10).

US Office of the Secretary of Defense. 2016. "Annual Report to Congress: Military and Security Developments Involving the PRC 2016."

_____. 2020. "Annual Report to Congress: Military and Security Developments

Involving the PRC 2020."

Walker, James and Bernstein, Lewis et al. 2010. *Seize the High Ground: The U.S. Army in Space and Missile Defense* (PDF). Washington, D.C. Center of Military History. https://web.archive.org/web/20130217012808/http://www.smdc.army.mil/2008/Historical/Book/Chap2.pdf (검색일: 2021. 2. 13).

Waltz, Kenneth. 1990. "Nuclear Myths and Political Realities." In *The Use of Force: Military Power and International Politics*, 6th ed. Robert J. Art and Kenneth N. Waltz, 102-118. New York: Rowman & Littlefield Publishers, Inc.

_____. 2004. "Missile Defense and the Multiplication of Nuclear Weapons." In *The Use of Force: Military Power and International Politics*, 6th ed. Robert J. Art and Kenneth N. Waltz, 347-352. New York: Rowman & Littlefield Publishers, Inc.)

Yanarella, Ernest. 2010. "The Missile Defense Controversy: Technology in Search of a Mission." University Press of Kentucky.

Yuan, Jin-Dong. 2003. "Chinese Responses to U.S. Missile Defense: Implications for Arms Control and Regional Security". *The Nonproliferation Review* (Spring 2003).

제4장 한미 동맹정치와 방위비 분담[*]

양희용(육군사관학교)

I. 서론

한미 방위분담금은 중층적 의미를 지닌 기표이다. 사실, 한국의 방위비 분담은 1966년에 체결된 '주둔군지위협정SOFA' 제5조1항의 특별조치인 '방위비 분담금 특별협정SMA'에 근거하여 주한미군의 안정적인 주둔 여건을 보장하기 위한 재정 지원이다. SOFA와 더불어, 주둔권에 대한 협약을 담고 있는 한미상호방위조약 제4조를 구현하기 위한 제도적 장치인 셈이다. 하지만 오늘날 방위분담금은 금전적 기여의 차원을 넘어 한미관계, 국가전략과 동맹정책에 대한 국가적 담론, 그리고 동북아 안보질서에 있어 특별한 위상과 비중을 지닌 하나의 기표로서 작동하고 있다. 이 기표를 중심으로 재정적 압박에 따른 부담, 전략적 이익에 대한 기대, 연루/방기에 대한 우려, 강대국의 안보공약이 가져다주는

---

[*] 본 챕터는 『국제지역연구』 30권 2호 (2021년 여름)에 게재된 논문을 수정, 보완한 것임을 밝힌다.

안정감, 안보주권과 자율성 손실로 인한 상실감 등이 복잡하게 뒤얽혀 있다.

먼저, 한미 간 방위비 분담 협상의 본질은 한미연합방어태세 유지를 위해 투입되는 비용의 분담에 대한 행정적 논의이다. 하지만 오늘날 양국관계에서 방위비 분담은 단순한 금전적 몫 배분의 차원을 넘어 상대방이 동맹의 가치와 효용에 대해 가지고 있는 인식을 판단하는 척도가 되었다. 따라서 협상 중에 드러나는 입장의 차이는 동맹의 가치에 대한 인식 차이와 동일시되고, 그 간극을 좁히지 못해 협상이 지연되거나 결렬될 경우 이는 곧 동맹의 균열을 암시하는 것으로 이해되기도 한다.

또한, 주한미군의 주둔 경비 부담을 둘러싼 양국 간의 줄다리기는 국가전략에 대한 서로 다른 담론들이 각축하고 경쟁하는 국내 정치와 맞물려 있다. 예를 들어, 탈냉전기에 들어 지속적으로 분담금 인상 요구에 직면해온 한국의 경우, 주한미군에 의한 대북 억지와 역내 안정에의 기여를 강조하며 비용 분담 요구를 수용해야 한다는 의견과 안보주권 회복의 당위성과 한반도 주둔으로 인해 얻는 미국의 실익을 강조하며 이를 수용할 수 없다는 의견이 대립하고 있다.

미국의 경우에도 '패권/개입'과 '감축/고립' 가운데 어떤 대전략을 취하고 동북아에서 어떠한 지역적 전략을 택하느냐에 따라 동맹의 가치와 비용 분담에 대한 입장이 달라질 수 있다. 군사적 수단의 한반도 전진 배치에서 미국의 안보적 실익을 보는 이들은 지나친 분담금 요구가 동맹과 신뢰성에 미칠 부정적인 파장을 우려하는 반면, 한국의 안보적 실익이 더 크다고 보는 측은 달라진 한국의 위상과 국력을 강조하며 부담 증대를 요구한다. 일부는 정치와 경제를 연계하여 한국의 비용 분담을 양국 간 무역불균형에 대한 보상으로 여기기도 하고, 일부는 미국의 안보공약과 확장억지로부터 한국이 얻어낸 경제적 실익의 일부를 환수하는 과정으로 정당화하기도 한다.

끝으로, 미중 경쟁이 첨예화되는 가운데 한미 간 방위 분담은 양자관계를 넘어 한미중 삼국의 복잡한 전략적 이해관계와 맞물리고 있다. 예컨대 '중국 위협론'은 방위비 분담을 둘러싼 한미 간의 줄다리기에 있어 미국의 상대적 협상력에 영향을 주고, 협상의 결과는 다시 한중 그리고 미중관계로 환류된다. 2016년 한국이 간접지원의 형태로 제공한 부지에 미국이 사드 미사일 포대를 배치한 이후 촉발된 한중 갈등이 대표적인 예이다. 본 논문의 목적은 이처럼 한미 간 방위비 분담이 동맹정치와 맞물려 있는 현실을 드러내고 이에 대한 이해를 도모하는 데 있다.

한미 방위비 분담에 대한 연구는 주제의 성격으로 인해 정책적인 접근이 주를 이루었다. 대부분의 연구가 당시 진행되고 있던 분담금 협상의 주요 쟁점이나 집행과정에서의 문제점을 분석하고, 협상의 목표와 방향성을 제시하는 데 집중하였다(박원곤, 2019; 박기학, 2019; Park, 2013). 정책적 접근의 또 다른 한 축은 비교연구이다. 이들 연구는 한국 안보 비용 분담의 현실을 일본, 독일, 또는 NATO와 같이 미군이 주둔하고 있는 다른 국가들과 비교해 재조명하고, 이를 통해 한국의 협상전략이나 대응방안을 탐색하였다. 예를 들어 일본과 한국의 분담 정도를 GDP나 미국의 주둔 비용 대비 접수국의 분담률과 같은 지표로 비교하거나, 일본의 항목별 지급 방식과 한국의 일괄지급 방식의 장단점을 비교하였다(백재욱, 2017). 제한적이긴 하지만, 한미동맹의 비용 분담에 대한 이론적인 접근도 시도하였다. 대표적인 예로, 박휘락·이원우는 기존의 이론을 종합하여 기여의 정도가 위협의 강도, 국가의 경제적 역량, 국내정치 구조와 같은 주요 변수들에 의해 결정된다고 보았다(박휘락·

이원우, 2013: 14-17).

　　본 연구는 기존 연구의 토대 위에 동맹정치, 상대적 협상력, 그리고 역사성의 관점을 도입함으로써 한미 방위분담금의 이해에 기여하고자 한다. 첫째, 분담금 협상을 동맹 간 이익관계의 충돌과 조정의 맥락에서 파악하는 이른바 동맹정치의 틀로 이해하고자 한다. 다시 말해, 일견 행정적 협상으로 보이는 분담금 협상을 보다 넓은 국가전략 및 동맹정책의 변화와 그로 인한 이해관계의 변화의 관점에서 바라본다. 이는 한미 양국 간 포괄적 의미에서의 안보 비용 분담은 물론 금전적 지원을 위주로 한 방위분담금 역시 국가의 안보전략과 맞물려 이행된다는 전제에 바탕을 두고 있다.

　　둘째, 한미동맹과 같이 비대칭 양자동맹의 특수성을 반영할 수 있는 접근법을 이용한다. 기존의 이론적 접근들은 기여도에 주목하고 위협 인식과 국가 역량을 주요 변수로 상정하였는데, 이는 분명 미국에 대한 기여 수준의 높고 낮음을 직관적으로 설명할 수 있다는 장점이 있다. 하지만 변수들이 접수국host nation[1]에 한정되어 동맹에 대한 의존도, 미국이 동맹이나 군사적 주둔을 통해 얻는 이익 등 실제 동맹 간의 비용 분담에서 중요한 변수로 작용하는 요소들은 반영되지 않는 한계가 있다. 이에 본 연구는 스나이더G. H. Snyder의 '상대적 협상력' 개념을 차용하여 한·미 간 비용 분담에 대한 이해를 높이고자 한다.

---

[1]　일반적으로 'host nation'은 '주둔국'으로 번역된다. 하지만 한미동맹을 설명함에 있어 '주둔국'이라는 표현이 맥락에 따라 '주둔의 주체'가 되는 미국을 지칭하는 경우도 있다. 혼동을 피하기 위하여 본 연구에서는 'host nation'을 '접수국'으로 표현하였다. 따라서 본 연구에서 '접수국'은 한국을, '주둔국'은 미국을 의미한다.

끝으로, 한미 간 비용 분담의 역사에 있어 중요한 시점들을 재조명한다. 이를 통해 한미동맹 내에서의 역할과 비용 분담을 둘러싼 긴장이나 갈등이 트럼프 행정부 들어 증폭된 것은 맞지만, 사실은 구조적 안보 환경과 동맹정치의 변화에 따라 양국의 이해관계가 맞물리고 충돌하면서 지속해서 반복되어 왔음을 실증적으로 보여준다.

이를 위해 본 연구는 다음과 같이 구성된다. 먼저 한미 간 방위비 분담의 현황과 배경에 대해 간략하게 살펴본다. 3장에서는 트럼프 행정부의 분담금 인상의 배경을 이해하기 위해 분담률에 대한 3가지 계산법을 제시한다. 이어 4장에서는 한미 간 비용 분담을 둘러싸고 빚어진 동맹 내부의 갈등을 동맹정치의 관점인 상대적 동맹협상력 개념에 기초하여 이해한다. 동맹의존성, 안보공약, 이익과 같은 주요 변수들이 동맹관계에 미치는 영향을 개념화하고, 이를 바탕으로 양국 간 비용 분담의 역사에 있어 의미있는 시점들을 재조명한다. 결론에서는 한미 간 비용 분담에 대해 전망해본다.

II. 방위비 분담의 이해와 현황

1. 부담분담 burden sharing 과 비용 분담 cost sharing

동맹 내부에서 역할이나 비용을 분담하는 현실을 지칭하기 위하여 부담분담, 책임분담, 비용 분담, 또는 역할분담과 같은 다양한 용어가 사용되고 있다. 방위비 분담의 현황과 쟁점 분석에 앞서 혼재된 용어와 개념들을 구분함으로써, 논의를 범위를 규정하고 개념 사이의 관계를 정립하고자 한다. 먼저, 군사동맹을 유지하는 데 소요되는 다양한 자원과 책임에 대한 분담을 전체적으로 포괄하는 의미를 담은 용어로는 '부담분담'을 사용하기로 한다. 미 국방부는 NATO, 일본과 같은 동맹의 기여를 '부담분담burden sharing'이라 칭하고, 이를 '계량화할 수 있는 물질적 요소들뿐만 아니라 서로 상충하는 국내적, 국제적 압박 가운데에서도 공동의 안보 이익에 기여하려는 정부의 정책적 노력과 같은 무형적 요소들의 총합'으로 정의하고 있다(Weinberger, 1985: 11).

동맹 간의 역할 및 부담분담은 위협 및 안보 환경, 국가역량, 국내정치 등의 변화와 더불어 지속적으로 재조정된다. 여러 유형의 기여를 성격에 따라 부담분담을 내적분담과 외적분담으로 나누어보면, 동맹 내에서의 책임 및 역할이 재조정되는 과정을 더 직관적으로 이해할 수 있다. 먼저, 내적분담은 공동의 안보 위협에 대응할 수 있도록 자국의 군사적 역량을 키우는 조치로, 국방 지출을 통한 전력 증강, 특히 국내총생산GDP에 대비한 국방비가 가장 보편적인 지표로 사용된다. 한미동맹의 경우 방위조약 제2조에서 "당사국은 단독적으로나 공동으로나 자조自助와 상호 원조에 의하여 무력 공격을 저지하기 위한 적절한 수단을 지속 강화시킬 것"으로 명시하며 사실상 내적분담의 원칙을 규정하고 있으며, 2018년 기준 한국의 국방비는 GDP 대비 2.3%, 미국의 경우 4.3%에 달했다. 외적분담은 자국의 군사적 수단 강화 노력이 아닌 상대 동맹에 대한 직·간접적 군사적 지원으로, 주둔군에 대한 금전적 기여, 다국적 군사 활동에 대한 동참 및 지원, 또는 지역 및 세계질서 안정화에 기여할 수 있는 해외원조가 이에 해당된다.

사실 이러한 구분은 한미동맹 같이 국력의 불균형에 기초한 비대칭 동맹의 변환 과정을 이해하는 데 유용하다. 예컨대 탈냉전기 한미동맹의 변환과 안보 역할 재조정은 한국의 외적분담 증대를 통한 안보 역할 확대로 요약할 수 있다. 탈냉전기에 접어들며 양극체제 하의 경쟁 구조에서 해방된 미국은 한편으로는 SOFA 제5조에 대한 예외적 조치를 두면서까지 방위비 분담을 요구하기 시작했고, 또 다른 한편으로는 탈냉전기 국제적 안보문제 해결의 기제로 부상한 미국 주도의 유지연합에 대한 참여와 지원을 종용했다.

'비용 분담cost-sharing'은 외적분담의 한 부분으로 미군의 주둔 비용에 대한 금전적 기여이다. 해마다 제정되는 미국의 '국방수권법National Defense Authorization Act'은 비용 분담에 대한 별도의 조항을 두고 '미국의 동맹국은 다국적 군사 활동 지원, 대외원조와 더불어 미군의 주둔 비용에 대한 직접적 기여를 해야 한다'라고 명시하고 있다. 비용 분담은 다시 직접지원과 간접지원으로 구분된다. 먼저 직접지원은 정부의 예산을 직접 투입하여 현금이나 현물 또는 서비스를 지원하는 것으로 인건비, 군사 시설 건설, 군수지원, 부동산 매입비, 기지 주변 정비 비용 등이 대표적인 예이다. 한편, 간접지원은 크게 기회비용과 면제 및 감면 비용으로 구성된다. 기회비용에는 무상 공여 토지에 대한 임대료 평가, 카투사KATUSA 병력 지원에 대한 기회비용, 훈련장 사용 비용이 포함되고, 제세면제 및 감면에는 관세, 지방세, 도로 및 항만 이용료 면제와 상하수도와 전기료 감면 등이 포함된다. 직접지원과 간접지원을 묶어 접수국지원Host Nation Support이라고 칭한다.

방위비 분담금은 직접지원 중에 '방위비 분담특별협정SMA: Special Measures Agreement'에 근거하여 한국 정부가 주한미군에 제공하는 현금과 현물의 총합을 의미한다. 현재 한국 정부가 SMA를 통해 주한미군에 제공하는 현금과 현물은 (1) 인건비, (2) 군사건설, (3) 군수지원비의 세 가지 영역에서 사용되고 있다.[2]

[그림 1] 한미동맹 체제 하에서 한국의 부담분담

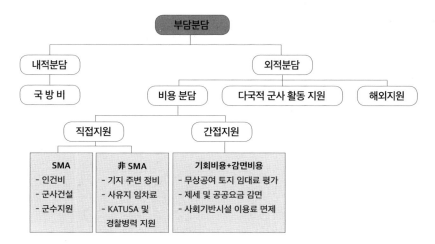

2. 방위비 분담의 배경 및 현황

SMA를 통한 한국의 방위비 분담 지원은 한미상호방위조약과 주둔군지위협정SOFA에 제도적 근거를 두고 있다. 먼저, 1953년에 체결된 방위조약은 제4조에서 공동방위를 목적으로 주한미군이 한국에 주둔할 수 있는 법적인 근거를 마련하고 있다. 한국전쟁 초기에 이양된 작전통제권과 더불어 주둔권은 미국이 한국의 영토와 영해에서 군사적 행동을 펼칠 수 있는 여건을 보장한 셈이다. 정전 선언 이후 미군의 주둔이 장기화되자, 1966년 양국은 SOFA를 체결함으로써 주한미군에 대한 법

---

2 SMA는 전액 국방예산으로 지급되며, 非SMA의 경우 연합 C4I 사용료, KATUSA 병력 지원, 탄약고 정비 비용을 포함한 일부 비용은 국방예산으로 지원되지만 기지 주변 정비 비용을 포함한 일부 비용은 국방예산 외에서 지원된다. 국방부. 2018. 『2018 국방백서』, 285쪽.

적 지위 문제를 보장하게 된다. 비용 분담과 직접적으로 관련된 부분
은 주둔에 시설과 경비의 제공, 반환, 경비에 대한 사항을 담은 제5조
로, '주한미군이 사용하는 부지와 시설은 모두 한국이 제공하되, 주한미
군의 유지에 따르는 모든 비용은 미국이 부담한다'라는 원칙을 규정하
고 있다.[3] 이렇듯 SOFA는 한국의 간접지원 의무를 명시하고 있다.

1991년 체결된 SMA는 SOFA 제5조에 대한 예외적 조치를 담은 협정
으로, 한국 정부에 의한 직접지원 의무를 골자로 한다. 제1차 SMA 협정
문은 제1조에서 "대한민국은, 이 협정의 유효기간 중, 주둔군지위협정
제5조 제2항에 규정된 경비에 추가하여 주한미군의 한국인 고용원의
고용을 위한 경비의 일부를 부담하며, 필요하다고 판단할 경우에는 다
른 경비의 일부도 부담할 수 있다"라고 명시함으로써 미국이 전담하던
주한미군 운영 유지비의 일부를 한국이 떠맡게 되었다.[4]

SMA는 1991년에 제1차 협정이 체결된 이후 2~5년 주기로 갱신되
어 왔다. 제1차 SMA 협정에서 한국 정부는 '부지와 시설에 대한 제공에
더해 고용비와 다른 경비의 일부를 분담한다'라는 입장을 수용하고, 1억
5,000만 달러(약 1,073억 원)의 분담액을 지급하였다. [표 1]은 1991년
부터 2021년까지 11차례에 걸쳐 체결된 SMA의 주요 합의사항을 요
약하고 있다.

---

3   외교통상부. 「SOFA 협정문」 참고.
4   국가법령정보센터. 1991. 「대한민국과 미합중국간의 상호방위조약 제4조에 의한 시설과 구역 및 대
    한민국에서의 합중국 군대의 지위에 관한 협정 제5조에 대한 특별조치에 관한 대한민국과 미합중
    국간의 협정(제1차 방위비 분담특별협정)」 참고.
5   e-나라지표. 「방위비 분담금 현황」.

[표 1] 방위비 분담 협정 경과와 주요 합의사항[9]

시기	분담금 규모	유효기간	주요 합의 내용
제1차 (1991.1)	1.5억 달러 (1,073억 원)	3년 ('91-'93)	· 한국인 고용비, 필요시 다른 경비 일부 부담 · 회계연도마다 미국 정부에 부담 경비 통보
제2차 (1993.11)	2.6억 달러 (2,080억 원)	2년 ('94-'95)	· "일부" 분담 → "공정한(equitable)" 분담 · 1995까지 주한미군 유지를 위한 원화 지출경비 (미군 및 군속의 급여를 제외한 현지 경비)의 1/3 수준(3억 달러)으로 분담금 증액
제3차 (1995.11)	3.3억 달러 (2,475억 원)	3년 ('96-'98)	· 매년 10% 증액 합의 · 1998까지 분담금의 3/4은 현금 지급
제4차 (1999.2)	1.412억 달러 + 2,575억 원 (4,411억 원)	3년 ('99-'01)	· 인건비와 군수지원비의 일부를 원화로 지급 · 경제성장률과 물가상승률을 반영한 연도별 증액
제5차 (2002.4)	0.588억 달러 + 5,368억 원 (6,132억 원)	3년 ('02-'04)	· 4개의 분담금 구성 항목 명시: 인건비, 군사건설비, 연합방위력증강비, 군수지원비 · 증액 규모: 전년도 분담금의 8.8%+ 물가상승률 · 총 분담금의 원화 지급비율: 88%(연합방위력 증강사업과 군수비용은 현물로 지급)
제6차 (2005.6)	6,804억 원	2년 ('05-'06)	· 분담금을 전액 원화로 지급, 2년간 분담금 동결 · 외교부가 협상 주체로 변경 · 주한미군 감축으로 인해 8.9% 삭감
제7차 (2006.12)	7,255억 원	2년 ('07-'08)	· 2007년 분담금은 2006년 대비 6.6% 증가 · 2008년 분담금은 물가상승율 2.2%를 합산하여 결정 · 군사건설비의 10%를 현물로 지원
제8차 (2009.1)	7,600억 원	5년 ('09-'13)	· 분담금 항목 3개로 조정: 인건비, 군사건설비, 군수지원비 · 2010년 이후의 분담금은 소비자물가지수를 반영하여 증액하되 연도별 4% 상한선 설정 · 군사건설비의 현물 비율 단계적 증대 (2011년 88%)
제9차 (2014.1)	9,200억 원	5년 ('14-'18)	· 2015년 이후 분담금은 소비자물가지수를 반영하여 증액하되 연도별 4% 상한선 설정 · 제도 개선을 위한 교환각서 체결
제10차 (2019.3)	1조 389억 원	1년 ('19)	· 2019년도 한국의 국방예산 증가율(8.2%)을 반영한 수준에서 합의 · 미측의 '작전지원' 항목 신설 요구 철회 · 협정 유효기간 내 차기 협상 미타결시, 양국 합의 하에 기존 협정 연장 적용 가능
제11차 (2021.3)	1조 1,833억 원	6년 ('20-'25)	· 2019년도 대비 13.9% 증가, 2022년 이후 매년 한국의 국방비 평균 증가율(6.1%) 수준 증액 합의 · 협정 미체결시 전년도 수준의 인건비 지급 명문화

출처: e–나라지표. 「방위비 분담금 현황」

III. 방위비 분담률의 세 가지 계산법과 트럼프 행정부의 분담금 증액 요구

방위분담금의 책정, 운용 및 집행과 관련된 쟁점들이 제시되고 있는 가운데, 가장 주목을 받는 부분은 분담금의 규모이다.[6] 사실상 한미 양국 간 SMA 협상의 핵심은 규모를 결정짓는 협정기간 1년차 분담금의 총액, 연도별 증가율, 그리고 협정의 유효기간을 두고 접점을 찾아가는 과정이라고 볼 수 있다. 협정 1년차 총액과 이후 증가율에 있어 주는 쪽은 최소를, 받는 쪽은 최대를 선호하기 마련이다. 유효기간 역시 분담금 지원의 안정성뿐만 아니라 분담금 총액과 연관되어 있는데, 합리성에 기초하여 접수국과 주둔국 모두 분담금 규모에 대한 만족도와 선호하는 유효기간은 비례관계에 있다고 추론해볼 수 있다. 예컨대 9차 SMA의 협정 만료기간을 넘겨 2019년 2월 타결된 10차 SMA에서 유효기간은 기존의 5년에서 1년으로 줄어들었다. 외교부의 공식 발표에 따르면, 미측이 '한국의 위상과 경제력에 상응하는 대폭 증액을 요구하였으나 국방예산 증가율 8.2%를 반영한 수준에서 합의했다(외교부, 2019). 미국의 입장에서 보면, 협상의 결과가 만족스럽지 못하기 때문에 유효기간을 최소로 하고 다음해에 재협상을 시도하는 것이 바람직했다고 볼 수 있다. 이렇듯 분담금 협상은 분담금의 규모를 둘러싼 줄다리기와 같다.

그렇다면 '적절한 수준의 분담금 규모'는 어떻게 판단할 수 있는가? 미국이 분담금 증액을 요구할 때, 한국의 분담이 충분하지 않다는 판단

---

6 방위비 분담의 문제점, 협상의 주요 쟁점과 이를 해소하기 위한 제안들에 대한 논의는 다음을 참조. 이를 해소하기 위한 제안들에 대한 논의는 다음을 참조: 박원곤(2020), 박기학(2017), 백재옥(2017).

은 어디에 기초하고 있는가? 반대로 그와 같은 인상 압박에 맞서 한국의 분담 수준이 적절하다고 반박할 수 있는 근거는 무엇일까? 아래에서는 분담률을 판단하는 데 있어 대표적인 세 가지 계산법을 제시한다. 흥미로운 점은 계산방식에 계산하는 주체의 비용 분담에 대한 인식이 그대로 투영된다는 것이다.

1. 일반적인 계산법

접수국의 적절한 방위분담 수준을 결정하는 데 있어 주한미군의 비인적 주둔 비용NPSC: Non-Personnel Stationing Cost개념이 주로 사용된다. NPSC란 주한미군의 전체 주둔 비용 중에서 미군과 군속의 인적 주둔 비용, 다시 말해 인건비를 제외한 직·간접 비용의 총합을 의미한다. 이에 따라 일반적으로 한미 간의 분담금 협상에서 한국의 분담률은 한미 분담금 총액(미국이 부담하는 NPSC + 한국의 SMA 지원)에 대비하여 SMA의 형태로 제공하는 한국의 직접적인 분담비의 비율로 계산되어 왔다.

$$\text{한국의 방위비 분담률} = \frac{\text{한국의 SMA 직접지원}}{\text{미국의 NPSC 총액} + \text{한국의 SMA}}$$

이와 같이 정해진 분담률은 한국이 비용 분담을 늘려야 한다는 근거로 사용되어 왔다. 1991년 제1차 SMA 이후 미국은 지속해서 한국의 분담비율 증가를 요구했다. 1993년 제2차 협정에서는 1995년까지 한국이 방위비용 총액 대비 1/3 수준을 부담하기로 합의하였고, 제6차 SMA를 앞둔 2005년 미국 의회는 당시 한국의 분담률을 40%대로 평가하고 절반 수준으로 증대할 것을 요구했다. 제9차 협상에 앞서 2013년 미 상원 군사위원회는 또 다시 한국의 비용 분담 증가가 미국의 주둔 비용 증가에 훨씬 못 미치고 있음을 지적하였고(U.S. Senate, 2013), 오바마-바이든 행정부 당시 미 국방부 관료들은 한국이 최소 50% 이상은 분담해야 한다고 주장했다(Manyin et al., 2013). 한국의 분담률에 대한 기대는 지속적으로 증가해, 2013년 미 의회는 미군의 주둔 비용에 대한 동맹들의 기여수준이 적어도 75% 수준에는 달해야 한다고 언명했다(Park, 2013: 14). 국내에서는 많은 연구자들이 이러한 계산방식의 문제점을 지적해 왔다(박기학, 2019). 이들은 분모와 분자의 구성요소와 비용합산에 있어 양국 간 명확한 기준에 대한 합의가 없다는 점을 강조한다. 먼저 분모가 되는 미국의 NPSC는 국방예산 항목에서는 운영 및 유지Operation and Maintenance 비용, 군사건설비, 주거비용 그리고 소액의 회전기금revolving fund으로 구성되어 있는데, 세부내역이 공개되지 않는 탓에 가장 큰 부분을 차지하는 '운영 및 유지비' 항목에 있어서는 구체적으로 어떤 비용들이 포함되는지 알기 어렵다. 한편, 트럼프 행정부에 들어 미국은 NPSC 대신에 NPCNon-Personnel Cost이라는 용어를 사용하기 시작하였는데, '주둔'이라는 용어가 빠진 것은 비용 산정이 범위가 확장되었다는 것을 암시한다. 박원곤은 NPC 개념 도입을 두고 직접 비용 이외에 다양한 비용을 포함하여 확장된 비용 산정을 하기 위한 조치라고 분석한다(박원곤, 2020).

2. 한국 중심의 계산법

주목할 것은 분담비율 계산에 있어 접근법의 차이가 한국의 비용 분담 현실 — 무임승차자인가 혹은 책임감 있는 동맹인가 — 에 대한 인식의 차이로 이어진다는 것이다. 먼저, 분자가 되는 한국 측의 기여를 어디까지 반영할 것인가에 따라 분담률이 달라진다. 이로 인해 SMA를 통한 비용 분담만을 고려하는 일반적인 접근법은 한국의 실질적 기여를 반영하지 못하므로 토지 임대와 카투사 지원에 대한 기회비용 등과 같은 간접적 지원도 포함되어야 한다는 주장이 제기된다(박기학, 2017). 실제로 SMA에 연합 C4I 체계지원비와 「SOFA의 주한미군 공여구역주변지역 등 지원 특별법」에 근거하여 지급되는 미군기지 주변 정비비용을 포함하는 추가 직접지원 비용,[7] 그리고 무상 공여 토지에 대한 임대료 평가 및 카투사 지원에 대한 기회비용과 각종 세금 및 공과금에 대한 면세 혜택을 포함하는 간접지원 비용을 추가할 경우 한국의 분담률은 미 의회가 요구했던 75% 수준에 근접한다.

$$\text{한국의 방위비 분담률} = \frac{\text{SMA 직접지원} + \text{非SMA 직접지원} + \text{간접지원}}{\text{미국의 NPSC 총액} + \text{한국의 직·간접지원}}$$

실제로 한국의 직·간접지원을 모두 포함하는 위의 계산식을 이용해 한국의 분담률을 따져보자. 미 국방부에 따르면 2015년 주한미군의 총 주둔 비용 3조 1,000억 원 중에서 인건비 2조 3,000억 원을 제외한 NPSC 는 7,600억 원에 달했다. 같은 해 한국의 접수국 지원 총액은 SMA 지원 9,300억 원, 비SMA 지원 1조 4,000억 원, 간접지원 9,500억 원을 더해 총 2조 4,000억 원에 달했다. 한국의 SMA 지원만을 고려하는 기존의 계산법에 따를 경우 한국의 분담률은 55%에 그치지만, 한국의 직·간접 지원을 포괄할 경우 75%로 계산된다. 미국의 NPSC에 대비한 한국의 상대적 분담률은 315%에 달한다.

---

7   2015년 미군 기지 주변 도로 건설 등을 위해 투입된 기지 주변 정비 비용은 1조 4,000억에 달했다. 국방부(2018), 285쪽.

　명확히 알 수 없는 이유로 2015년 이후, 특히 트럼프 행정부 들어 주한미군 유지비 중에서 운영유지비 항목이 급증하였는데,[8] 이를 고려해 2019년의 분담률을 계산해 보면 다음과 같다. 미 국방부의 회계자료에 따르면 2019년 주한미군의 총 주둔 비용은 인건비 2조 2,000억 원, 운영유지비 1조 6,000억 원, 가족 주택비 190억 원과 기타 비용을 포함해 총 4조 1,000억 원에 달했다(Office of the Under Secretary of Defense, 2019: 180-182). 그렇다면 이중 인건비를 제한 비용, 즉 NPSC는 1조 9,000억 원에 달한다. 2019년 제10차 SMA를 통해 1조 389억 원이 지원되었고, 비SMA 지원과 간접지원이 2015년과 유사하다고 가정할 경우 한국의 직·간접 지원 총액은 약 3조 4,000억 원으로 한국의 방위비 분담율은 64%에 달한다.

　이처럼 한국의 비용 분담에 대해 포괄적으로 접근하는 방식은 안정적인 동맹 관리를 위해 한국 정부가 지향해야 할 방향이라고 할 수 있다. 한국의 포괄적인 기여에 대해 적극적으로 설명하고 이해시킬 수 있다면, 이는 한국의 역할에 대한 새로운 인식으로 이어질 수 있다. 살펴본 바와 같이 한국의 기여를 판단하는 데 있어 SMA 외에 추가적인 직접비용과 간접비용을 반영한 경우, 주한미군의 안정적 주둔을 위해 한국이 지원하는 비용은 주한미군의 NPSC에 대비하여 2015년에는 3배, 2019년에는 1.7배 수준에 달한다. 이렇게 보면 한국은 책임감 있는 동맹이며, 맹목적인 분담금 인상 요구는 미국 전략문제연구소CSIS 존 햄리

8　주한미군의 운영유지비는 2014년 2억 2,000만 달러에서, 2015년 8억 3,000만 달러로 늘었다가, 2016년에는 10억 달러를 넘어섰다. 급기야 2017년에는 11억 3,000만 달러였던 운영유지가 2018년에는 2배가량 늘어난 22억 4,000만 달러를 기록했다(『중앙일보』, 정효식, 2019/12/03).

회장의 발언처럼 주한미군이 '인건비를 받고 한국을 지키는 용병'이라는 이미지를 불러일으킬 수 있다(『동아일보』, 이정은, 2019/11/27).

3. 트럼프 식 계산법(자제-역외균형식 접근법)

한편, 또 다른 하나의 계산법은 한국의 기여를 축소시킴으로써 부정적인 인상을 줄 수 있다. 사실 계산법이라기보다는 내러티브에 가깝다. 예컨대, 미국의 한 저널리스트는 한국의 방위비 분담에 대해 다음과 같이 기술하고 있다. 그의 주장에 따르면, "한국의 방어를 위해 '미국 국민의 세금으로' 투입되는 총 비용은 년간 37억 달러를 넘어서는데, 그중에서 한국의 분담은 8억 달러로 미국이 한반도 전쟁 억지를 위해 투입하는 전체 비용의 21%에 불과하다(Willis, 2019)". 이와 유사한 언급들에는 종종 '한국이 미국과의 무역을 통해 매년 100억 달러 이상의 흑자를 내고 있다'라는 사실이 부연된다. 이처럼 분모에는 미군의 인건비를 더하면서 분자에 있어서는 SMA를 통한 직접지원만을 고려하는 셈법에 따르면 한국은 영락없는 무임승차자로 비춰진다.

국제주의를 배격하고 이익을 중시하는 고립주의를 내세운 트럼프 대통령에게 경제 규모가 세계11위에 달하는 한국은 무임승차자에 다름 아니었다. 방위비 분담 인상에 대한 압박은 동맹에 대해 상업주의적 시각을 지닌 트럼프 대통령 취임 이후 새로운 국면으로 접어들었다. 제10차 협정을 위한 협상에서 미국은 10억 달러(약 1조 1,500억 원)를 수용 가능한 마지노선으로 제시하며 압박하였다. 결국 한국의 국방비 증가율을 반영한 8.2% 인상에 그쳤지만, 유효기간을 '1년'으로 강력히 요구한 것은 차기 협상에서 새로운 가이드라인이나 청구서를 만들어 한국의 분담을 강요하기 위한 준비 조치였다(『한겨레』, 김지은, 2019/02/10). 예상대로 2019년 11월부터 진행된 협상에서 트럼프 행정부는 기존 분담금의 5배에 달하는 48억 달러(약 5조 5,000억 원)를 청구했다(『동아일보』, 한기재, 2019/11/01).

48억 달러를 산출한 근거는 볼튼John Bolton 국가안보보좌관의 회고록을 통해 유추해볼 수 있다. 볼튼에 따르면 트럼프 대통령은 미국의 중요한 안보 이익이 달려있지 않는 지역에 대해서는 '총 주둔 비용에 추가비용을 더해 청구Cost plus α'하는 것이 마땅하다는 인식을 가지고 있었으며, 실제로 2018년에는 중동의 접수국들을 상대로 '총 주둔 비용에 추가로 50%를 더 부담하라'고 요구하였다(Bolton, 2020: 343). 미 국방부에 따르면 2020년 주한미군의 총 주둔 비용은 44억 6,000만 달러(약 5조 2,000억 원)에 달했다.[9] 만약 당시 트럼프 행정부의 요구대로 48억 달러를 지급했다면, 한국 정부는 인건비가 포함된 주한미군 전체 주둔 비용을 모두 분담하고도 남는 비용을 지원한 셈이 된다. 트럼프 행정부의 증액 요구는 무리하고, 즉흥적이고, 독단적인 것으로 비춰졌다. 하지만 트럼프 행정부의 셈법은 개입에서 자제 혹은 고립으로의 전략적 전환, 동맹의 효용보다는 비용에 주목하는 대외정책의 재정립 하에서 경제력을 갖춘 한국의 비용 분담이 불합리하다는 나름의 현실 인식이 반영된 결과로 볼 수 있다.

---

9 미 국방부가 의회에 제출한 「2020 회계연도 국방예산」에 따르면 주한 미군의 주둔 비용은 군 인건비 21억 달러, 운영·유지비 22억 달러, 가족 주택비 1억 4,000만 달러로 구성되어 있다(U.S. Department of Defense, 2019).

IV. 동맹정치의 관점에서 본 방위비 분담의 역사

1. 비용 분담에 대한 포괄적인 접근

양자동맹 내부에서 비용 분담의 동학을 읽어내는 작업은 거시적인 관점을 요구한다. 비용 분담은 일차적으로 자체 국방력 증강이나 미국 주도의 해외군사작전에 대한 지원과 같이 다른 안보영역에서의 기여와도 연계되어 있으며, 나아가 동맹관계를 형성한 두 국가의 안보 환경, 그에 대한 대응으로서의 전략, 그리고 국내정치와 긴밀하게 얽혀 있다. 따라서 비용 분담에 대한 이해는 그와 같은 변수들과의 상호작용 속에서 파악할 때 더욱 분명해진다.

한미 간 비용 분담 역시 미국의 대전략 변화와 그에 따른 동맹관계 재조정이라는 관점에서 조망해볼 수 있다. 예를 들어, 이혜정은 탈냉전기 미국 대전략의 기본 틀을 현실주의 세력 균형에 기초한 '자제전략'과 미국의 패권적 지위와 동맹에 대한 공약을 강조하는 '패권전략' 간의 길항구조로 파악하고, 자제-역외균형 전략으로 기울 때는 동맹의 비용이 강조되는 반면 패권-동맹 전략에서는 동맹이 가져다주는 이익이 강조된다고 주장한다(이혜정, 2015). 물론 균형의 책임을 동맹에 전가buck-passing 할 수 있는 상황에서는 동맹에서 얻는 편익이 존재하기 때문에, 자제-역외균형 전략 하에서는 동맹의 외적, 구조적 요인들과 무관하게 동맹의 비용이 편익을 넘어선다는 주장에 대해서는 이론의 여지가 있을 수 있다. 하지만, 그러한 관점은 동맹 비용 분담을 미국의 대전략과 연결시켜 사유할 수 있게 해주는 장점이 있다. 달리 말해 대전략 혹은 그것의 하부로서의 동북아 전략의 변화가 동맹의 가치에 대한 인식의 변화로 이어지는 현실을 잘 반영하고 있다.

한국의 방위비 분담에 대한 기존의 이론적 접근들은 간명함과 설명력에도 불구하고 비용 분담에 영향을 주고받는 상황적 요인들을 반영하는 데 있어서는 한계가 있다. 예를 들어, 김성우의 분석틀에 따르면 부담분담의 규모는 동맹지원 필요성과 기여국의 군사력과 경제력이 더해진 총체적 역량이라는 두 가지 변수에 의해 결정된다(Kim, 2012: 94-95). 박휘락·이원우는 김성우의 주장과 자원 배분과 관련된 국내정치적 요소들을 중요성을 강조하는 주장들을 종합하여(Baltrusaitis, 2010), 미국의 주요 동맹국들의 비용 분담에 대한 적극성 여부가 (1) 외부 위협의 강도, (2) 동맹의 경제적 역량, 그리고 (3) 국가의 자원 배분에 영향을 미치는 국내정치 구조와 같은 주요 변수들에 의해 결정된다고 보고, 그 틀을 한미동맹에 적용하여, '한국이 처한 위협은 동맹 기여에 대한 유인으로 작용하고 경제력은 이를 가능하게 해주기 때문에, 미국에 대한 한국의 기여는 지속적으로 증가하게 된다'라고 보았다(박휘락·이원우, 2013: 14-17). 이처럼 기여국의 동맹의존성과 경제적 여건만을 고려하는 접근은 동맹 기여의 일반적인 패턴을 설명하고 예측하는 데는 유용하지만, 부담분담이 양자동맹 관계에 있는 국가 모두의 상황적 변수들의 상호작용 속에서 진행되는 현실을 포착하지 못한다.

이렇듯 양자동맹 간 비용 분담의 종합적인 현실을 담아내려는 시도는 새로운 틀을 요구하는데, 신고전적 현실주의에 기초하여 동맹 간의 협상에 주목하였던 시도에서 적절한 대안을 찾을 수 있다고 본다. 레스닉Resnick, 파파요아누Papayoanou, 스나이더Snyder로 대표되는 이들 신고전적 현실주의 연구자들은 동맹 간의 협상이 힘의 배분이나 위협과 같은 체제 구조적 요인과 국내적 요인의 상호작용 속에서 전개되어 왔음을 주장하였다(Bennett et al., 1994; Papayoanou, 1997; Snyder, 2007; Resnick, 2011).

한편, 스나이더는 체제의 구조적 압력이 발휘하는 영향력을 인정하면서도, 동맹에 대한 기대와 가치 역시 동맹 협상의 주요 변수로 작용함을 강조한다(Snyder, 2007). 기대-가치 모델에서 동맹 간의 상대적인 협상력은 세 가지 요인의 합으로 결정된다. 첫째는 의존도이다. 국가는 군사안보뿐만 아니라 국가의 위상, 국내적 안정과 같은 다양한 이익 때문에 동맹에 의존한다. 이 중에서 가장 큰 비중을 차지하는 군사적 의존성은 외부의 군사적 지원에 대한 요구, 동맹이 이를 충족시켜주는 정도, 대안의 유무라는 세 요인에 의해 결정된다. 동맹은 본질적으로 교환관계여서, 동맹에서 얻는 이익은 비용에 의해 일부 상쇄된다. 따라서 의존도는 동맹으로부터 얻는 순편익으로 이익에서 비용을 제한 값이 된다. 협상력은 의존도와 반비례하여, 국가의 안보 목표의 가치와 위협의 정도에 따른 의존도가 높을수록 협상력은 낮아진다.

두 번째 요인은 동맹에 대한 기여Commitment이다. 기여의 정도는 방위조약 이행에 대한 분명한 의지 표명으로 드러나지만, 간접적으로는 방위조약을 통해 부수적으로 얻을 수 있는 '전략적 이익을 고려한 기여Commitment-by-interest'도 이에 포함된다. 방위공약의 신뢰성이 높을수록 동맹의 파기나 소극적 지원으로 인한 방기의 위협은 감소하고, 결과적으로 협상력은 낮아진다. [10]

협상력을 결정짓는 세 번째 요소는 협상의 구체적인 대상에 대한 각자의 이익이다. 협상 과정에서는 공동의 이익과 상충하는 이익이 존재

---

10   반대로 방기의 위협은 가장 강력한 협상의 도구로 활용될 수 있다(Snyder, 2007: 168).

하기 마련이기 때문에, 협상의 결과로 포기해야 하는 것의 가치가 크면 클수록 협상에 대한 저항은 커지기 마련이다. 이익과 협상력은 비례한다(Snyder, 2007: 166-172). 협상력을 수치화하는 것은 사실상 불가능하기 때문에, 스나이더는 [표 2]와 같이 각각의 변수를 높음-중간-낮음의 단계로 구분함으로써 근사치를 표현하고자 하였다. 예를 들어, 국가 A는 동맹에 대한 의존도와 기여는 낮지만 협상 사안이 국가 이익과 직결되는 반면, 국가 B는 동맹에 대한 의존도과 기여는 높지만 협상의 결과가 국익에 미치는 영향이 미비할 경우, 국가 A는 국가 B에 비해 현저히 높은 협상력을 보유하게 된다.

[표 2] 스나이더의 동맹 협상력 지수

구분	의존성	기여	이익
높음	1	1	3
중간	2	2	2
낮음	3	3	1

물론 스나이더의 이론이 결점이 없는 것은 아니다. 먼저, '분석적 절충주의'라는 신고전 현실주의에 대한 일반적인 비판으로부터 자유로울 수 없다(Legro and Moravcsik, 1999). 이동선은 스나이더의 이론을 동맹제지의 사례에 적용하면서, 일부 설명력은 인정하면서도 독립변수들 간의 연관성에 대한 이해 부족이 이론의 논리적 완결성을 해치고 있다고 보았다(이동선, 2014: 11). 한편, [표 2]에서 제시된 바와 같이 세 가지 변수의 가중치가 동일한 것으로 간주되고 있다. 하지만 개별 변수의 가중치는 구체적인 협상의 대상이나 상황적 여건에 따라 달라질 수 있으며, 나아가 비대칭 동맹의 경우에는 국가별, 변수별 가중치의 차이가 존

재한다고 볼 수 있다. 예컨대, 특정한 상황이 한미 양국 모두에 동맹의 존성의 변화를 초래한다고 하더라도 그것이 협상력에 미치는 효과는 상이할 수 있다. 아울러 효과의 상대적인 차이를 계량화하기란 쉽지 않다.

아래에서는 스나이더의 상대적 동맹협상력 모델을 바탕으로 한미 간 비용 분담에 있어 분기가 되는 주요 시점들을 재검토한다. 한미 비용 분담의 과거를 돌이켜보는 것이 사례 연구를 통해 스나이더 이론의 설명력을 검증하려는 시도는 아니다. 이론의 검증보다는 비용 분담의 주요 사례들을 역사적 맥락, 즉 당시의 구조적 안보 환경 변화, 국가전략과 동맹정치의 변화, 동맹을 둘러싼 양국의 이해관계 속에서 재조명하려는 데 그 목적이 있다.

2. 상대적 협상력의 관점으로 본 한미 간 비용 분담의 역사

가. 1974년, 직접지원의 시작

베트남 개입의 참담한 결과를 지켜보던 닉슨Richard Nixon은 1969년 7월 25일 아시아 전략의 대전환을 선언했다. '아시아 문제의 아시아화'를 외치며 베트남으로부터 철군을 약속했고, 동시에 필리핀·태국, 그리고 한국 등 아시아 지역에 주둔하고 있던 미군의 감축도 추진했다. 전략적 전환의 배경은 장기화된 전쟁으로 인한 재정난과 경제 위축이었다(박태균, 2013: 346-347). 재정 지출 축소와 부채 해결이 정책의 우선순위가 되었다. 급기야 1971년 8월에는 통화팽창에 의한 국고 손실을 막고자 달러의 금태환을 중지시켰다. 이러한 배경 하에서 외부 군사적 개입의 중지와 철군 선언은 아시아 지역 동맹에 대한 기여와 의존성을 떨어뜨리는 작용을 하였고, 반대로 동맹에 대한 비용 분담 또는 책임전가에 대한 이익은 증대되었다.

베트남 파병을 통해 미국과 밀월관계를 유지하며 안정을 누렸던 한국은 방기의 위협에 휩싸였다. 사실 한국의 베트남 파병 결정 역시 방기의 위협을 해소하려는 시도로 볼 수 있다. 베트남에서의 부담이 증가하자 존슨 행정부는 한국에 대한 원조 축소와 주한미군 철수를 추진했다(마상윤, 2013: 64). 한국의 전투병 파병 결정은 한미동맹에 대한 미국의 의존도와 기여를 증대시키는 데 기여했다고 볼 수 있다. 이에 기초한 협상력을 바탕으로 1965년 이후 한국 정부는 지속적으로 파병에 대한 반대급부로 확고한 안보공약, 군사 및 경제원조 확대에 더해 주한미군의 안정적 주둔을 보장하기 위한 조치로 SOFA 체결을 요구했다(박태균, 2013: 339-340). 1966년 7월 SOFA가 체결되었다. 스나이더의 모델로 보면, 한국의 행위는 방기의 압박에 의해 해외파병의 형태로 부담을 분담함으로써 한미동맹에 대한 미국의 의존도를 높이고, 이를 통해 얻은 협상력으로 다시 미군 철수 제한, 방위공약 명문화, SOFA 체결과 같이 동맹 기여의 제도화를 요구함으로써 협상력을 유지하고자 한 것이었다.

하지만 닉슨 행정부의 전략적 선회로 인해 미국은 한국의 파병에 의존할 필요가 없었고 한국이 누렸던 협상력은 순식간에 증발했다. 특히 당시는 1968년 1·21 사태, 푸에블로호 사건, 비무장지대에서의 남북한 충돌로 인해 안보 위기가 심각한 상황이었다. 1969년 말 닉슨 행정부는 1개 전투사단을 철수시키고 주한미군의 규모를 절반으로 감축하는 방안을 마련하였다. 1971년에는 계획에 따라 주한미군 7사단이 철수하였다. 파병으로 인해 일시적이나마 한미동맹을 일방적 지원관계에서 상호의존 관계로 전환함으로써 안정을 얻었지만, 그 안정감은 이내 방기의 위협으로 대체되었다.

1953년 방위조약 체결 이후 최초의 직접지원은 이와 같은 배경 하에서 이루어졌다. 닉슨 독트린에 따라 주한미군 철수가 현실화되자, 1974년부터 한국 정부는 미국이 비상시 사용을 위해 한국에 전진배치하고 있던 전쟁예비탄WRSA: War Reserved Stock for Allies에 대한 저장비용을 부담하기 시작하였다. SOFA 제5조의 합의를 벗어나 처음으로 한국이 직접 비용 분담을 하게 된 것이다. 이어 1978년 한미연합사령부 창설 이후에는 '연합방위력증강사업'이라는 명목으로 장비 정비나 군사물자 관리와 관련하여 주한미군이 소요를 제기한 부분에 대해 국방부가 검토 후에 지원하는 방식으로 직접지원이 확대되었다.

나. 1991년, 제1차 SMA 협정

소련 해체로 인한 외부 위협의 소멸은 미국의 안보정책과 전략에 대한 재검토로 이어졌다. 이는 한편으로는 평화배당금에 대한 국내적 요구를 반영해 국방예산의 절감을 추진하면서, 다른 한편으로는 해외군사력과 배치를 재조정하는 방향으로 전개되었다. 1990년 부시 행정부는 냉전 이후 미국의 우위와 리더십을 유지하려면 외교나 군사력뿐만 아니라 튼튼한 경제적 기반을 다지는 것이 중요하다고 강조했다(Bush, 1990: 21). 미국의 국방예산 추이를 보면 1986년을 기점으로 감소로 전환하는데, 1989년과 1991년 사이는 16% 수준으로 가장 큰 폭의 감소를 기록했다(Murdock et al., 2012). 한편, 미 합참의 주도로 1989년에 시작된 기초군The Base Force 연구는 정규군 규모를 210만에서 160만 명 수준으로 감축할 것을 제안했다(Powell, 1992; Jaffe, 1993).

이러한 변화는 한미관계 및 동맹 비용 분담의 재설정으로 이어졌다.

미국은 1980년대 후반에 이르러 1946년부터 지속해오던 군사 및 경제 원조를 모두 중단하였다. 경제 원조는 무역적자 상쇄를 위한 '슈퍼 301조'로 대체되었다. 미 의회는 주한미군의 철수를 요구했다. 1989년 7월에 통과된 넌-워너 수정안은 80년대 들어 심화된 재정적자를 해소하는 데 있어 해외병력 감축과 개편의 필요성을 강조했고, 당시 4만 3,000명에 달하던 주한미군을 1991년까지 3만 6,000명으로 줄일 것을 요구했다 (Kirk, 2003). 수정안에는 한국과 일본에 일부 안보 비용을 부담시켜야 한다는 제안도 덧붙여졌다. 1990년 미 국방부는 수정안을 반영한 '동아시아 전략 구상EASI: East Asia Strategic Initiative'을 발표했다(U.S. Department of Defense, 1990). 주한미군의 점진적인 감축은 3단계로 나누어, 1단계인 1993년까지는 7,000명을 철수하는 것으로 계획하였다. 한미 간의 역할 재조정과 관련하여서는, 미군은 감축과 지휘구조 변화를 통해 기존의 주도적 역할에서 보조적 역할로 전환하는 가운데 한국은 국력에 걸맞은 수준으로 방위 분담을 늘여야 한다고 강조했다(U.S. Department of Defense, 1990: 9).

결국 동맹 결속의 근원이었던 위협은 사라졌지만 동맹은 해체되지 않았다. 대신 동맹 간의 역할과 임무에 대한 재조정이 이루어졌다. 패권 유지와 평화배당금이라는 요구가 상충하는 가운데, 냉전기 자국의 보호 아래 국력을 키운 동맹에게 역할과 비용을 전가하려는 미국의 동기는 점차 강해졌다. 협상력의 관점에서 보면, 안보 위협 해소로 인해 동맹에 대한 방위공약과 안보 목표 달성을 위한 의존도는 낮아진 반면, 경제불황과 동맹과의 무역불균형으로 인해 안보 비용 분담에 대한 이익은 매우 높아졌다.

소련의 붕괴 이후 행해진 미국의 동맹 재조정과 감축으로 인해 방기의 두려움이 한국 정책결정자들의 사고를 지배했다. 당시 노태우 정부는 미군의 철수가 역내 안보 불안과 군비 경쟁으로 이어질 것으로 여기고, 한국이 독자적으로 외부 안보 위협에 대응할 수 있는 힘을 키울 때까지 주한미군의 주둔은 필수적이라고 판단했다(노태우, 2011: 433). 1989년 정상회담에서 노태우 대통령은 대북 억지와 아시아의 안정에 있어 주한미군의 역할을 강조하며 방위부담 분담에 대한 의지를 전달했다(Bush Presidential Library and Museum of George Bush, 1989). 신장된 국력에도 불구하고, 한미 간의 힘의 비대칭, 일련의 군사적 도발을 통해 드러난 지속적인 북한의 위협, 한미동맹을 대체할 수 있는 외적 균형 수단의 부재와 같은 현실은 동맹에 대한 의존도와 기여를 높이는 데 기여하였다. 이러한 현실을 두고 빅터 차Victor Cha는 "냉전의 종식이 아시아 동맹들 사이에서 방기의 두려움을 구조적으로 내재화하였다"라고 주장한 바 있다(Cha, 2002: 284).

레이건 행정부 후반부에 들어 미국은 직접지원 증대에 대한 압박을 시작했다. 1988년 6월에 개최된 제20차 한미연례안보협의회의SCM에서 한국 정부는 주한미군 비용 분담을 위한 별도의 예산 4,500만 달러를 마련해 지원했다. 다음해 분담금은 7,000만 달러로 상승했고, 1990년 4월 정부는 한국인 고용원 인건비를 포함하여 1억 5,000만 달러에 달하는 접수국 지원을 약속했다. 중요한 사실은 SOFA의 규정을 벗어나 한국이 군사건설비와 인건비를 지급하기 시작했다는 것이다. 이러한 배경 하에서 1991년에 이르러 한미양국은 SOFA 제5조 제1항에 대한 예외적 특별조치로서 SMA 협정을 맺고 한국의 직접지원을 제도화하게 된다. 제1차 SMA에서 한국 정부는 1억 5,000만 달러를 지원하고 1995년까지 분담금을 2배에 달하는 3억 달러 수준으로 인상할 것을 약속했다.

다. 2002년, 비용 분담에서 포괄적인 역할 분담으로

9·11의 충격 이후 미국은 테러와의 전쟁을 선포했다. 이라크 재건 및 안정화작전을 위해 미국은 40여 국가들로 이루어진 유지연합을 구성하였다. 이들의 지원은 전투병 파병이나 의료 지원으로부터 전비戰費 지원에 이르기까지 다양했다. 2002년 11월 이라크의 무장해제를 요구하는 안보리 결의안 1441이 통과되자, 미국은 한국의 부담분담을 요구했다. 2002년 12월 아미티지Richard Lee Armitage 국무부 차관은 한국을 방문해 이라크전에 대한 군사적 지원을 요구했다(BBC News, 2002/12/09).

한국의 분담에 대한 미국의 압박은 달라진 국내정치적 상황과 북핵 위기의 고조와 맞물려 전개되었다. 먼저, 김대중-노무현에 이르는 민주정부는 남북관계와 대외정책에 있어 과거 권위주의 정부와는 다른 접근을 보였다. 김대중 정부는 대북포용 정책을 노정했고, 노무현 정부는 이를 계승했다. 대외정책에 있어서는 자주를 강조했다. 이는 한미동맹에 있어서는 평등과 상호호혜성에 대한 강조로, 대북정책에 있어서는 자율성에 대한 중시로 이어졌다(Cha, 2003). 2002년 6월의 여중생 사망 사건은 반미 여론을 고조시켰다. 한편, 부시의 '악의 축' 발언 이후 제2차 북핵위기가 전개되었다. 2002년 10월 제임스 켈리James Kelly 국무부 차관보가 북한의 우라늄농축의 중단을 요구하고자 방북했을 때 북한은 비밀 우라늄 프로그램의 존재를 인정했다. 이어 북한은 IAEA 사찰단을 영변에서 추방하고 2003년 1월에는 NPT 탈퇴를 선언했다. 이에 부시 대통령은 선제 기습공격의 가능성을 암시하며 압박했다.

한국 정부는 미국의 일방주의적 접근에 대한 국제사회의 반발과 국내의 반미 여론 속에서 미국의 요청에 일시적으로 미온적인 태도를 보였으나, 결국 파병을 결정하게 된다. 당시 한국 정부에게는 미북 간의 갈등을 완화시키고 미국에 의한 대북 선제공격을 차단하는 것이 무엇보다 중요했다(Sheen, 2003). 이러한 가운데 한국 정부는 파병을 통한 동맹 기여를 통해 미국의 강경한 태도를 누그러뜨리고 대북정책에 있어 레버리지를 확보할 수 있을 것으로 판단했다.[11] 한국 정부는 2003년 4월 공병과 의무진으로 구성된 600명의 병력을 파병하고, 5월에는 300명의 추가 병력을 파병하였다.

　이라크 안정화 작전이 미국의 예상과는 달리 난관에 봉착하자, 동맹 기여에 대한 수요는 더욱 증대했다. 2003년 9월부터 미국의 추가 파병 요청이 본격적으로 시작되었다. 미국은 5,000~7,000명에 달하는 사단급 규모의 추가 전투병 파병을 요청했다(김종대, 2010: 118-126). 파병 병력의 규모, 성격, 시기를 두고 한미 간의 의견 차가 지속된 가운데, 2003년 11월 한국 정부는 이라크의 재건을 목적으로 3,000명 수준의 병력을 파병할 것을 약속했다. 하지만 실제 파병이 지연되자 미국은 2004년 5월 일차적으로 미2사단의 병력 중 3,600여 명을 이라크로 전환하였고, 이어 6월에는 방어태세검토GPR에 따라 2005년까지 단계적으로 1만 2,000여 명의 주한미군 병력을 철수시킬 것이라고 밝혔다(Kim, Y. and Kim, M., 2007). 이는 동북아에서 미군의 전략적 유연성을 높이려는 조치라는 미국의 명시된 목표와는 무관하게, 한국 정부에 방기의 위협으로 작용했다. 이에 한국 정부는 2004년 8월 2,200여 명의 병력을 아르빌

11　2003년 4월 2일에 있었던 노무현 대통령의 국회연설에도 이와 같은 인식이 잘 드러나 있다. 대통령기록관. 「제238회 임시국회 국정연설」. 행정안전부 국가기록원. 이에 대한 분석은 다음을 참고. Lee, G. Geunwook. 2006. "South Korea's Faustian attitude: the republic of Korea's decision to send troops to Iraq revisited". *Cambridge Review of International Affairs*, 19-3: 481-493.

지역으로 파견했고, 11월에는 800여 명의 병력을 추가로 보강했다. 미국의 이라크 재건을 위해 파병된 병력은 전체 3,600명 규모로 영국에 이어 2번째로 큰 규모였다. 이라크 재건을 위한 재정지원도 이루어졌다. 전쟁 초기 6,000만 달러를 지원한 데 이어, 2003년에는 2억 달러의 추가지원을 약속했다. 이는 일본·이란·이태리·영국·쿠웨이트·사우디에 이어 7번째의 규모였다(Blanchard and Dale, 2007).

탈냉전기 자유주의적 패권에 기초한 미국의 개입 정책 하에서, 부담분담과 개입의 정당성 확보의 차원에서 동맹의 기여에 대한 미국의 이익은 높았다. 한편, 한국의 경우 자율성과 대등한 동맹관계 추구는 일시적으로 미국의 확장억지에 대한 의존을 낮추는 기제로 작동하였다. 하지만 제2차 북핵위기를 계기로 미국의 선제공격에 의한 전쟁의 가능성이 제기되는 등 안보 불안이 극도로 가중되자 외교에서의 주도권을 확보하기 위해서는 역설적으로 미국의 부담 분담 요구를 적극적으로 수용하고 동맹에 의존해야 하는 구도가 형성되었다. 전략적 유연성 확대라는 명목으로 추진된 주한미군 철수 계획은 한국의 상대적 협상력을 한층 더 저하시키는 데 기여했다고 볼 수 있다. 이러한 구조 속에서 한국의 안보분담은 주둔 비용 분담에서 포괄적인 부담분담으로 확대되었으며, 한미동맹은 냉전기 세력균형 수단에서 탈냉전기 '힘의 공유power sharing'의 수단으로 변환되었다.

라. 2020년, 트럼프 행정부의 최대 압박

지난 트럼프의 행정부의 'Cost + α' 요구 역시 전략과 국내정치 변화 속에 놓고 볼 때 그 배경과 함의가 더욱 잘 드러난다. 트럼프는 경기 침체, 실업 증대, 중국의 부상과 같은 문제들이 자유무역, 노동시장의 개방, 군사적 개입과 같이 자유주의적 패권에 기초한 정책에서 비롯되었음을 강조했다. 기존의 국제주의적 전략과의 결별을 상징하는 '미국 우선주의'라는 구호를 내세워 집권했다(김관옥, 2017).

이는 미국의 NATO와 아시아 동맹 정책에도 투영되었다. 오바마 행정부의 한미동맹 정책의 기조가 공동의 가치에 기초한 동맹관계의 확장이었다면, 트럼프 행정부는 상업주의적 관점에서 한미동맹에 접근하여 동맹으로부터 얻는 이익을 최대화하려고 하였다. 동맹에 대한 의존도과 기여는 낮아지고, 비용 분담에 대한 이익은 극대화되었다. 동맹 파기 또는 미군 철수의 위협이 거리낌 없이 표출되며, 결과적으로 협상의 레버리지를 높이는 데 기여하였다.

한국 정부는 대북포용을 정책기조로 삼았지만, 트럼프는 북한을 경제적으로 고립시키는 '최대의 압박' 정책을 펼쳤다. 북한이 제6차 핵실험과 ICBM 시험발사를 감행하자 미국은 '코피Bloody nose'라는 대북 군사작전을 준비하고 있다고 밝혔다. 결국 한국 정부는 제2차 북핵위기와 유사하게 안보 불안을 해소하고 대북정책에 있어 자율성을 얻기 위해 미국에 의존해야 하는 상황에 처했다.

미국의 대북 위협 인식 변화와 제제-보상 구조는 한국의 자율성을 제한하고 동맹 의존도와 기여를 높이는 기제로 작용했다. 2017년 11월 북한의 '화성-15' 발사 이후 미국은 북한의 ICBM이 본토 전역을 타격할 수 있다는 불편한 현실에 직면했다. 북한의 핵·미사일이 동맹에 대한 위협에서 자국에 대한 위협으로 부상한 것이다. 그와 같은 위협 인식의 변화는 적어도 북핵 문제에 있어서 만은 미국으로부터의 자율성을 확보하는 것이 더욱 어려워졌다는 것을 의미한다. 한편, 비핵화를 위한 한국의 자주적인 노력에도 불구하고 채찍(경제 제재)과 당근(체제 보장)을 모두 쥐고 있는 것은 미국이었다. 결과적으로 무위에 그치고 말았지만, 한국의 방위비 분담 인상을 위한 트럼프 행정부의 '최대의 압박'은 그와 같은 구조 속에서 펼쳐졌다.

흥미로운 점은 트럼프 행정부가 한국 정부에 비용 분담을 요구하는 과정에서 제시된 동맹정책들이 역외균형론offshore balancing에 기초한 정책들과 일치한다는 점이다(Mearsheimer and Walt, 2016; Layne, 2007). 예를 들어, 대표적인 역외균형론자인 레인]Christopher Layne은 냉전 이후에도 한반도에 미군을 주둔시킨 것을 패권주의 기초한 전략적 패착이라고 하면서, 미국은 동아시아에서 안보 공약을 축소하고, 주둔 중인 미군 병력을 철수시켜야 하고, 필요할 경우 일본이나 한국의 핵무장을 허용해 스스로 역내 안보 위협(중국)에 대응할 수 있도록 해야 한다고 주장한다(Layne, 2007: 188-190). 요컨대 패권 전략에서 역외균형과 같은 자제-감축 전략으로의 전환은 안보부담 '분담'에서 '전가'로의 전환을 의미한다. 그런 의미에서 인건비를 포함하여 주한미군에 투입되는 모든 비용에 대한 보상을 요구하는 트럼프식 분담률 계산법은 '역외균형식 계산법'이라고 볼 수 있다.

V. 맺는말

지금껏 살펴본 바와 같이 한미관계는 보호자-피보호자의 수직적 관계에서 호혜성과 상호의존성에 기초한 수평적 관계로 진화해왔으며, 이는 한국의 역할이 확장 억제와 군사·경제 원조를 일방적으로 받는 수혜자에서 안보 비용을 분담하는 조력자 혹은 동반자로 변환되었음을 의미했다. 냉전기에 형성된 동맹은 냉전 종식 이후 해체되지 않았다. 대신 변화했다. 물론 그러한 변화가 자연스럽게 진행된 것은 아니다. 동맹관계 지속의 비밀은 패권국의 역할과 제도화에 있다는 월트의 주장처럼(Walt, 1997: 164-165), 미국은 상대적 협상력의 우위를 바탕으로 때로는 유인책을 제공하기도 하고 때로는 처벌과 방기의 위협을 가하며 한국의 역할과 분담을 재정의하고 이를 제도화해온 것이다.

미중 경쟁이 심화되고 중국에 대한 미국의 견제가 본격적으로 전개되고 있는 가운데, 한미동맹 관리는 갈수록 더 큰 도전과 난관에 직면할 것으로 예상된다. 동맹 내의 안보 비용 분담과 관련해서는 다음의 요인들과 영향에 대해 주목할 필요가 있다.

미국 내 자제-감축론의 지속적인 호소력은 동맹 비용 분담에 중요한 변수로 작용할 것으로 예상된다. 물론 바이든 대통령은 동맹을 거래적 관계로 간주하고 비용 부담을 강요하던 트럼프식 접근을 정면으로 비판하였고, 취임식에서 동맹관계 복원을 약속했고, 취임 46일 만에 난항을 겪었던 분담금 협상을 매듭지었다. 하지만 방위비 분담이 동맹간 부담분담의 한 부분에 불과하듯, SMA 협상 체결이 바이든 행정부의 한미동맹 간 비용 분담의 끝을 의미하지는 않는다. 제11차 SMA의 13.9% 인상 역시 2000년대 이후 평균 인상폭(8%)이나 최근 일본 방위비 분담금의 1.2% 인상에 비하면 결코 적지 않다. 바이든 행정부가 동맹의 비용보다는 효용에 방점을 둔다고 해서 동맹에 대해 안보분담을 지우려는 의도가 전혀 없다고 볼 이유는 없다.[12] 바이든 행정부의 외교안보정책

---

12 대선 후보 시기 『포린어페어스(Foreign Affairs)』에 기고한 글에서 바이든은 거래적 동맹관을 거

에 대해 예단하기는 이르지만, '다시 세계에 관여하겠다'라는 의지 표명에도 불구하고 극심한 국내 정치적 분열과 코로나로 인한 경제적 타격으로 인해 미국 내에서 패권론보다는 자제론의 위상이 당분간 지속될 것으로 보인다. 바이든 행정부가 2조 달러에 달하는 경기부양책을 추진하는 가운데, 정부 부채 증가나 예산 감축에 대한 우려는 동맹에 대한 안보 비용 전가에 대한 유인으로 작용할 수 있다.

아울러, 한미 간 동맹정치의 역사가 말해주는 것은 SMA 협정의 체결이 이해관계의 충돌로 인해 발생할 수 있는 동맹 내부의 갈등을 예방하거나 해소할 수는 없다는 점이다. SMA는 광범위한 동맹 간 부담분담의 한 부분이다. 바이든 행정부의 대중국 전략이 강경해질 경우, 미국과의 동맹 간 부담분담은 새로운 국면으로 전환될 수 있다. 예컨대 미국이 아시아-태평양 지역에 한해 전면에 나서 균형자 역할을 하거나 더 나아가 견제 및 봉쇄전략을 추진하게 된다면, 미국의 분담 요구는 대중국 견제에 대한 참여와 지원으로 전이 또는 확대될 수 있다. 그럴 경우, 한국은 2016년 사드 배치 결정 때보다 한층 더 강도 높은 동맹 딜레마에 빠지게 된다. 연루되어 중국의 보복과 경제적 손실을 감내할 것인가, 아니면 방기의 위협과 그에 따른 안보 불안을 동시에 껴안을 것인가?

부하면서도, "동맹은 공정한 몫을 행사해야 한다(Our allies should do their fair share)"라고 하며 오바마 행정부 당시 NATO 국방비 인상 협상을 중요한 성과로 자처하였다(Biden 2020).

| 참고문헌 |

국문

국가법령정보센터. 1991. 「대한민국과 미합중국간의 상호방위조약 제4조에 의한 시설과 구역 및 대한민국에서의 합중국 군대의 지위에 관한 협정 제5조에 대한 특별조치에 관한 대한민국과 미합중국간의 협정 (제1차 방위비 분담특별협정)」 https://www.law.go.kr (검색일: 2021. 4. 2).

국방부. 2018. 『2018 국방백서』.

김관옥. 2017. 「트럼프 행정부의 '미국우선주의' 대외정책」 『국제정치연구』 20권 1호, 77-98쪽.

김지은. 2019. 「한미 방위비 분담금 '1년짜리 협정'…인상 압박 또 임박」 『한겨레』 2월 10일.

김종대. 2010. 『노무현, 시대의 문턱을 넘다』 서울: 나무와 숲.

노태우. 2011. 『노태우 회고록 하: 전환기의 대전략』 서울: 조선뉴스프레

마상윤. 2013. 「한국군 베트남 파병결정과 국회의 역할」 『국제·지역연구』 22권 2호, 59-86쪽.

박기학. 2019. 「방위비 분담금, 무엇이 문제인가」 『창작과 비평』 제47권 제2호, 347-360쪽.

박기학. 2017. 『트럼프 시대, 방위분담금 바로 알기: 한미동맹의 현주소』 서울: 한울아카데미.

박원곤. 2019. 「한미 방위비 분담 협상을 위한 소고」 『한국국가전략』 4권 2호, 145-173쪽.

박원곤. 2020. 「제11차 한미방위비 분담협정 협상: 경과, 쟁점, 전망과 대응」 『이슈 브리프』 (아산정책연구원) 4월 9일.

박태균. 2013. 「베트남전쟁 시기 한미관계의 변화」 『군사』 89권, 331-361쪽.

박휘락·이원우. 2013. 「주요 미군주둔 국가(한국·일본·독일)의 방위비 분담 비교 연구」 『국회예산정책서 보고서』.

백재옥. 2017. 「일본의 방위비 분담 분석 및 정책적 시사점」 『국가전략』 23권 3호, 125-152쪽.

백재옥. 2017. 「한·미 방위비 분담 현황 및 향후 과제」 『주간국방논단』 제1670호, 5월 8일.

이동선. 2014. 「동맹국 제지의 이론과 실제: 북중동맹 사례」 『국제관계연구』 19권 1호, 5-39쪽.

이정은. 2019. 「美CSIS 회장 "주한미군은 용병 아냐…방위비 분담금, 현 10억 달러가 적절"」 『동아일보』 11월 27일.

이혜정. 2015. 「자제 대 패권: 탈냉전기 미국 대전략의 이해」 『한국정치연구』 24권 3호, 171-198쪽.

외교부. 2019. 「제10차 한미 방위비 분담 협의 타결」 『대한민국 정책브리핑』 2월 10일.

외교통상부. 「SOFA 협정문」 http://www.korea.kr/archive/expDocView.do?docId=28802 (검색일: 2021. 3. 12).

한기재. 2019. 「방위비 협상 시간끌면 될까… 동맹의 공동이익 설득이 정공법」 『동아일보』 11월 1일.

e-나라지표. 「방위비 분담금 현황」 https://www.index.go.kr/potal/main/EachDtlPageDetail.do?idx_cd=1712 (검색일: 2021. 5. 15).

영문

Baltrusaitis, D. F. 2010. *Coalition Politics and the Iraq War: Determinants of Choice*. Boulder, CO: First Forum Press.

BBC News. 2002. "US Seeks Asian Support on Iraq." December 9.

Biden Jr, Joseph R. 2020. "Why American Must Lead Again: Rescuing US Foreign Policy after Trump." *Foreign Affairs* (March/April 2020).

Bennett, A., Lepgold, J. and Unger, D. 1994. "Burden-sharing in the Persian Gulf war." *International Organization*, 48(1): 39-75.

Blanchard, Christopher M., and Catherine Marie Dale. 2007. "Iraq: Foreign Contributions to Stabilization and Reconstruction." Congressional Research Service.

Bolton, John. 2020. *The Room Where It Happened.* New York: Simon & Schuster.

Bush, George. 1990. *National Security Strategy of the United States.* Washington D.C.: Brassey's.

Bush Presidential Library and Museum of George Bush. 1989. "Memorandum of Conversation: Meeting with President Roh Tae Woo." The White House, Washington D.C. October 17.

Cha, Victor D. 2003. "Anchored or Adrift?." *Strategic Asia,* 4: 109-130.

Cha, Victor D. 2002. "Abandonment, Entrapment, and Neoclassical Realism in Asia: The United States, Japan, and Korea." *International Studies Quarterly,* 44-2: 261-291.

Congressional Research Service. 2020. "U.S.-South Korea Alliance: Issues for Congress." Washington. D.C., June 23.

Jaffe, Lorna S. 1993. *The Development of the Base Force 1989-1992.* Joint Chiefs of Staff, Washington D.C. Joint History Office.

Kim, Sung Woo. 2012. "System Polarities and Alliance Politics." Ph. D. Dissertation, University of Iowa.

Kim, Y. and Kim, M. 2007. "North Korea's Risk-taking vis-a-vis the US Coercion in the Nuclear Quagmire." *The Korean Journal of Defense Analysis,* 19-4, pp. 51-69.

Kirk, Jeremy. 2003. "USFK, South Korea officials discuss alliance." *Stars and Stripes.* March 7.

Krumholz, Willis. 2019. "Why The United States Should Not Pay For 79 Percent Of South Korea's National Defense." *The Federalist,* February 14.

Layne, Christopher. 2007. *The Peace of Illusions: American Grand Strategy from*

1940 to the Present. Ithaca, New York: Cornell University Press.

Lee, G. Geunwook. 2006. "South Korea's Faustian attitude: the republic of Korea's decision to send troops to Iraq revisited." *Cambridge Review of International Affairs*, 19-3: 481-493.

Legro, J. W. & A. Moravcsik, 1999. "Is Anybody still a Realist?", *International Security*, 24(2): 5-55.

Manyin, M. E., Chanlett-Avery, E., Nikitin, M. B. D., Rinehart, I. E. and Cooper, W. H. 2013. "US-South Korea Relations." Congressional Research Service, Washington D.C. United States, April 26.

Mearsheimer, John J., and Stephen M. Walt. 2016. "The Case for Offshore Balancing: A Superior US Grand Strategy." *Foreign Affairs*, 95.

Murdock, Clark A., Kelley Sayler, and Ryan A. Crotty. 2012. "The Defense budget's double whammy: drawing down while hollowing out from within." Center for Strategic and International Studies.

Office of the Under Secretary of Defense. 2019. "Operations and Maintenance Overview Fiscal Year 2020 Budget Estimates." March.

Papayoanou, P. A. 1997. "Intra-alliance bargaining and US Bosnia policy." *Journal of Conflict Resolution*, 41(1): 91-116.

Park, Won Gon. 2013. "A Challenge for the ROK-US Alliance: Defense cost-sharing." *EAI Asia Security Initiative Working Paper*, 30: 1-18.

Powell, Colin L. 1992. "US forces: Challenges ahead." *Foreign Affairs* (Winter 1992/1993): 32-45.

Resnick, E. N. 2011. "Strange bedfellows: US bargaining behavior with allies of convenience." *International Security*, 35(3): 144-184.

Snyder, G. H. 2007. *Alliance Politics*. Ithaca, New York: Cornell University Press;

Sheen, Seongho. 2003. "Grudging Partner: South Korea." *Asian Affairs: An American Review*, 30-2: 96-103.

U.S. Department of Defense. 1990. *A Strategic Framework for the Asian Pacific*

Rim: Looking Toward the 21st Century. Washington D.C., Report to Congress, April.

U.S. Senate. 2013. "Inquiry into U.S. costs and allied contributions to support the U.S. military presence overseas." Committee on Armed Services, April 15.

Walt, Stephen. 1997. "Why alliances endure or collapse." *Survival,* 39-1: 164-65.

Weinberger, Caspar W. 1985. "Report on Allied Contributions to the Common Defense." Department of Defense, Washington D.C.

제5장 미국의 한반도 확장억지는 약화되어 왔는가?: 확장억지의 진화와 신뢰성의 재평가[*]

황지환(서울시립대)

I. 머리말

미국의 한반도 확장억지extended deterrence에 대한 논의는 그동안 많이 진행되어왔다.[1] 이와 관련하여 대부분의 연구는 확장억지가 가진 신뢰성credibility 문제를 지적하며 미국 안보공약의 불안정성을 우려해왔다 (김정섭 2015; 이진명 2017; 박휘락 2017; 김성한 2020). 확장억지가 내재한 구조적 측면에서나 한반도 안보 환경의 현실적 측면으로나 미국의 확

---

[*] 본 챕터는 『국가전략』 제27권 3호 (2021)에 게재된 논문을 수정, 보완한 것임을 밝힌다.

[1] "국내에서 deterrence의 번역어로 '억지'와 '억제'가 혼용되고 있다. 이러한 혼란은 정부 문서에서도 나타나는데 외교부는 '억지', 국방부는 '억제'를 주로 사용해온 경향이 있다. 사전적으로 두 가지 모두 사용 가능하나, '억지'는 "억눌러 못 하게 함"이라는 의미를 가지고 있어 상대방에 대한 대응에 초점을 두고 있다. '억제'는 "정도나 한도를 넘어서 나아가려는 것을 억눌러 그치게 함"이라는 의미를 가지고 있으나, 주로 "감정이나 욕망, 충동적 행동 따위를 내리눌러서 그치게 함"을 의미하여 상대방보다는 자기 자신에 대한 대응이라는 느낌이 강하다 (네이버 국어사전 참고). 이 글에서는 원칙적으로 '억지' 및 '확장억지'로 사용하며, 정부 문서에 나타나는 경우 예외적으로 '억제' 및 '확장억제'로 사용한다."

장억지를 신뢰하기 어렵다는 비판이 많았다. 그렇다면 미국의 한반도 확장억지는 그동안 약화되어 왔는가? 1953년 한국전쟁 정전 이후 한반도에서 70년 가까운 동안 전쟁이 재개되지 않았다는 사실이 가진 무게감은 결코 가볍지 않다. 이는 한반도에서 억지deterrence가 비교적 잘 작동해왔다는 것을 의미한다(Kang 2003).

하지만 북한의 핵무기 개발 이후 한반도에서는 재래식 억지뿐 아니라 핵 억지의 중요성이 더욱 강조되며 미국의 확장억지의 신뢰성 문제가 부각되기 시작했다. 북한은 2005년 2월 핵 보유를 선언했고 2006년부터 2017년까지 10여 년 동안 6번의 핵실험을 감행했다. 북한은 지속해서 핵 능력을 발전시키며 '핵무기 보유국nuclear weapons state'의 지위를 주장해왔다. 북한은 2016년 5차 핵실험이 핵탄두 실험이었으며 2017년 6차 핵실험은 수소탄 실험이었다고 주장했다(『로동신문』, 2016/09/09, 2017/09/04). 더구나 북한은 2017년 11월 29일 시험발사한 '화성 15형'이 "초대형 중량급 핵탄두 장착이 가능한 대륙간 탄도 로케트"로서 미국 전역을 타격할 수 있는 대륙간 탄도미사일ICBM이라고 선전했다(『로동신문』 2017/11/29). 핵탄두를 미사일에 실어 발사할 수 있는 기본적인 능력을 보유했음을 북한이 주장한 것이다. 2021년 1월 초 개최된 조선로동당 8차 당대회 사업총화 보고에서도 북한은 핵무기의 소형경량화와 전술무기화를 암시하며 한반도에서 활용가능성을 언급하기도 했다. 북한은 "핵기술을 더욱 고도화하는 한편 핵무기의 소형경량화, 전술무기화를 보다 발전시켜 현대전에서 작전임무의 목적과 타격 대상에 따라 각이한 수단으로 적용할 수 있는 전술 핵무기들을 개발하고 초대형 핵탄두 생산도 지속적으로 밀고 나감으로써 핵 위협이 부득불 동반되는 조선반도 지역에서의 각종 군사적 위협을 주동성을 유지하며 철저히

억제하고 통제 관리할 수 있게 하여야 한다"라고 주장했다(『로동신문』, 2021/01/09).

유엔을 비롯한 국제사회가 대북 제재를 지속해서 강화해왔음에도 불구하고 북한은 끊임없이 핵과 미사일 능력을 증진시키면서 핵무기 보유를 기정사실화해온 것이다. 이에 따라 한국은 '사실상의de facto' 핵무기 보유국에 대한 대응방향을 모색해야 할 상황이 되었으며, 북한에 대한 억지에서도 핵 억지의 필요성이 대두되었다. 하지만, 한국은 핵무기를 보유하고 있지 않으며 향후 개발 계획도 없기 때문에 미국의 한반도 확장억지에 의존할 수밖에 없는 실정이다. 더구나 2020년대에는 북핵 문제뿐 아니라 글로벌 및 동아시아 정세의 불확실성이 그 어느 때보다 고조되고 있어 미국의 한반도 확장억지 공약이 그 중요성을 더하고 있다. 또한 코로나19의 확산 이후 미중 전략적 갈등은 지속해서 격화되고 있으며 그 결과 한반도 주변 안보질서의 불안정은 더욱 심화되고 있다. 미러 간 신전략무기감축협정New START은 2021년 2월 만료 직전 가까스로 연장되었지만(U.S. Department of State 2021/02/03), 트럼프 행정부 당시 중거리핵 전략조약INF이 폐기되는 등 미러 간 핵 경쟁이 지속되고 있는 것이 현실이다. 중국과 러시아가 적극적인 핵 전략을 취하는 상황에서 미국 역시 새로운 핵 전략을 전개하고 있어 동아시아에서도 강대국 간 핵 경쟁 가능성이 높다. 한국은 중국 및 러시아의 핵 전략과 북한의 핵무기 프로그램에 대응하는 자체적인 핵 억지를 가질 수 없는 상황이어서 미국의 확장억지에 의존할 수밖에 없다. 이러한 상황에서 한국에 대한 미국의 확장억지 신뢰성은 매우 중요한 의미가 있으며, 그동안 많은 연구가 이 문제를 다루어왔다.

이러한 관점에서 이 글은 미국의 한반도 확장억지의 변화 과정을 추적하여 확장억지가 심각한 신뢰성 문제를 가진다는 기존의 주장에 의문을 제기한다. 특히 북대서양조약기구NATO에 대한 미국의 확장억지 변화 과정과 비교하여 한반도에 대한 미국의 확장억지가 진화하면서 비교적 안정적인 모습을 유지해왔음을 보여준다. 이를 통해 이 글은 현재의 한반도 및 동북아 안보 상황에 대한 미국의 확장억지의 의미와 과제를 재평가한다.

II. 확장억지의 개념과 신뢰성 문제

1. 확장억지의 개념

억지는 원래 자국의 영토와 안보에 대한 무력 공격을 스스로 예방하는 직접적 억지direct deterrence를 의미한다(Huth 1999, 25-48). 이는 잠재적인 적국으로 하여금 군사적 행동의 위험과 비용이 그것을 통해 얻기를 희망하는 이득을 능가하도록 하여 행동하지 못하게 설득하는 것이다(Bush et al. 2010). 따라서 자신의 행동으로 얻을 수 있는 이익보다 그것이 초래할 비용이 크다는 것을 상대국이 인식하도록 하는 것이 중요하다(Goldstein 2000, 35). 결국 억지는 적국의 공격을 무력화하는 거부적 억지deterrence by denial나 충분히 보복하여 패배시키는 처벌적 억지deterrence by punishment의 능력을 갖춤으로써 적의 공격 의도를 사전에 저지한다는 전략 개념이다.

이에 비해 확장억지는 억지력을 동맹국에 확대하여 동맹국에 대한 공격을 억지하는 것이다(Huth and Russett, 1988, 15-18). 확장억지는 다른 나라에 대한 무력 공격을 예방해주는 것이므로, 일반적으로 미국과 같은 강대국의 군사전략인 경우가 많다. 확장억지는 군사력을 해외에 투사할 수 있는 능력을 가진 강대국이 동맹국에 대한 적국의 공격을 억지하여 동맹국과 자국의 안전을 보장하는 전략개념이다. 냉전 이후 확장억지는 실질적으로는 핵 억지nuclear deterrence를 포함하는 것으로 인식되었다. 냉전기 억지가 신뢰성을 가진 것으로 인식되려면 전략 및 전술핵무기를 포함하는 것이 중요했기 때문이다. 핵 억지의 핵심은 핵무기의 가공할만한 파괴력에 의한 핵 보복의 위험과 비용을 통해 잠재적인 침략국을 위협하여 공격을 저지하는 것이다. 냉전기 미국의 억지는 기본적으로 소련에 초점을 둔 직접적 억지였지만, 2차 대전 이후 유럽과 동아시아에서 미국이 동맹체제를 구축하면서 확장억지가 주요한 전략적 이슈가 되었다. 확장억지라는 용어는 1990년대 중반 미국의 핵 전략가들에 의해 개념화되어 미국의 핵태세검토보고서NPR: Nuclear Posture Review Report에 반영된 것으로 알려져 있다(설인효 2013). 대서양과 태평양 너머 먼 거리의 동맹국 안보를 보호하기 위해서는 핵 억지가 중요했으며, 이는 미국 안보 정책의 핵심 요소가 되었다. 따라서 냉전기 소련의 군사적 공격 위협에 대해 미국이 핵무기를 통해 직접적 억지력을 가짐과 동시에 유럽과 동아시아 동맹국들에 대한 군사적 위협에 확장억지력을 제공할 수 있느냐의 신뢰성 문제가 중요해졌다. 흔히 언급되듯, 베를린을 보호하기 위해 뉴욕을 위험에 빠뜨릴 수 있느냐와 같은 문제가 확장억지의 핵심적인 이슈가 되었다. 이 글은 이러한 신뢰성 문제를 검토하고자 NATO 사례를 통해 한반도 확장억지를 살펴본다.

2. 미국의 확장억지 전략의 신뢰성: NATO 사례

1) 냉전기 미국의 확장억지 전략의 변화

확장억지 전략은 대체로 미국의 냉전 전략의 전개 과정에서 찾을 수 있다. 특히 미국의 확장억지 전략은 냉전기 및 탈냉전기 NATO의 안보 전략에서 잘 나타난다. 우선 냉전 초기 미국은 '전진방위전략Forward Defense Strategy'을 통해 유럽에서 소련에 대응하는 확장억지 전략을 구체화한 것으로 알려져 있다(이수형 2012, 189-193). 미국은 유사시 NATO의 대응 능력으로 전략 폭격에 의한 핵무기 사용을 언급하였지만, 냉전 초기 전략 개념은 기본적으로 재래식 전력에 의존하는 것이었다. 하지만, 당시 미국은 NATO의 재래식 전력이 소련 및 동유럽 국가들보다 상당히 열세에 있다고 인식하여, NATO의 전력이 가능하면 더 동쪽 깊숙한 지역으로 배치되어 유럽을 방위해야 한다는 전진방위전략을 추진했다. 이는 당시 미국의 확장억지 전략이 유럽대륙에서 철수하거나 공군력과 해군력에 주로 의존하는 전략보다는 훨씬 더 적극적인 전략을 취했음을 의미한다. 전진방위전략은 냉전 초기 서유럽 국가들과 위험을 공유하겠다는 미국의 정치적 필요성 및 당시 핵무기의 숫자가 부족함으로 인한 전략적 필요성이 결합된 것이었다.

하지만, NATO 회원국들의 경제적 문제로 인해 기존의 전진방위전략이 충분한 재래식 전력 목표를 달성할 수 없다는 비판이 제기됨에 따라 미국의 전략은 이후 대량보복전략Massive Retaliation Strategy으로 변화되었다(이수형 2012, 193-198). 당시 소규모 전술핵무기의 발전으로 전쟁에서 소련의 우월한 재래식 전력을 억지할 수 있다는 주장이 제기되었다. 아이젠하워 행정부는 '뉴룩New Look' 전략을 통해 재래식 전력에 의존하는 기존의 NATO 안보전략을 핵무기의 역할을 강조하는 전략으로 전환했다. 뉴룩 전략은 소련이 미국 본토를 공격할 수 있는 전략 핵 능력이 없지만 미국은 핵 능력의 우위로 소련을 위협할 수 있다는 믿음에 기초하고 있었다. 미국의 핵 능력 발전에 따라 NATO에 대한 미국의 핵 전략이 변경된 것인데, 당시 수소폭탄 실험, 소형 핵무기 개발, 핵무기를 운반가능한 장거리 폭격기의 발전이 반영된 결과였다. 또한 이는 재래식 전력을 유지하는 데 드는 막대한 비용을 절감하기 위해 핵무기 사용 의존도를 높인 전략이었다. 이로 인해 1950년대 초반 전술핵무기가 최초로 유럽에 배치되게 되는 등 미국은 핵무기 중심의 적극적인 대 NATO 확장억지 전략을 펼쳤다.

1950년대 후반 들어 소련의 핵 전력이 강화되면서 미국의 핵 우위가 약화되자 NATO의 대량보복전략은 군사전략으로서의 적실성을 상실하게 되었다. 소련이 미국에 대한 2차 공격력을 확보했을 가능성 때문이었다. 특히 1957년 스푸트니크 인공위성 발사로 소련이 탄도미사일 부문에서 미국을 능가할 것이라는 우려가 증폭되었다. 이로 인해 1961년 등장한 케네디 행정부는 더 신뢰할 수 있는 핵억지력 발전을 추구하였다. 1961년 3월의 애치슨Dean Acheson 전 국무장관의 보고서는 당시 NATO에 핵공격이나 대규모 재래식 공격가능성이 희박하다고 평가했는데, 가능성이 더 높은 우발적 사건에 대처할 실용주의적 접근 방법을 권고했다(Acheson 1961). 이러한 인식 변화는 미국이 유럽에서 대규모 핵전쟁이나 전면전쟁에 대한 조치를 회피하고자 하는 모습을 암시한 것이었다. 이에 따라 미국은 소련의 재래식 전력에는 재래식으로, 핵 전력에는 핵 전력으로 대응하는 '유연반응전략Flexible Response Strategy' 채택을 제안하였다(이수형 2012, 198-202). 이는 사실상 NATO의 억지력에서 재래식 전력의 가치를 강조하는 것이었는데, 핵무기에 대한 과도한 의존으로 야기되는 전략운용상의 불합리성을 해소하고 NATO 동맹국들의 재래식 전력 증강을 유도하려는 노력이었다. 하지만, 서유럽 국가들은 제한적인 핵전쟁 가능성을 염두에 두고 재래식 전력 증강을 선호하는 미국의 전략 변화를 강하게 비판했다.

1960년대 이후 소련의 핵 전력이 급격히 증강되어 미국의 핵 우위가 사라지면서 미소 모두 선제공격을 통해 상대의 핵 전력을 제압할 수 없는 핵 균형 상태에 도달했다. 미소 모두 핵 능력에서 2차 공격력을 확보한 것이다. 이러한 상황에서 NATO에 대한 기존의 확장억지 전략은 효용성을 상실하게 되었다. 이에 1960년대 중반 맥나마라 국방장관이 '상호확증파괴MAD: Mutually Assured Destruction' 전략을 개념화하였는데, 미소 사이에 '전략적 균형'이 달성되었음을 미국이 인정한 것이었다(McNamara 1967). 이 전략은 생존성survivability과 취약성vulnerability의 요건을 강조하여 선제공격으로부터 살아남으며, 선제공격을 한 측은 보복공격에 취약해야 한다는 점을 상정한다. 이러한 취약성을 높이려고 미국과 소련은 1972년 ABM 조약Anti-Ballistic Missile Treaty에 합의했다. 미국과 소련의 핵 균형은 NATO에 대한 미국의 확장억지에 새로운 도전을 제기하게 되었다.

2. 21세기 미국의 확장억지 전략의 변화

소련의 붕괴와 냉전의 종식이라는 국제체제의 구조적 변화는 미국의 확장억지 전략을 급격하게 변화시켰다. 유럽에서 NATO는 소련의 붕괴 이후 안보 위협의 변화를 경험했는데, 이는 상당한 군사력의 감축과 전략의 재조정을 의미하는 것이었다. 1990년대 NATO의 신전략 개념 완성은 미국의 탈냉전 이후 군사전력태세와 재래식 전력 및 핵 전력의 역할 변화를 반영하고 있었다(이수형 2012, 213-222). NATO는 그 목적을 동맹국의 방위뿐만 아니라 유럽의 평화와 안정에 기여하는 것으로 설정하고 유럽재래식전력조약CFE, 전략무기감축조약START 등을 체결하여 군축을 추진함으로써 미국의 대 NATO 확장억지 전략은 큰 변화를 꾀하였다. 이 변화는 적국의 공격에 대한 억지보다는 유럽의 안정과 평화에 중점을 둔 것인데, 미국의 확장억지도 NATO 조약의 전통적인 방위 임무가 아니라 위기 관리와 평화 유지 임무에 더 큰 비중을 두게 되었다.

하지만, 미국의 확장억지 전략은 21세기 들어 부시 행정부에서 또다시 크게 변하게 된다. 부시 행정부는 미국의 핵 전략을 체계화하면서 기존의 상호확증파괴의 개념을 넘어서는 핵 전략을 추구하여 러시아 및 다른 서방국가와 갈등을 초래했다. 2001년 9·11 테러 공격 이후 발표한 NPR에서 부시 행정부는 핵무기 사용이 가능한 상황과 대상을 명시하며 미국에 대한 위협에 대응하는 과정에서 핵공격을 포함한 선제공격 의지를 분명히 했다(U.S. Department of Defense 2001). 특히 불량국가나 테러집단에 대한 선제공격 수단으로 핵무기 사용이 필요한 경우 이를 주요한 수단으로 사용하는 공격적인 개념을 도입하였는데, 이는 미국의 전통적인 핵 억지 전략과 구별되는 것이었다. 이를 위해 부시 행정부는 클린턴 행정부 당시 합의한 핵 폐기 약속의 재확인을 거부하였고, '벙커 버스터'용 소형 핵탄두 개발 등 독자적인 핵 개발 의지를 표명했다.

하지만 2009년 등장한 오바마 행정부는 '핵무기 없는 세계A World without Nuclear Weapons'의 기조 하에 2010년 NPR에서 NATO에 대한 새로운 확장억지 전략을 추진했다(U.S. Department of Defense 2010). 미국은

전술 핵무기의 전진배치 능력을 확보하고 있었으나, NATO의 전략 개념 변화에 따라 확장억지 정책의 변화를 꾀했다. 사실 미국은 냉전 종식 이후 전술핵무기를 감축했으며, 매우 제한된 수의 전술핵무기를 유럽에 전진배치하고 있었다. 하지만, 전술핵무기가 확장억지 차원에서 해외에 배치될 가능성을 염두에 두고 국내에도 비축하고 있었다. 러시아가 여전히 상당량의 전술핵무기를 NATO 회원국 근처에 배치하고 있었기 때문에 오바마 행정부는 미국의 핵무기 배치가 동맹의 견고함에 공헌하고 있다고 평가하였다. 또한 동맹을 위해 핵무기의 역할을 유지할 것이라고 천명함으로써 NATO에 대한 효과적인 확장억지를 유지하였다. 미국은 NATO의 비핵회원국들이 핵 전략에 참여하고 있으며, 핵무기를 운반할 수 있는 항공기를 보유하고 있다고 평가하며 기존의 확장억지 전략을 유지하였다. 하지만, 오바마 행정부는 NATO의 신전략 개념 역시 지지하여, NATO 회원국에 대한 핵공격 가능성은 역사적으로 볼 때 가장 낮은 수준이라고 평가하였다.

오바마 행정부의 확장억지 전략은 유럽 안보환경에 대한 NATO 회원국과의 공동 인식에서 비롯된 것이다. NATO 회원국들은 유럽에서 핵무기 및 재래식 공격의 위험을 낮게 인식했지만 탄도미사일의 확산이 NATO에 대한 새로운 위협이라 느끼고 있었다. 따라서 핵 전력과 재래식 전력 간의 적절한 혼합에 바탕을 두고 억지 전략을 펼쳐 나가고자 했다. 미국은 핵 전력에 바탕을 두고 NATO에 확장억지력을 제공하였지만, NATO 스스로 '핵무기 없는 세계'에 바탕을 두고 유럽의 억지 전략을 구축하려 한 것이다. 이에 따라 NATO 전략에서 핵무기에 대한 의존은 감소되었지만, 억지와 방위를 위해 필요한 핵 능력을 충분히 활용하는 정책은 지속되었다. 재래식 무기와 핵무기의 조합을 통해 미국의 전략핵무기가 NATO 동맹국 안보에 가장 우선적인 보장 수단임을 확인한 것이다. 또한, NATO의 핵 공유nuclear sharing 협정에 따라 핵무기를 보유하지 않은 유럽 회원국도 핵전쟁 발발시 자국에 배치되어 있는 미국의 전술핵무기가 사용될 수 있는 상황이었다.

하지만, 2017년 트럼프 행정부가 등장하자 미국은 NATO 회원국들과의 동맹 갈등을 유발하며 미국의 확장억지를 약화시키기 시작했다. 트럼프의 핵정책 자체는 독자적인 핵무기 증강과 핵 경쟁으로 핵억지력을 강화하는 방향으로 회귀했다. 오바마 행정부가 미국 국방전략에서 핵무기의 역할을 감소시키려 한데 반해, 트럼프 행정부는 핵무기를 현대화하여 국방전략에서의 역할을 강화하려고 노력했다. 트럼프는 핵무기를 현대화하여 재건할 것임을 여러 차례 선언했는데, 핵 능력 증강을 통해 어떤 형태의 공격행위도 억지해야 한다는 논리를 보여주었다. 2018년 NPR에 나타난 트럼프 행정부의 핵 전략은 강대국 간 핵 경쟁의 부활을 인식하고 핵 전략 역시 이에 따라 독자적으로 재조정한 것이었다(U.S. Department of Defense, 2018). 이러한 모습은 기존 미국 행정부의 확장억지 전략과는 큰 차이가 있었다. 러시아와 중국이 핵 능력을 강화하고 미국의 가장 당면한 안보 위협이 되고 있었기 때문에 이들의 핵무기에 대응하는 미국의 핵 태세 역시 적극적인 방향으로 변경되어야 한다는 생각이었다. 트럼프 대통령은 2018년 10월, 러시아와 중국이 중거리 핵 전력 조약INF: Intermediate-Range Nuclear Forces Treaty을 준수하지 않는다고 주장하며, INF 조약 폐기를 선언했다(연합뉴스, 2018/10/21). 특히 미국은 중국이 이 조약에 새롭게 가입해야 한다는 뜻을 밝혔지만, 중국은 이에 대해 반대 입장을 표명했다. 미국은 그동안 INF가 중국, 북한과 같은 국가들의 중거리 미사일 활동을 통제하지 못한다고 비판해왔다.

이에 따라 미국 역시 보다 적극적인 핵 전략을 통해 최악의 경우 핵무기가 실제로 사용될 수 있다는 가능성을 보여줌으로써 핵 억지를 강화해야 한다고 주장했다. 결국 트럼프 행정부는 미국의 대중, 대러 전략의 관점에서 핵무기의 역할과 가치를 확대하여 핵 군비 경쟁을 유발했다. 하지만, 트럼프 행정부의 핵 전략은 동맹국에 대한 확장억지의 강화보다는 '미국 우선주의' 정책에 영향을 받은 일방적인 측면이 크다. 이에 따라 동맹국에 대한 트럼프 행정부의 확장억지는 기존 행정부들보다 불명확하고 약화되었다고 평가되었다.

냉전기 및 21세기 미국의 대 NATO 확장억지 전략이 한반도에 그대로 적용될 수는 없지만 여러 가지 함의를 제시해줄 수 있다. [표 1]에 제시된대로, 미소간의 핵능력 격차에 따라 미국의 대NATO 확장억지 전략은 상당한 변화를 겪어왔는데, 이는 미국의 확장억지가 항상 강하게 유지되지는 않았다는 점을 의미하는 것이다. 또한 미국은 행정부마다 다른 확장억지 전략을 펼쳐왔는데, 이에 따라 NATO 회원국으로부터 확장억지가 약화되었다고 비판받거나 신뢰성이 의심받기도 했다. 냉전 이후 미국의 대 NATO 확장억지는 대체로 강화 혹은 유지되었으나 1960년대의 케네디 행정부나 2010년대 트럼프 행정부의 사례처럼 약화되면서 NATO 회원국들의 강한 비판에 직면한 적도 있다. 이들 시기는 한반도의 상황과도 유사하게 이해될 수 있을 것이다. 냉전 이후 미국의 핵심 안보 동맹인 NATO에 대한 확장억지가 강화되거나 약화되면서 변화했다는 점은 한반도에 대한 확장억지 신뢰성을 평가하는 데 상당한 의미를 줄 수 있다.

[표 1] 냉전 이후 미국의 NATO 확장억지 평가

시기	확장억지 전략	확장억지 수단	확장억지 신뢰성
냉전 초기(트루먼)	전진방위전략	재래식+핵 억지	강화
1950년대(아이젠하워)	대량보복전략(뉴룩)	핵 억지 강화(전술핵)	강화
1960년대(케네디)	유연반응전략	재래식 전력 강조	약화
1960년대 말 이후	상호확증파괴	전략적 핵 균형	지속
1990년대(클린턴)	신전략개념	위기 관리와 평화 유지	지속
2000년대(부시)	선제 핵 사용	선제 핵공격	강화
2010년대(오바마)	핵무기 역할 유지	핵+재래식 억지	지속
2010년대(트럼프)	핵 군비 경쟁	동맹 긴장	약화

III. 미국의 한반도 확장억지의 진화 과정

한반도에 대한 미국의 확장억지는 NATO와는 달리 미국의 지역 전략 개념으로 구별하기는 어렵다. 따라서 이 글에서는 한미 간 합의문서에 나타난 확장억지 관련 표현을 통해 미국의 한반도 확장억지의 신뢰성과 진화 과정을 살펴본다. 물론 확장억지의 신뢰성 문제를 공개적 합의문서나 공약만으로 판단하기 어려운 측면이 있다. 하지만, 그동안 확장억지가 약화되었다는 문제제기의 대부분이 미국의 실제 군사력 운용보다는 정부 관료나 언론의 구두 논평을 근거로 이루어졌다는 점을 지적할 수 있다. 이러한 관점에서 한미가 공개적으로 확장억지의 신뢰성을 재확인하고 발전시킨 합의의 과정을 추적하는 것은 유용한 접근법일 수 있다.

1. 냉전기 재래식 억지에서 핵우산으로

한국에 대한 미국의 확장억지는 1953년 10월 1일 체결되고 1954년

11월 18일 발효된 한미상호방위조약 체결 이후 시작되었다. 조약은 전문에서 "당사국 중 어느 일국이 태평양 지역에 있어서 고립하여 있다는 환각을 어떠한 잠재적 침략자도 가지지 않도록 외부로부터의 무력 공격에 대하여 *그들 자신을 방위하고자 하는 공통의 결의*를 공공연히 또한 정식으로 선언할 것"에 동의하였다. 조약은 한미 상호 간의 방위 협력을 규정한 것이지만 태평양 지역에 대한 공동의 안보 결의를 언급함으로써 실질적으로는 한국에 대한 미국의 확장억지를 포함했다. 특히 제 2조는 억지 개념을 구체적으로 언급하고 있다.

> 제 2 조
>
> 당사국 중 어느 일국의 정치적 독립 또는 안전이 외부로부터의 무력 공격에 의하여 위협을 받고 있다고 어느 당사국이든지 인정할 때에는 언제든지 당사국은 서로 협의한다. 당사국은 단독적으로나 공동으로나 *자조와 상호 원조에 의하여 무력 공격을 방지하기* 위한 적절한 수단을 지속하여 강화시킬 것이며, 본 조약을 실행하고 그 목적을 추진할 적절한 조치를 협의와 합의하에 취할 것이다. (대한민국 정부 1953).

물론 한미상호방위조약의 확장억지는 재래식 억지를 의미하는 것으로 해석되며 핵 억지를 명시적으로 포함하고 있지 않았다. 당시 미국의 핵 능력이 초기단계였을 뿐만 아니라 NATO에 대한 핵 억지 역시 초기 형성단계였기 때문에 한국에 대해서 핵 억지가 구체화되기는 어려웠을 것이다. 보다 현대적인 의미에서 핵 억지가 포함된 미국의 확장억지는 1978년 제11차 한미연례안보협의회의SCM 공동성명에서 "한국이 미국의 핵우산 하에" 있다며 핵우산nuclear umbrella을 언급하면서부터였다.

> "4. 브라운 장관은 카터 대통령의 1978년 4월 21일자 미국의 대한 안
> 보공약의 보장과 미 지상군 전투병력의 철수 계획 일부 수정에 관한
> 특별공약에 대하여 다시 설명하면서, 미 지상군 전투병력의 철수가
> 미국의 대한 안보공약이나 한반도에서의 미국의 기본방위전략에 어
> 떠한 변화도 의미하지 않음을 명백히 하였다. 또한 브라운 장관은 노
> 장관에게 1954년 한미상호방위조약은 계속 전적으로 유효하며, 동
> 조약에 따라 대한민국에 대한 무력 공격 시는 *즉각적이고 효과적인*
> *지원을 대한민국에 제공하겠다*는 미국의 결의는 계속 확고하고, 강
> 력하다고 보장하였다. 이와 관련하여 브라운 장관은 *한국이 미국의*
> *핵우산 하에 있으며* 앞으로도 계속 있을 것이라고 재확인하였다. 브
> 라운 장관은 북괴나 또는 다른 어떤 나라도 이와 같은 미국의 대한 안
> 보공약이 계속 강력하다는 데 대하여 추호도 의심이나 오해를 해서
> 는 아니 될 것임을 명백히 하였다." (대한민국 국방부 1978)

당시 카터 행정부가 주한미군의 완전 철수 계획을 추진하면서 한미
동맹 약화가 우려되던 시기였음을 감안하면 미국의 확장억지 약화가
아닌 핵우산 표현 첨가는 이례적인 모습이었다. 카터 행정부는 당시 한
국에 대한 안보공약 약화 우려를 불식하는 노력의 일환으로 '핵우산'을
공동성명에 포함하며 미국의 강력한 결의를 보여주었다는 점을 SCM은
분명히 했다. 한미간 합의에 '핵우산' 용어가 처음 등장했다는 점은 미
국의 확장억지가 핵 억지를 포함하며 강화되었음을 확인해 주는 것이
었다.

2. 21세기 확장억지의 진화

한미 간에 확장억지에 대한 명시적 표현은 2006년 제38차 SCM 공동 성명에서 나타났다. 북한의 1차 핵실험 이후 개최된 SCM에서 한미는 "핵우산 제공을 통한 확장억제의 지속"을 다음과 같이 포함했다.

> "3. 양 장관은 10월 9일 북한의 핵실험에 대하여 깊은 우려를 표시하고 이는 한반도의 안정과 국제 평화 및 안보에 대한 북한의 명백한 위협임을 강한 어조로 비난하였으며 북한이 긴장을 악화시키는 추가적인 행위를 중단할 것을 촉구하였다. 양 장관은 유엔 안전보장이사회 결의 1718호에 대한 환영과 지지를 표명하였다. 럼스펠드 장관은 *미국의 핵우산 제공을 통한 확장억제의 지속을 포함하여* 한미상호방위조약에 따른 미국의 한국에 대한 굳건한 공약과 신속한 지원을 보장하였다." (대한민국 국방부 2006)

당시 일부 언론에서 전시작전통제권 전환과 한미연합사 해체로 인한 미국의 핵우산 보장 체제가 약화될 것이라는 비판이 있었으나, 국방부는 "미국의 핵우산 제공은 한미연합사 체제에 의한 것이 아니라 한미 국가 간 합의에 의한 것이며, 매년 SCM에서 '미국은 한국에 대해 핵우산을 제공한다'는 공약으로 재확인해 왔다"라고 반박했다(대한민국 정부 2006. 또한 공동성명의 럼스펠드 장관 언급을 바탕으로 미국은 핵우산이 전작권 전환과는 무관하게 지속해서 제공되는 것임을 강조했다. 이는 당시 일부의 한미동맹 위기론에도 불구하고 미국의 확장억지가 지속적으로 유지되고 있음을 확인해준 것이었다. 미국의 핵우산 제공과 확장억지의 지속적인 공약은 2009년 '한미동맹을 위한 공동비전 Joint Vision for the Alliance of ROK-USA'에도 그대로 유지되었다.

"한미 동맹은 21세기의 안보 환경 변화에 따라 발전하고 있다. 우리는 양국의 안보 이익을 유지하는 동맹 능력이 뒷받침하는 강력한 방위 태세를 계속 유지할 것이다. *핵우산을 포함한 확장억지에 대한 미국의 지속적인 공약*은 이와 같은 보장을 더욱 강화하고 있다. 동맹 재조정을 위한 양측의 계획을 진행해 나감에 있어, 대한민국은 동맹에 입각한 한국 방위에 있어 주된 역할을 담당하고 미국은 한반도와 역내 및 그 외 지역에 주둔하는 지속적이고 역량을 갖춘 군사력으로 이를 지원하게 될 것이다." (미국 백악관 2009).

이 공동비전은 당시 한미동맹의 미래지향적 발전 청사진을 담은 전략적 마스터플랜으로서 한미동맹이 양국의 "공동의 가치와 상호신뢰에 기반한 양자, 지역, 범세계적 범주의 포괄적 전략동맹" 구축을 추진하기로 합의한 것이었다. 오바마 행정부는 이러한 미국의 확장억지와 한미 전략동맹의 모습을 기회가 있을 때마다 재확인하였는데, 특히 2013년 '한미동맹 60주년 기념 공동선언Joint Declaration in commemoration of the 60th Anniversary of the Alliance between ROK and USA'에서는 미국의 확장억지가 더욱 구체적으로 명시되었다.

"지난 60년간 지켜온 한반도의 안정을 바탕으로, 우리는 한미 동맹이 아시아·태평양 지역 평화와 안정의 핵심축linchpin으로 기능하고, 21세기 새로운 안보 도전에 대응할 수 있도록 동맹을 계속 강화시키고 조정해 나갈 것이다. *미국은 확장억지와 재래식 및 핵 전력을 포함하는*

　　　모든 범주의 군사적 능력 사용을 포함한, 확고한 대한^{對韓} 방위 공약을

　　재확인한다." (청와대 2013).

　　오바마 행정부의 대 한국 확장억지 정책은 임기 말 '확장억제전략협
의체(EDSCG: Extended Deterrence Strategy and Consultation Group)' 신설에서도 강하게
나타났다. 한미는 2016년 10월 20일 미국 워싱턴에서 열린 외교·국방장
관(2+2) 회의에서 양국의 외교·국방차관급이 주관하는 EDSCG를 설립
하기로 합의했다(U.S. Department of Defense 2016). EDSCG는 한미동
맹이 그동안 기회가 있을 때마다 확인해왔던 확장억지를 제도화하는
데 의미가 있었다. 확장억지의 제도화는 향후 한국과 미국에 어떤 정부
가 들어서더라도 미국의 대 한국 확장억지를 신뢰성 있게 보장하기 위
함이었다.

　　트럼프 행정부에서는 '미국 우선주의' 정책으로 인해 확장억지 약화
가능성이 제기되기도 했다. 트럼프 행정부는 동맹국들에 대해서도 미
국의 핵 주도력을 강화할 것임을 강조했는데, 이는 NATO에서와 마찬
가지로 한반도에서도 미국의 확장억지 약화 가능성을 내포하고 있었
다. 하지만, 그러한 상황에서도 미국의 대 한국 확장억지는 지속적으로
재확인되었다. 2019년 11월 발표한 '미래 한미동맹 국방비전'에서 한미
는 "확장억제의 신뢰성, 능력, 지속성을 보장하기 위해 확장억제 강화를
지속해 나가기로" 하였다(대한민국 국방부 2019). 또한 2020년 제52차
SCM 공동성명에서도 "핵, 재래식 및 미사일 방어 능력을 포함한 모든 범
주의 군사 능력을 운용하여 대한민국에 확장억지를 제공할 것"을 명시
하여 미국의 확장억지를 더욱 구체화하였다.

"6. 양 장관은 한미동맹이 강력하다고 평가하며, 한미상호방위조약에 따라 합의된 대한민국을 방어한다는 연합방위에 대한 양국 상호 간의 공약을 재확인하였다. 양 장관은 주한미군이 지난 67년 이상 동안 한반도의 평화와 안정을 유지하는 데 핵심적인 역할을 수행했음을 강조하였으며 주한미군이 한반도에서의 무력분쟁 방지와 동북아지역의 평화와 안정 증진에 중요한 역할을 지속 수행할 것임을 재확인하였다. 에스퍼 장관은 상호방위조약에 명시된 대한민국의 연합방위에 대한 미국의 흔들림 없는 공약을 재확인하였다. 에스퍼 장관은 또한 *핵, 재래식 및 미사일 방어 능력을 포함한 모든 범주의 군사 능력을 운용하여 대한민국에 확장억제를 제공할 것이라는* 미합중국의 지속적인 공약을 재확인하였다. 한편, 양 장관은 동맹의 억지 태세의 신뢰성, 능력, 지속성을 보장하기로 공약하였다. 이를 위해 양 장관은 확장억지 공동연구를 통하여 제시된 많은 정책제언의 이행을 통해, 억지를 강화해 나가기로 하였다. 양 장관은 동 공약의 일환으로 성주기지 사드 포대의 안정적인 주둔 여건을 마련하기 위해 장기적인 계획을 구축하기로 하였다. 양측은 향후 한반도 및 역내 안보 환경 변화에 따른 영향을 고려하면서, 한미동맹의 억지태세를 제고하고 맞춤형 억제전략을 이행하기 위한 방안들을 공동 모색해 나가기로 하였다." (대한민국 국방부 2020).

[표 2]는 냉전 이후 한미간 합의에서 미국의 한반도 확장억지가 지속적으로 강화되어 왔음을 잘 보여주고 있다. 물론 양국의 합의나 공동발표문에 나타난 표현을 통해 미국의 확장억지 신뢰성을 완전히 평가하기는 어려운 측면이 있다. 하지만, 동맹의 위기나 재조정 시기로 일컬어

지던 상황에서도 미국의 확장억지가 지속하여 강하게 표현되었다는 점이 시사하는 바는 적지 않다. 특히 NATO에 대한 미국의 확장억지가 일부 행정부에서 약화되었던 점을 고려하면, 한국에 대한 미국의 확장억지는 비교적 강력한 모습으로 유지되었다고 평가할 수 있다. 특히 확장억지를 의미하는 표현 자체가 '자조와 상호 원조'에서 '핵우산'을 거쳐 '핵, 재래식, 미사일 방어 능력을 포함한 모든 범주'로 진화해왔다는 점은 미국의 확장억지 강화 과정을 상징적으로 보여준다. 이러한 관점에서 그동안 미국의 확장억지 신뢰성에 제기된 우려는 실제보다 과도한 것이었다고 판단된다. 특히 전략자산 전개 비용, 방위비 분담금 등으로 한미동맹의 갈등이 증폭되었던 트럼프 행정부 하에서도 미국의 확장억지가 지속적으로 유지되었다는 점이 시사하는 바는 매우 크다.

[표 2] 냉전 이후 미국의 한반도 확장억지 평가

시기	확장억지 전략	확장억지 수단	확장억지 신뢰성
한미상호방위조약 (1953)	"자조와 상호원조"	재래식 억지	강화
11차 SCM (1978)	"즉각적이고 효과적인 지원," "핵우산"	재래식+핵 억지	강화
38차 SCM (2006)	"핵우산 제공을 통한 확장억제의 지속"	재래식+핵 억지	지속
공동비전 (2009)	"핵우산을 포함한 확장억지"	재래식+핵 억지	지속
한미동맹 60주년 공동선언 (2013)	"확장억지와 재래식 및 핵 전력을 포함하는 모든 범주의 군사적 능력 사용"	재래식, 핵 포함한 모든 범주	강화
2+2 회의 (2016)	확장억제전략협의체 신설	제도화	강화
52차 SCM (2020)	"핵, 재래식 및 미사일 방어 능력을 포함한 모든 범주의 군사능력 운용"	핵, 재래식, 미사일 포함한 모든 범주	지속

IV. 미국의 한반도 확장억지의 신뢰성 재평가

1. 구조적 불확실성 문제

　NATO의 사례에서 살펴본 것처럼 미국의 확장억지에 대한 신뢰성 문제는 한반도에서만 제기되는 것은 아니다. 이는 확장억지의 내재적 문제와 미국의 역사적 전통에 기인하는 바가 크다. 우선 억지는 상대국의 인식에 영향을 미치기 위한 전략이므로 심리적인 효과를 바탕으로 작동하여 구조적으로 불확실성을 내포하고 있다(김정섭 2015, 8-9). 더구나 확장억지는 자국에 대한 억지가 아니라 동맹국에 억지를 제공하는 것이기 때문에 신뢰성을 확보하기가 더 어렵고 복잡할 수 있다. 앤드류 오닐Andrew O'Neil에 따르면(O'Neil 2011, 1456), 확장억지가 성공하려면 1 적대국에 대한 보복 위협에 신뢰성이 있어야 하고, 2 대상 동맹국이 확장억지 공약을 신뢰해야 하며, 3 억지 제공국이 확장억지 공약을 실제로 이행할 의지가 있어야 한다. 특히 공약의 실제 이행 의지는 미국의 확장억지 신뢰성을 논의하는 데 핵심적인 요소이다. 베를린을 보호하기 위해 뉴욕을 위험에 빠뜨릴 수 있느냐와 같은 냉전기 NATO의 질문처럼 수천 마일 떨어진 한국을 지키기 위해 미국이 과연 핵전쟁을 감수할 용의가 있느냐의 문제는 분명 존재한다. 하지만, 냉전 이후 수십년 동안의 합의문에서 한미 양국은 이러한 조건을 비교적 성공적으로 달성해왔다고 평가된다. 미국이 한반도에서 과연 핵전쟁을 감수할 용의가 있는지 실제로 확인할 수 있는 방법은 없지만, 확장억지 공약 이행 의지는 지속적으로 재확인되어 왔기 때문이다.

　다른 한편, 미국은 역사적으로 핵 금기nuclear taboo 전통을 가지고 있어 확장억지의 신뢰성에 큰 의문이 제기되는 것이 자연스럽다. 실제 1945년 8월 일본에 대한 미국의 핵폭탄 투하 이후 핵무기는 한 번도 사용된 적이 없다. 다른 핵무기 보유국들 역시 수많은 군사적 위기와 전쟁을 겪으면서도 한 번도 핵무기를 사용하지 않았다. 월츠Kenneth N. Waltz의 핵억지 논리 역시 핵무기 보유국들이 상대국을 공격하기 위해 핵무기를 사용하는 것이 아니라 상대국이 자국을 공격하지 못하도록 억지하는데 핵무기를 사용한다는 설명이었다(Waltz 2002, 1990). 핵무기는 어차피 사용되지 않을 무기라는 인식이 확산된다면 핵 억지를 위주로 한 미국의 확장억지에 대한 신뢰성 역시 큰 타격을 받을 수밖에 없다. 미국의 핵무기 불사용 전통은 냉전 이후 매우 강하게 확립되어 있기 때문이다 (김정섭 2015, 18-19).

하지만, 위에서 살펴본 미국의 한반도 확장억지의 전개 과정을 통해 보면 미국이 확장억지 신뢰성을 높이기 위한 노력을 꾸준히 지속해왔음을 알 수 있다. 확장억지의 신뢰성 자체는 구조적이나 역사적으로 의심받을 수밖에 없지만 확장억지의 재확인과 표현의 진화는 미국이 신뢰성 문제를 해소하기 위해 적극적으로 대응해왔음을 보여주는 것이다. 미국은 그동안의 한미관계에서 확장억지의 내용을 보다 구체화시키고 명확하게 언급하려고 노력해왔다. 확장억지의 신뢰성 확보를 위해 한반도 안보 상황에 따라 미국의 여건에 따라 다양한 노력을 해온 것이다. 확장억지는 적대국에 보내는 메시지임과 동시에 동맹국에 대한 안전 보장의 메시지이므로 평판reputation의 문제가 존재하기 때문이다 (Long 2014/2015, 370-373). '힐리의 정리 Healey Theorem'로 잘 알려진 것처럼(Healey 1989, 243), 동맹국인 한국을 안심시키는 것이 확장억지에서 가장 중요한 부분일 수 있다. 이러한 기준에서 미국의 한반도 확장억지는 비교적 성공적이었다고 평가될 수 있다.

2. 제한적 재래식 무력충돌 억지의 신뢰성 문제

한반도에서 핵 억지를 위주로 한 미국의 확장억지는 중국 및 러시아 등이 포함된 대규모 전쟁을 억지하는 데 큰 역할을 할 수 있다. 이러한 모습은 냉전기 미소의 핵 억지가 잘 보여준 바 있다. 하지만, 북한에 의한 제한적인 소규모 도발이나 낮은 단계의 국지적 무력충돌을 억지할 수 있을 지는 불확실하다(황지환 2018). 또한 미국의 확장억지에도 불구하고 북한의 핵 보유로 인한 제한적 재래식 분쟁 가능성이 높아질 수도 있다. 가령, 냉전기 미국과 소련 사이의 강대국 전쟁은 발생하지 않았지만, 1950년대 한국전쟁, 1960년대 베트남 전쟁 등 국지적인 재래식 전쟁이 만연했던 모습과 비슷하다. 이는 냉전 당시의 미소 상호간 핵 억지에도 불구하고 주변부는 군사적 충돌을 피하지 못했다는 점을 의미한다. 확장억지가 완전히 성공적이었던 것은 아니었던 것이다. 월츠 또한 냉전시기 강대국들이 핵무기를 보유함으로써 서로간의 전쟁을 하지 않았지만 지역 분쟁에 개입했었다는 사실을 인정하고 있다(Waltz 2002). 한반도에서도 미국의 확장억지를 통해 대규모 핵전쟁 가능성이 감소할 수는 있어도 남북한의 재래식 지역분쟁 발발 가능성이 완전히 제거되기는 어려울 것이다. 가령 2010년 천안함 및 연평도 사건이 한반도에서 제한적인 분쟁으로 확산될 가능성을 미국의 확장억지가 완전히 배제하는 것은 아니다. 이러한 관점에서 미국의 확장억지에도 불구하고 한반도에서 재래식 억지의 보강 필요성이 강조된다(김정섭 2015, 10-12).

하지만, 제한적 재래식 무력충돌이 확장억지 자체의 문제는 아니다.

오히려 재래식 무력충돌 역시 확대되지 않고 제한적인 모습으로 머물 가능성이 크다는 것은 여전히 확장억지의 실효성을 반증하는 것이다. 한반도에서 어떠한 이유에서든 제한적 무력충돌이 발생하더라도 미국의 확장억지는 전면전으로의 확산을 막음으로써 여전히 신뢰성을 유지할 것이라 예상된다.

3. 한국의 핵억지 강화와 확장억지 신뢰성 문제

북한의 핵 능력이 빠른 속도로 진전되고 미국의 확장억지에 대한 신뢰성 문제가 제기되면서 한국이 독자적으로 핵 억지 능력을 확보하는 방안에 대해서도 논의가 진행되었다. 또한 한국이 핵무기를 보유하지 않으면서도 실질적으로 핵억지를 강화할 수 있는 방안으로 전술핵무기 재배치와 NATO식 핵 공유가 제기되어 왔다(김성한 2020, 47-52). 이 두 가지 방안은 사실상 미국의 확장억지의 범위 내에서 한국의 핵 억지를 강화하는 방안으로 제안되었다.

우선 한국 내에 미국의 전술핵무기를 재배치하자는 주장이 그동안 다양하게 제기되었다. 미국은 1958년 주한미군에 전술핵무기를 배치했던 것으로 알려져 있었다(FRUS 1958). 하지만, 1991년 후반 부시 행정부는 미소간 냉전 종식에 따른 글로벌 군사전략 변환의 일환으로 전 세계에 산재한 미국의 전술핵무기를 철수하기로 결정했다(Bush 1991). 이에 따라 주한미군에 배치되었던 핵무기도 여기에 포함되어 노태우 정부와 협의 하에 철수되었다(노태우 2011, 366-370). 미국의 전술핵무기 철수 이후 한국에 대한 미국의 확장억지는 대륙간 탄도미사일과 폭격기 등 미국의 전략자산에 의존할 수밖에 없기 때문에 그 신뢰성에 의문이 제기되곤 했다. 이에 미국의 전술핵무기를 한국에 재배치하여 북한의 핵 능력에 대한 즉시 대응 능력을 갖춰 미국의 확장억지를 보완하자는 주장이 제기되었다. 하지만, 미국 정부뿐만 아니라 미국 내 핵 전문가 대부분이 한국 내에 전술핵무기를 재배치하는 방안에 대해 부정적인 것으로 알려져 있다(Wolfsthal and Dalton 2017). 여기에는 전략자산의 우수한 능력, 배치할 만한 장소 문제, 북핵에 대한 정당화, 한국의 핵 의존도 증가 등 다양한 이유가 제시되었다. 하지만, 무엇보다 중요한 사실은 미국이 설사 한국에 배치하려고 해도 가용한 전술핵무기가 부족하다는 문제가 지적된다. 과거 한국에 배치되었던 전술핵무기 대부분은 해체되었거나 해체 준비 중이라 다른 곳에서 가져와야 한다고 알려져 있다. 따라서 한국에 전술핵무기를 배치하려면 유럽에 배치된 핵무기를 재배치해야 함을 의미하기 때문에 동맹국들과 여러 가지 정치적, 전략적 문제에 직면하게 될 것이다. 따라서 전술핵무기 재배치 시도는 한미동맹에 새로운 긴장을 조성할 가능성이 있다. 미국이 그 필요성에 부정적인 상황에서 무리한 재배치 노력은 현재의 확장억지에 변화를 초래하고 오히려 그 신뢰성을 훼손할 가능성도 있다.

또 다른 대안으로 NATO식 핵 공유도 논의되어 왔다. NATO 회원국인 독일, 벨기에, 이탈리아, 네덜란드 등은 자국 내에 배치된 미국의 전술핵무기를 유사시 사용할 수 있도록 핵 공유 협정을 체결하고 있는데, 한미 간에도 이와 유사한 방식을 채택하자는 주장이다. 하지만, 핵 공유는 전술핵무기가 이미 한국 내에 배치되어 있다는 것을 전제로 한 방안이기 때문에 배치 자체가 되어 있지 않은 한국 상황에서는 현실성이 없다는 지적이 강하다(김정섭 2015, 14-15). 더구나 NATO와 비교하여 한미 간에는 핵 전략 공유가 잘 이루어지지 않고 있다는 점에서 미국의 의지가 상대적으로 낮다는 분석도 있다(O'Neil 2011, 1451). 따라서 핵 공유 주장은 현실성이 낮을 뿐만 아니라 미국의 확장억지 신뢰성을 제고하는 데 큰 도움이 되지도 않는다.

V. 미국의 한반도 확장억지의 과제와 방향

한국에게 미국의 확장억지는 분명 중요한 안보자산이다. 한국은 한반도 주변에서 북한, 중국 및 러시아의 핵무기에 대해 자체적인 핵 억지력을 가지지 못하기 때문에 미국의 확장억지에 의존할 수밖에 없다. 확장억지의 신뢰성 문제가 한국의 안보 전략에서 핵심적인 이슈가 되는 이유이다. 이 글은 일부의 우려와는 달리 미국의 한반도 확장억지가 한미간 합의 내용의 진화 과정을 통해 비교적 높은 신뢰성을 보여주었다고 평가한다.

물론 미국의 한반도 확장억지가 완벽한 것은 아니었으며 신뢰성의 지속적인 강화를 위해서는 여전히 다양한 이슈가 남아 있다. 가령, 냉전기 NATO의 사례에서도 잘 알 수 있듯, 확장억지를 제공함에 있어서 미국은 재래식 억지와 핵 억지 사이의 조화를 어떻게 꾀할 것인지의 문제를 고민하는데 한반도 확장억지의 논의에서는 그러한 이슈가 깊이 있게 고민되지 못했다. 특히 북한을 억지함에 있어 미국의 재래식 및 핵 확장억지와 한국의 직접억지를 어떻게 결합할 것인지의 문제도 중요하다. 또한 NATO 사례는 미국의 확장억지 전략이 글로벌 안보 환경, 군사 전략 및 핵 전략의 변화, 핵 및 미사일 기술 능력 변화, 강대국 관계의 변화에 따라 변경될 수 있음을 보여주었는데, 한반도에서는 그러한 문제들 역시 충분히 고려되지 못했다. 이는 그동안 한반도에서 미국의 확장억지 신뢰성 제고를 위한 논의를 하면서 전술핵무기 재도입이나 핵 공유와 같은 현실성이 낮은 핵 억지 대안들이 주로 제시되었기 때문일 수 있다.

이 글은 확장억지 신뢰성에 대한 일부의 우려에도 불구하고 미국은 냉전 이후 한국의 안전 보장을 위해 한미동맹을 통해 확장억지를 지속적으로 제공해온 것으로 평가한다. 한국에 대한 미국의 확장억지는 한국 전쟁 직후 핵 억지 없는 재래식 억지에서 시작하여 핵우산으로 변화하였고, 최근에는 여러 공동성명에서 언급된 대로 핵, 재래식, 미사일 방어 능력을 포함한 모든 범주의 군사 능력을 운용하는 것으로 명시되고 있기 때문이다. 실제로 확장억지는 핵우산보다 더 포괄적이고 강한 개념으로 인식되고 있기 때문에 한국에 대한 미국의 확장억지 역시 과거보다 강화된 것으로 평가된다. 더구나 확장억지는 핵무기뿐만 아니라 재래식 전력과 정치외교적 수단 모두를 동원하여 동맹국에 대한 억지력을 제공하는 것이라는 인식이 중요하다. 확장억지에서 핵 억지가 가지는 중요성이 매우 크다는 사실에도 불구하고 핵 억지가 확장억지의 전부는 아니다. 확장억지의 핵심은 핵 능력을 포함한 군사적 능력과 전략의 변화뿐만 아니라 동맹관계를 정치, 경제, 외교, 군사적으로 어떻게 운용하느냐의 문제에도 달려 있는 것이다. 그러한 면에서 한반도에 대한 미국의 확장억지 신뢰성이 그동안 큰 타격이 받았다고 보기는 어렵다. 오히려 변화하는 안보 상황에 따라 나름대로 진화하는 모습을 보여주었다고 평가할 수 있다.

| 참고문헌 |

노태우, 2011, 『노태우회고록』, 하권-전환기의 대전략, 서울: 조선뉴스프레스.

대한민국 정부, 1953, "대한민국과 미합중국 간의 상호 방위 조약", 10월 1일.
http://contents.history.go.kr/front/hm/view.do?treeId=010801&tabId=03&level
Id=hm_146_0070 (검색일: 2021. 7. 15).

대한민국 정부, 2006. "미 핵우산·증원전력 보장은 전작권 환수와 무관: 국방부,
조선일보 '안보불안' 기사에 반론", 대한민국 정책브리핑, 10월 24일.
https://www.korea.kr/special/policyFocusView.do?newsId=148608976&pkgId
=49500134&pkgSubId=&pageIndex=2 (검색일: 2021. 7. 15).

대한민국 국방부, 1978, 제11차 한미연례안보협의회의 공동성명서, 7월 27일, 샌
디에이고, 미국.

대한민국 국방부, 2006, 제38차 한미연례안보협의회의 공동성명서, 10월 20일,
워싱턴 D.C, 미국.

대한민국 국방부, 2019, "미래 한미동맹 국방비전", 11월 15일.
https://www.korea.kr/news/pressReleaseView.do?newsId=156361160 (검색일:
2021. 7. 15).

대한민국 국방부, 2020, 제52차 한미연례안보협의회의 공동성명서, 10월 14일,
워싱턴 D.C, 미국.

김성한, 2020, "미국의 한반도 확장억제 평가", 국제관계연구, 『국제관계연구』 제
25권 제2호, 33-59쪽.

김정섭. 2015. "한반도 확장억제의 재조명: 핵우산의 한계와 재래식 억제의 모색".
『국가전략』 제21권 2호, 5-40쪽.

이진명, 2017, "미국의 핵우산, 신뢰할만한가?" 『국제정치논총』 제57권 3호: 133-
181쪽.

박휘락. 2017. "북핵 고도화 상황에서 미 확장억제의 이행 가능성 평가". 『국제관
계연구』 제 22권 2호, 85-114쪽.

『로동신문』, 2017, "조선민주주의인민공화국 핵무기연구소 성명: 대륙간탄도로케트 장착용 수소탄시험에서 완전성공", 9월 4일.

『로동신문』, 2017, "조선민주주의인민공화국 정부성명: 새형의 대륙간탄도로케트 시험발사 성공", 11월 29일.

『로동신문』, 2021, "우리 식 사회주의건설을 새 승리에로 인도하는 위대한 투쟁강령 조선로동당 제8차대회에서 하신 경애하는 김정은 동지의 보고에 대하여", 1월 9일.

설인효, 2013, "미국의 핵 전략과 맞춤형 확장억제정책의 이해", 『주간국방논단』, 제1488호, 11월 11일.

연합뉴스, 2018, "트럼프 '중거리 핵 전력 조약 폐기할 것'… 신냉전 촉발 우려", 10월 21일.

이수형, 2012, 『북대서양조약기구: 이론, 역사, 쟁점』, 서울: 서강대학교 출판부.

『조선중앙통신』, 2016. "조선민주주의인민공화국 핵무기연구소 성명", 9월 9일.

청와대, 2013. "한미동맹 60주년 기념 공동선언", 5월 7일, 워싱턴 D.C.

https://www.yna.co.kr/view/AKR20130508010600001 (검색일: 2021. 7. 15).

황지환, 2018, "월츠(Kenneth N. Waltz)의 핵확산 안정론과 북한 핵 문제", 『국제·지역연구』제 27권 1호.

Acheson, Dean 1961, "A Review of North Atlantic Problems for the Future," March 24, *National Security Action Memoranda [NSAM] 40, Policy Directive Regarding NATO and the Atlantic Nations*. https://www.jfklibrary.org/asset-viewer/archives/JFKNSF/329/JFKNSF-329-015 (검색일: 2021. 7. 15).

Bush, George H. W. 1991, "U.S.-Soviet Nuclear Forces Reduction," An Address to the Nation, SEPTEMBER 27.

https://www.c-span.org/video/?21616-1/us-soviet-nuclear-forces-reduction (검색일: 2021. 7. 15).

Bush, Richard C., Vanda Felbab-Brown, Martin S. Indyk, Michael E. O'Hanlon, Steven Pifer, and Kenneth M Pollack, 2010. "U.S. Nuclear and Extended

Deterrence: Considerations and Challenges," *The Brookings Institution Report*, June 7.

FRUS, 1958, "208. Letter From the Assistant Secretary of Defense for International Security Affairs (Sprague) to the Assistant Secretary of State for Far Eastern Affairs (Robertson)," Washington, January 21, 1958. *FOREIGN RELATIONS OF THE UNITED STATES, 1958-1960,* JAPAN; KOREA, VOLUME XVIII.

https://history.state.gov/historicaldocuments/frus1958-60v18/d208 (검색일: 2021. 7. 15).

Goldstein, Avery, 2000. *Deterrence and Security in the 21st Century: China, Britain, France, and the Enduring Legacy of the Nuclear Revolution,* California: Stanford University Press.

Healey, Denis, 1989, *The Time of My Life,* London: Penguin Books.

Huth, Paul. K. 1999, "Deterrence and International Conflict: Empirical Findings and Theoretical Debate," *Annual Review of Political Science,* 2: 25-48.

Huth Paul K. and Bruce Russett, 1988, "Deterrence Failure and Crisis Escalation," *International Studies Quarterly,* Vol. 32, No. 1: 29-45.

Kang, David C. 2003, "International relations theory and the second Korean war". *International Studies Quarterly* Vol. 47. No. 3: 301-324.

Long, Austin, 2014/15. "Deterrence: The State of the Field," *New York University* Journal of International Law and Politics, Vol. 47, No. 2: 357-377.

McNamara, Robert, 1967, "Mutual Deterrence," Speech by Sec. of Defense Robert McNamara, San Francisco, September 18.

https://www.atomicarchive.com/resources/documents/deterrence/mcnamara-deterrence.html (검색일: 2021. 7. 15).

O'Neil, Andrew, 2011. "Extended nuclear deterrence in East Asia: redundant or resurgent?," *International Affairs,* Vol. 87, No. 6: 1439-1457.

Snyder, Glenn H. 1959, "Deterrence by Denial and Punishment," Research Monograph No. 1, Princeton University, January 2.

Snyder, Glenn H. 1961. *Deterrence and Defense*. Princeton: Princeton University Press.

George, Alexander L. and Richard Smoke, 1974, *Deterrence in American Foreign Policy: Theory and Practice*, New York: Columbia University Press.

U.S. Department of Defense, 2001. "Nuclear Posture Review Report," December 31.

https://fas.org/wp-content/uploads/media/Excerpts-of-Classified-Nuclear-Posture-Review.pdf (검색일: 2021. 7. 15).

U.S. Department of Defense, 2010, "Nuclear Posture Review Report," April.

https://dod.defense.gov/Portals/1/features/defenseReviews/NPR/2010_Nuclear_Posture_Review_Report.pdf (검색일: 2021. 7. 15).

U.S. Department of Defense, 2016. "Joint Statement for the Inaugural Meeting of the Extended Deterrence Strategy and Consultation Group," December 20.

https://dod.defense.gov/Portals/1/Documents/pubs/Joint-Statement-for-the-Inaugural-Meeting-of-the-Extended-Deterrence-Strategy-and-Consultation-Group.pdf (검색일: 2021. 7. 15).

U.S. Department of Defense, 2018. "Nuclear Posture Review Report," February.

https://media.defense.gov/2018/Feb/02/2001872886/-1/-1/1/2018-NUCLEAR-POSTURE-REVIEW-FINAL-REPORT.PDF (검색일: 2021. 7. 15).

U.S. Department of State, 2021. "On the Extension of the New START Treaty with the Russian Federation," Press Statement by Secretary of State Antony J. Blinken, Feb. 3.

https://www.state.gov/on-the-extension-of-the-new-start-treaty-with-the-russian-federation/ (검색일: 2021. 7. 15).

Waltz, Kenneth N. 2002, "More May Be Better," in Scott D. Sagan and Kenneth N. Waltz, *The Spread of Nuclear Weapons: A Debate Renewed*, New York:

W. W. Norton & Company, Inc.

Waltz, Kenneth N. 1990. "Nuclear Myths and Political Realities," *American Political Science Review*, 84 (3).

White House, 2009. Joint vision for the alliance of the United States of America and the Republic of Korea, Washington D.C., June 16.

https://obamawhitehouse.archives.gov/the-press-office/joint-vision-alliance-united-states-america-and-republic-korea (검색일: 2021. 7. 15).

Wolfsthal Jon B. and Toby Dalton, 2017. "Seven Reasons Why Putting U.S. Nukes Back in South Korea Is a Terrible Idea," Foreign Policy, October 11.

제6장 미중 전략 경쟁 시대의 한일 안보관계[*]

조은일(한국국방연구원)

I. 서론

미중 전략 경쟁 시대가 전개되고 있다. 미국의 대중 전략과 중국의 대미 전략은 군사, 무역, 기술, 문화 등 다양한 영역에서 갈등적이다. 미중 양국은 코로나19와 같은 감염병, 기후변화 등 초국경적 도전에 대해서는 협력의 필요성을 공감하지만, 중국의 도전에 대한 미국의 우위를 지키고자 하는 근본적인 경쟁은 피하기 어려워 보인다. 이렇게 국제정치 전반에 영향을 미치는 미중 전략 경쟁은 동아시아라는 지정학적 공간에서 전개되고 있다. 예컨대 파리드 자카리아Fareed Zakaria는 서구의 우세는 침식되고 있으며 권력의 중심이 서구가 아닌 다른 지역으로 이동하고 있다고 지적하고, 키쇼어 마부바니Kishore Mahbubani는 서구 민주주의 국가들의 국내 정치 문제와 2008~09년 세계금융위기의 여파로 기존의 자유주의 국제질서에 대한 의문들이 생겨나고 있다고 본다(Zakaria,

---

[*]   본 챕터는 『국제지역연구』 30권 2호 (2021년 여름)에 게재된 논문을 수정, 보완한 것임을 밝힌다.

2011; Mahbubani, 2018). 이러한 변화 속에서 중국의 부상으로 인한 상대적 영향력 증가와 그에 따른 미국의 상대적 쇠퇴만큼 주목받는 현상도 없을 것이다.

이렇듯 미중 전략 경쟁은 그 자체로도 지역 질서 전반을 구성하는 직접적인 요인이 된다. 무엇보다 트럼프 행정부 이후 미국의 패권적 역할이 약화된 것과 비교해 중국의 부상은 지역 및 세계적 차원에서 지속해서 진행되고 있다. 이는 미국의 대중국 전략을 경쟁적 성격으로 변화시켰다. W. 부시 행정부 이후부터 미국은 중국과 경쟁적 관계가 될 가능성을 고려했지만 '깊숙한 관여deepened engagement'와 '신중한 견제prudential hedging'를 통해 경쟁적 관계를 피할 수 있을 것으로 여겼다(Tellis, 2020). 오바마 시기 미국은 아시아 재균형 정책을 시작하면서 동아시아정상회의EAS 등 지역협력기구에 참여하기도 했다. 지역 국가들과의 협력을 매개로 관여를 통해 중국의 부상을 견제하고자 했다.

문제는 트럼프 이후 미국이 중국을 전략적 경쟁자라고 대담하게 표현하기 시작했으며, 2017년 12월에 발표한 국가안보전략National Security Strategy에서 중국을 "인도-태평양 지역에서 미국을 대체하여 국가 주도의 경제모델을 적용하고 중국의 선호에 맞도록 재조정"하려는 수정주의적 국가로 표현하기에 이르렀다(The White House, 2017). 정책전문가 사이에서 중국을 기존의 국제질서로 편입시키는 사회화를 통해 평화적으로 부상하게 한다는 믿음이 환상에 지나지 않았다는 자성론이 제시된 것도 유사한 맥락이다(Campbell and Sullivan, 2019). 바이든 행정부가 서둘러 발표한 '국가안보전략 중간지침Interim National Security Strategic Guidance' 에서도 중국은 미국의 유일한 경쟁자라고 표현했듯이 미중 전략 경쟁은 정도의 차이는 있을지언정 지속해서 전개될 것으로 보인다.

21세기 이후 미중 관계에 따른 변화와 그에 따른 구조적 영향에서 한일 관계도 예외는 아니다. 미중 전략 경쟁에 따른 구조적 차원의 변화는 한일 양국 모두에게 다루기 어려운 문제이다. 한국과 일본은 한편에서는 급성장하는 중국 시장에서 경제성장의 동력을 마련하면서도, 다른 한편에서는 역내 중국의 안보군사적 영향력이 높아져 가는 현실에 불편함을 숨길 수 없었다. 미중 관계가 어떠한 방향으로 전개될지에 대한 예측이 어려운 만큼 변화하는 상황에서 어떻게 대미, 대중 정책을 발전시켜 나가야 하는지에 대한 도전에 직면하고 있다(Wong, 2015). 에릭 헤긴보텀Eric Heginbotham과 리처드 사무엘스Richard Samuels는 한일 모두 전에 없는 불확실성에 직면하고 있으며, 트럼프 시기 이후 공통된 안보 보장자인 미국이 불확실성의 징조를 보여주고 있다고 지적한다(Heginbotham and Samuels, 2021). 이러한 변화는 한국과 일본이 미중 양국 중 가까워지는 쪽과 거리를 두는 쪽을 선택하는 양자택일로 이끌고 있다(전재성, 2020).

이러한 지역 구조의 변화 속에서 한일 관계는 협력보다 갈등이 지배적이었다. 협력과 갈등이 반복적으로 나타나기는 했지만, 가장 민감한 역사문제와 함께 경제, 안보 분야까지 마찰을 빚으면서 협력을 위한 외교적 노력도 쉽지 않은 상황이 지속되고 있다. 예컨대 제주 국제관함식의 해상자위대 욱일기 게양 문제, 강제징용에 대한 대법원의 배상 판결, 일본 초계기의 저공 위협 비행 사건, 일본의 대한국 수출규제 조치, 한국의 한일 군사정보교류협정General Security of Military Information Agreement(이하 지소미아) 연장 종료 결정 등에 이르기까지 한일관계를 교착화하는 사건이 연달아 발생하고 있기 때문이다. 이렇게 한일 양국은 주고받기식으로 서로에 대한 불신을 드러내고 외교적 갈등을 되풀이했다. 한일관계의 부침은 국내 정치에서 상대 국가에 대한 갈등적 정체성을 강화하는 데 영향을 주고 있으며(Park, 2013), 역사문제와 안보 협력이 상호 충돌되는 가치로 인식되기 쉬운 환경을 만들었다.

이러한 배경에서 본고는 한일관계의 동학을 미중 전략 경쟁이 가져오는 구조적 변화를 중심으로 탐색하고자 한다. II장에서 지소미아 사례를 통해 한일 안보관계의 특징을 검토한다. III장에서 그러한 한일 안보관계의 특징이 미중 전략 경쟁으로 인한 구조적 변화로 인해 어떠한 영향을 받았는지 분석한다. IV장에서 '미중 전략 경쟁에 따라 한일 관계는 어떻게 변화했는가?'라는 큰 질문 속에서 향후 한일 안보관계를 전망하고 정책적 함의를 도출한다.

II. 지소미아 사례로 본 한일 안보관계

한일 안보관계는 1965년 한일기본조약의 체결을 통한 국교정상화 이후 시작되었다. 한일관계는 미국을 매개로 소련과 북한 위협에 대응하는 방공논리를 통한 협력을 강조하는 방향으로 전개되었고, 1980년대 일본의 대한 경제원조는 한일 양자관계가 경제협력을 통해 강화되도록 역할을 했다. 이러한 배경은 냉전기 한국의 대외정책이 미국과의 동맹관계 및 일본과의 협력관계에 기반한 반공연대를 통해 안보와 경제 이익을 확보하려는 데 목적이 있었다는 것을 보여준다(조양현, 2017). 그리고 탈냉전을 거치면서 한일 간 정치경제체제가 유사해지고 보편적인 가치관을 공유하게 되었고(기미야 다다시, 2006), 1998년 김대중 대통령과 오부치 게이조小淵惠三 총리 간에 '21세기 새로운 한일 파트너십 공동

선언'이 발표되었다. 공동선언은 양국 정상이 "양국간의 안보정책협의
회 및 각급 차원의 방위교류를 환영하고 이를 더욱 강화해 나가기로 했
다"는데 의견을 일치하고 "양국이 각각 미국과의 안전보장체제를 견지
하는 동시에 아시아태평양지역의 평화와 안정을 위한 다자간 대화 노
력을 더욱 강화해 나가는 것이 중요하다"라고 확인했다는 점에서 한일
안보 교류의 가능성을 제시했다고 평가할 만하다(최희식, 2016).

9·11 테러가 발생한 후 일본은 미국의 대테러 정책을 강력하게 지원
했고 자위대가 이라크에 파병되기도 했다. 당시 미국의 중동정책에 군
사적인 공헌을 강조한 일본의 대외정책은 한국을 포함한 주변국에 경
계심을 갖게 했으며, 우경화된 정치인의 지속적인 등장은 과거사, 동해
표기, 영토 문제에 이르기까지 갈등 국면이 조성되기 쉬운 요인이 되었
다. 그러나 안보적 측면에서는 국방장관, 합참의장, 각 군 참모총장 등
을 포함한 국방 인사 교류뿐만 아니라 부대 교류, 정례적 정보교환, 공
동훈련 실시까지 확대하면서 낮은 수준이나마 한일 간 안보 협력이 진
행되고 있었다(박영준, 2015).

그리고 2009년 이후 한일 안보 협력은 제도적 기반을 구축하는 형태
로 확대되기 시작했다. 2009년 4월 일본 도쿄에서 개최된 한일 국방장
관 회담에서 '한일 국방 교류에 관한 의향서'가 서명되었고, 국방 고위급
인사 간 교류 활성화, 부대 교류 및 훈련 참관, 수색구조 부분의 공동훈
련 정례화, 함정 및 항공기 상호방문 활성화, 국제평화 유지 활동에서의
협력 강화 등을 추진한다는 내용을 포함했다. [1] 그리고 2011년 1월 개최

---

1 일본 방위성 홈페이지에 게재된 '일본 방위성과 대한민국 국방부 간의 방위교류에 관한 의향서(日

된 한일 국방장관 회담에서 군사정보교류협정과 상호군수지원협정 체결에 관한 논의가 시작되었다.

이러한 배경에서 한일 안보관계의 대표적인 사례로 언급되는 것이 바로 지소미아이다. 지소미아는 각 국가가 가지고 있는 군사 정보를 공유하면서 협력관계를 발전시켜 나가도록 하는 협정이자 제도라고 볼 수 있다. 또한 국가 간 주고받은 정보를 상호 보호하고 제3국에 제공하지 않기 때문에 배타적 협력을 가능하게 하기도 한다. 한국은 독일, 이탈리아, 미국을 포함 32개국과 지소미아를 체결했고 일본과는 33번째로 체결했다. 한편 일본은 미국, 영국, 프랑스, 이탈리아, 호주, 인도 등 6개국과 지소미아를 체결했고 한국과는 7번째로 체결했다.[2] 지소미아 사례는 2012년부터 2019년까지의 기간에 한일 간 반복되는 갈등과 협력의 변화를 보여주며, 이를 통해 한일 안보관계가 미국을 포함하는 다자적 속성을 가지고 있음을 알 수 있다.

1. 한일 지소미아 추진과 체결 실패

2011년 1월 개최한 한일 국방장관 회담에서 지소미아 체결을 추진한다는 데 의견을 모았다.[3] 한일 양국 모두 미국과 군사정보 공유를 위한 협정을 맺고 있는 만큼 양국 간 직접적인 정보 공유도 유용하게 활용할 필요가 있다는 판단을 내리고 있었다. 그 배경은 도발을 반복하는 북

本国防衛省と大韓民国国防部との間の防衛交流に関する意図表明文書)'를 참조했다. https://warp.da.ndl.go.jp/info:ndljp/pid/11591426/www.mod.go.jp/j/approach/exchange/area/2009/20090423_kor-j_b.html

2 한국은 1987년 9월, 일본은 2007년 8월 각각 미국과 지소미아를 체결했다.

3 한일 양국은 2010년 11월부터 지소미아 협의를 시작한 것으로 알려졌다.

한을 억제하기 위한 군사 협력을 강화해야 한다는 명분과 함께 도발의 징후를 포착하고 결속된 대응을 위한 정보 공유가 필요하다는 맥락이 었다.

그러나 한국에서는 독도 영유권으로 인한 일본과의 반복적인 대립으로 인해 군사 분야의 협정을 맺는 데 여론의 동향이 우호적이지는 않았다. 2012년 6월 이명박 정부는 국무회의에서 즉석 안건으로 지소미아를 상정해 처리한 후 도쿄에서 체결 예정이었으나 한국 정부가 체결 연기를 통보하면서 결국 협정 자체가 무산되었다. 그 당시 협정에 대한 비판적인 여론이 고조되었고 여야 모두 국회 내 협의를 건너뛴 밀실 추진에 불만을 표출했던 배경이 작용했다고 보인다(『조선일보』, 2012/6/29; 연합뉴스, 2012/6/28). 군사정보 공유라는 행위가 가진 안보적 함의보다는 민감한 국내 정치의 문제로 받아들여졌으며, 왜 한일 간 군사정보의 공유가 필요하고 중요한지에 대한 대국민 소통 또한 부재했던 것이 사실이다.

이렇게 양국 간 협정을 통한 안보 협력의 제도화는 일단 실패한 듯 보였다. 지소미아 체결 실패 이후 한일 양국은 직접적인 정보 공유가 아닌 미국을 매개로 하는 한미일 삼자 간 정보 공유가 가능한 약정을 체결하는 것으로 정보 공유 문제를 일단락했다. 다시 말해, 2014년 12월 한국 국방부는 미국 국방부 및 일본 방위성과 '북한 핵과 미사일 위협에 관한 삼자 정보 공유 약정Trilateral Information Sharing Arrangement(이하 티사)' 체결을 발표했고, 한미 지소미아와 미일 지소미아를 근거로 삼자 간 공유하는 군사정보를 보호한다고 밝혔다(『경향신문』, 2014/12/29).

티사는 자발적으로 정보를 공유하는 약정의 형식을 취했기 때문에 당사국에 어떤 법적 의무도 부과하지 않는 느슨한 형태의 제도라고 볼

[그림 1] 한미일 정보 공유 약정 운영방식

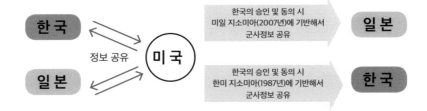

수 있다. [그림 1]에서 알 수 있듯이 티사는 지소미아와 같이 한일 양국을 직접적으로 연계하지는 않는 한미일 형태의 안보 협력이었으며, 이러한 우회적 방안을 통해 역사문제와 안보 협력의 상호 충돌되는 가치를 일정 부분 단절할 수 있었다.

2. 지소미아의 재등장과 미국

지소미아 이슈가 다시 안보 현안으로 부상한 것은 2016년에 들어서부터다. 2016년 1월 북한은 네 번째 핵실험을 강행했고, "첫 수소탄 시험이 성공적으로 진행되었다"라고 발표하면서 핵 능력 고도화에 성공한 모습을 강조하는 듯했다. 2013년 고농축우라늄 핵실험을 실시한 이후 북한에 대한 국제사회의 강도 높은 제재가 지속되었지만, 4차 핵실험으로 인해 북한 핵 위협은 증가하는 결과를 낳았다. 국제사회는 북한의 추가 도발을 억제하기 위한 대북 정책을 요구했으며,[4] 미국은 대북

---

4   유엔 안전보장이사회는 북한이 4차 핵실험으로 유엔 결의를 위반한 데에 따라 제재 대상 추가, 수출통제 및 금융 거래 분야의 새로운 조치를 추가한 결의안 2270호를 채택했다.

정책 조정을 위한 한미일 공조의 전략적 가치에 방점을 두면서 한일 안보관계의 재설정을 유도했다.

이는 지소미아 문제를 재점화했다. 2016년 3월 한미일 정상회의에서 오바마 대통령은 "3자 협력이 강화돼야 동북아의 평화와 안정을 유지할 수 있고 북한의 핵확산과 핵 위협을 억제할 수 있다"라는 데 한미일 정상 모두 동의했음을 지적하면서 "3자 협력을 통해 핵 없는 한반도를 만들고 지역의 안정과 평화를 회복시킬 수 있다"라고 강조했다. 북한의 고강도 도발은 한일 양국이 미국과의 협력뿐만 아니라 양자 협력을 증가시키는 전략적 판단을 도왔으며, 오바마 행정부의 정책적 의지가 더해지면서 지소미아의 재추진이 가능하게 되었다(Manyin et al., 2017).

2016년 9월 라오스에서 개최한 ASEAN 정상회의에서 박근혜 대통령과 아베 총리가 회담을 열고 지소미아 체결을 논의했고, 10월 윤병세 외교부 장관이 국정감사에 출석해서 지소미아 체결 필요성을 언급했다. 이후 실무회의를 거쳐 11월 23일 한민구 국방부 장관과 나가미네 야스마사長嶺安政 주한 일본대사가 지소미아를 체결했다.[5] 이번에는 지소미아 체결에 이르렀으나 2012년 체결 실패 시기와 유사하게 국회에서의 논의나 국민적 공감대 형성은 이루어지지 않았고 정부가 일방적 절차를 통해 추진하면서 논쟁의 여지를 남겼다. 게다가 한국에서는 박근혜 대통령의 국정농단 문제가 점화되면서 모든 정치적 관심이 국내 정치에 집중되어 있던 시기였다.

---

5 지소미아의 유효기간은 1년으로, 협정의 종료를 원하면 상대국에 종료 90일 전에 서면으로 통보해서 종료할 수 있으며, 별도의 통보가 없을 시 자동으로 1년씩 연장된다.

[표 1] 지소미아 협정 체결의 기대효과

정부는 한일 군사비밀정보보호협정 체결을 통해 일본의 정보 능력을 활용함으로써 고도화·가속화·현실화되고 있는 북한의 핵·미사일 위협에 보다 효과적으로 대응할 수 있을 것으로 기대하고 있다.

일본은 우리보다 많은 예산을 국방 분야에 투자하여 정보수집위성, 이지스함, 조기경보기 등 양적·질적으로 우수한 감시 및 탐지자산을 보유하고 있으며 다양한 첩보 수집·분석 능력을 보유하고 있다. 이 때문에 우수한 정보 수집·분석 능력을 보유한 일본과 영상정보 등을 공유하게 된다면, 북한의 탄도미사일 발사 궤적을 추적·분석하고 핵 능력을 기술적으로 분석하는 데 실질적으로 도움이 될 것이다.

특히 동해는 일본 수역과 가깝고 레이더, 잠수함, 해상초계기 등 일본 정보자산의 가시권에 있기 때문에 일본과의 정보 교류는 북한의 잠수함 활동과 잠수함발사 탄도미사일 관련 정보를 획득하는 데 기여할 것이다.

아울러 협정 체결을 통해 일본이 획득한 정보를 직접 공유할 수 있게 되어 북핵·미사일 위협 정보에 대한 신속성·정확성·신뢰도가 높아질 것이며, 대북 감시능력이 향상됨으로 북핵·미사일 위협 활동을 억제하는 효과가 있을 것으로 예상된다.

출처: 정책브리핑(www.korea.kr)

그러나 이러한 한국의 국내 정치 상황과는 별개로 오바마 행정부는 한일 지소미아 체결을 환영했고 이를 통해 대북 억제를 위한 한미일 안보 협력의 제도화 추진이 가능할 수 있다고 여겼다(Manyin et al., 2017).

일본 정부도 미국과 유사하게 북한 핵·미사일 위협에 대응을 위한 한일 협력이 점차 중요해진다고 지적하면서, 지소미아는 한미일 안보 공조의 상징이라는 견해였다(『니혼게이자신문』, 2016/11/23). 따라서 한일관계는 미국에 의해 연계된 협력을 증진하는 방향으로 추진되는 경향을 보였으며 미국이라는 매개자로 인해서 역사문제와 안보 협력 간의 상호 충돌하는 가치를 조정할 수 있었다. 그 과정에서 오바마 행정부의 상당한 노력이 요구되었고 미 하원 외교위원회는 한미일 협력의 중요성에 대한 공청회를 개최하는 등 의회의 노력도 강조되었다(Manyin et al., 2017). 요컨대 한일 안보관계는 미국의 역할이 주도적이며, 한일 양국의 독자성이 작용할 여지는 현실적 의미에서 크지 않음을 보여주기도 한다(서동만, 2006).

3. 지소미아 갈등의 확대

지소미아를 체결한 이후 한일 양국 안보 협력의 제도화 수준이 높아진 것과는 대비되게 한일관계는 심한 부침을 겪었다. 무엇보다 2015년 한일 일본군 위안부 합의가 타결되면서 가장 민감한 역사문제의 해결이 이루어질 것이라는 기대가 높아졌지만, 오히려 잘못된 협상 과정이 문제가 되면서 한일관계는 더욱 냉각되는 결과를 가져왔다. 2017년 5월 문재인 정부가 출범하면서 위안부 합의 내용 전반에 대한 재검토가 이루어졌고 2018년 11월 위안부 합의를 통해 만들어진 화해치유재단 해산을 결정하면서 '사실적인 파기' 상태가 되었다(신욱희, 2019). 일본의 공식적인 사과 그리고 법적 책임을 명확하게 담아내지 못한 합의에 대한 한국 사회 내 비판적 견해가 수그러지지 않았고, 일본 정부는 이를 국가 간 약속을 지키지 않는 행위로 비난하면서 역사문제에 대한 한일 갈등은 원점으로 돌아가는 형국이 되었다. 그리고 2018년 10월 한국 사법부가 식민지 지배의 불법성을 전제로 강제동원 피해자의 해당 일본 기업에 대한 손해배상 청구를 확정판결했다. 일본 정부는 강제동원 판결에 대한 한국 정부의 입장 변화가 선행되어야 한일관계 개선이 가능하다는 조건론을 주장하면서 이후 한일관계는 교착에 빠지게 되었다.

이러한 외교적 마찰 속에서도 한일 간 국방 교류나 군사정보 공유 등은 지속해서 이루어지고 있었다. 정보당국 간 교류회의, 육해공군 간 회의, 부대 간 교류 등 정례적인 국방 교류는 지속되었고, 2016년 11월 이후부터 지소미아를 통한 군사정보 공유가 이루어졌다. 예를 들어 2017

[그림 2] 지소미아 체결후 한일 정보 교류 횟수

출처: 연합뉴스 등을 참고로 저자 작성

년에는 북한의 여섯 번째 핵실험과 장거리 미사일 실험 등 위협의 수준
이 높아지면서 총 19건의 군사정보가 공유되었고, 이후 북한 비핵화 협
상이 진전되었던 2018년에는 총 2건의 군사정보가 공유되었다([그림 2]
참조). 2016년 이후 지소미아는 2018년까지 매년 연장되면서 나름대로
안보 협력 기제로 안정된 역할을 하고 있었다.

그러나 한국 대법원에 의해 강제동원 판결이 내려진 이후 한일관계
는 더욱 경색되었고, 2019년 1월 강제동원 피해자들이 신일철주금의 한
국 자산 강제집행을 신청하면서 배상 판결 관련한 외교적 협의가 진행
되기 어려운 상황이 되었다. 6월 오사카에서 개최된 G20 정상회의에서
한일 양국 정상은 약식 회담조차 개최하지 못한 채 짧은 악수만 교환하
기에 이르렀다.

역사문제에 기인한 외교적 마찰은 결국 경제 영역으로 확대되었다.
7월 1일 일본 경제산업성은 한국에 대한 수출규제 조치 강화를 발표했
고, 4일부터 특정 3개 품목(플루오린 폴리이미드, 레지스트, 에칭가스)에

대한 포괄허가를 개별허가로 전환한다는 조치를 일방적으로 발표했다. 일본 정부는 "한국의 수출 관리에 불충분한 점이 있었고 부적절한 사안이 발생했다"라고 지적하면서 한일 간 신뢰관계가 훼손되어 수출규제 조치를 강화하겠다는 것이었다.[6] 어떠한 사안이 발생했는지에 대한 구체적인 소명은 없었으며, 이러한 일본의 조치가 한국의 강제동원 판결 등과는 관계가 없다고 주장했다. 이는 표면적인 수사에 불과했으며 역사문제로 인해 경색된 한일관계가 배경이 되어 신뢰의 훼손을 언급한 일본의 속내가 들어있었다.

이후 한국 정부와 국회에서는 일본의 수출규제 조치에 대응하는 방안으로 지소미아 연장 중단 혹은 조건부 유지론 등이 제기되면서 한일관계에서 경제 갈등이 안보 협력과 상충하는 새로운 구조를 만들어냈다. 그동안 역사문제와 경제문제를 분리해서 접근했던 원칙이 무너진 이후 역사, 경제, 안보 문제가 동시적으로 영향을 미치는 갈등의 관계로 발전한 것이다. 8월 5일 국회 국방위원회에 출석했던 정경두 국방부 장관은 "(지소미아) 협정을 연장하는 것으로 정부에서 검토하고 있었는데 최근 일본과 신뢰가 결여됐고 수출규제나 화이트리스트 배제와도 연계돼 있어 신중하게 검토 중"이라고 언급하면서 연장 중지 가능성을 시사했다(『동아일보』, 2019/8/5). 국회에서도 지소미아 연장이 일본에 잘못된 신호를 줄 수 있다는 지적이 나오기도 했지만, 지소미아가 한미일 안보협력의 틀을 유지하는 기제이기 때문에 섣부른 결정보다는 유지가

---

6   경제산업성은 2019년 7월 1일 홈페이지를 통해 "한국에 대한 수출 관리 운용 재검토에 대해(大韓民国向け輸出管理の運用の見直しについて)"라는 보도자료를 발표했다. https://www.meti.go.jp/press/2019/07/20190701006/20190701006.html

[표 2] 지소미아 관련 김유근 NSC 사무처장 정부 발표문(2019/8/22)

국가안전보장회의 사무처장입니다.

한일 간 군사비밀정보의 보호에 관한 협정, 즉 지소미아(GSOMIA) 연장 여부에 관한 정부의 결정에 대해 말씀드리겠습니다.

정부는 한일간 군사비밀정보의 보호에 관한 협정(GSOMIA)을 종료하기로 결정하였으며, 협정의 근거에 따라 연장 통보시한 내에 외교 경로를 통하여 일본 정부에 이를 통보할 예정입니다.

정부는 일본 정부가 지난 8월 2일 명확한 근거를 제시하지 않고, 한일간 신뢰 훼손으로 안보상의 문제가 발생하였다는 이유를 들어 수출무역관리령 별표 제3의 국가군(일명 백색국가 리스트)에서 우리나라를 제외함으로써 양국간 안보 협력 환경에 중대한 변화를 초래한 것으로 평가하였습니다.

이러한 상황에서 정부는 안보상 민감한 군사정보 교류를 목적으로 체결한 협정을 지속시키는 것이 우리의 국익에 부합하지 않는다고 판단하였습니다.

이상입니다

출처: 정책브리핑(www.korea.kr)

필요하다는 견해도 제시되었다(『문화일보』, 2019/8/9). 그러나 정경두 장관이 지소미아가 "그 자체의 효용보다도 안보와 관련된 동맹국과의 관계가 복합적"으로 있다고 지적했듯이 한일 양국 간 제도화된 안보 협력을 위한 기제를 넘어 미국과의 관계를 고려해야 하는 사항인 건 맞았다. 2019년 8월 2일 태국에서 열린 한미일 외교장관 회담에서 강경화 외교부 장관이 "지소미아 문제는 한미일 안보 협력에서 상당히 중요한 부분을 차지한다"라며 "우리로서는 모든 걸 테이블에 올리고 고려할 수밖에 없는 상황"이라고 언급했다는 것도 유사한 맥락에서 이해할 수 있다(연합뉴스, 2019/8/3).

그러나 북한 비핵화 협상이 진행되면서 북한의 핵실험, ICBM 시험 발사와 같은 고강도 도발이 잠정적으로 중단된 상황에서 지소미아를 군사적 효용성 여부보다는 국가 간 관계의 정치적 상징으로 받아들이기 쉬운 환경이 조성된 것도 사실이다.[7] 2019년 8월 22일 한국 정부는 지소미아 연장 불가의 입장을 발표하면서 지소미아는 두 번의 연장 끝에 종료의 절차를 밟게 되었다. 김유근 국가안보실 1차장은 "일본이 한일 간 신뢰 훼손으로 안보상의 문제가 발생했다는 이유로 한국을 화이트리스트에서 배제하는 조치를 했고, 그러한 상황에서 일본과 민감한 군사정보를 교류하는 것이 우리 국익에 부합하지 않는다"라고 설명했다. 이와 같은 발언에서도 알 수 있듯이 지소미아는 국가 간 신뢰의 문제로 환원되는 정치적 쟁점이 된 것이다.

4. 미국의 관여와 갈등의 봉합

문제는 지소미아 연장 불가 결정에 대한 미국의 반응이었다. 앞서 정경두 장관의 언급대로 지소미아가 단순하게 한일관계에만 영향을 미치는 사안이 아니라 한미일 관계에도 영향을 미칠 수 있는 복잡한 사안이었다. 수출규제 조치와 지소미아 연장 불가가 충돌하는 입장 속에서 한일 갈등이 양자에서 미국을 연루시키는 삼자로의 갈등 범위로 확장하는 결과를 가져온 것이다.

8월 22일 일본 고노 다로河野太郎가 외무장관은 담화를 발표하고 "한국 정부가 본 협정의 종료를 결정한 것은 현재의 지역 안보 환경을 완전히 읽지 못한 대응이라고 말할 수 있으며 상당히 유감이다"라고 지적했다 (일본 외무성, 2019/8/22). 8월 23일 이와야 다케시岩屋毅 방위장관도 임시 기자회견을 통해 "실망을 금치 못하며 상당히 유감이다"라고 언급했다

---

7 북한 핵 실험이나 미사일 시험발사와 관련해서 한국은 일본의 정보수집 위성, 조기경보기, 이지스함 등을 통해 수집하는 군사정보를 유용하게 활용할 수 있다.

(일본 방위성, 2019/8/ 23). 이와 유사하게 미국 마이크 폼페이오Mike Pom-peo 국무장관은 "한국이 정보공유 합의에 대해 내린 결정을 보게 돼 실망했다"라고 언급했고, 미 국방부 대변인은 논평을 통해 강한 우려와 실망을 표현했다(연합뉴스, 2019/8/ 23). 이러한 우려를 불식시키고자 김현종 국가안보실 2차장은 브리핑을 통해 "한일 지소미아 종료는 많은 고민과 검토 끝에 국익에 따라 내린 결정"이었다고 지적하면서 "한일 갈등 문제를 비롯하여 한일 지소미아 문제에 대한 검토 과정에서 미국 측과 수시로 소통했고 특히 양국 NSC 간에는 매우 긴밀하게 협의"했다고 덧붙였다. 그리고 지소미아가 종료되더라도 "2014년 12월 체결된 한미일 3국 간 정보공유약정 티사TISA를 통해 미국을 매개로 한 3국 간 정보공유 채널을 적극 활용해 나갈 것"이기 때문에 일본과의 군사정보 공유가 완전히 단절되는 것은 아님을 확인했다(연합뉴스, 2019/8/23).

한일관계의 마찰을 한미동맹과는 별개의 사안으로 규정했지만, 미국은 한국의 결정에 실망감과 우려를 반복적으로 제기했다. 예컨대 미국 랜달 슈라이버Randall Schriver 국방부 인도-태평양 차관보는 니혼게이자이신문과의 인터뷰를 통해 "한국 정부가 결정을 재고할 것을 희망한다"라며 "구체적 결정에 대한 사전 통보는 없었고, 결정 발표 시점에서 한국이 연장 여부를 검토 중이라고 이해하고 있었다"라고 언급했다. 그리고 일본에도 "정보 공유를 유지하고, 한미일 군사 협력을 강화하고 협력체계를 발전시켜나 가야 하며, 문제해결의 정신으로 지소미아 결정에 대한 차이를 해결해 나가야 한다"라고 덧붙이는 등 지소미아 연장을 위해 한일 양국 모두 "협력할 수밖에 없는 안보 환경이라는 것을 인식해야 한다"라고 지적했다(『니혼게이자이 신문』, 2019/8/28). 미국 모건 오테이거스Morgan Ortagus 국무부 대변인은 공식 트위터 계정을 통해 "한국 정부가 지소미아를 종료한다는 결정에 상당히 실망하고 우려하고 있다. 이러한 결정은 한국 방위를 더욱 복잡하게 하고 미군에 대한 위협을 높일 것이다"라고 언급하기도 했다(『The Korea Times』, 2019/8/29). 미국과 유사한 입장에서 일본도 지소미아의 체결은 한일 군사 당국 간의 실무적 협의를 원활하게 한다는 의미를 넘어 한반도 유사에 대한 미일동맹의 협의에도 영향을 미칠 수 있다는 점을 강조하면서 한미일 협력의 틀 속에서 지소미아의 의미를 강조했다(무라노 마사시, 2019).

지소미아 연장 불가 결정에 대한 한미일 3국 간 갈등이 진행되는 한편 10월 2일 북한이 잠수함발사 탄도미사일SLBM로 추정되는 탄도미사일을 시험발사하는 사건이 발생했다. 사건 당일 국회 국방위원회에 출석했던 정경두 국방부 장관은 지소미아에 따라 일본에 관련 정보를 요청했음을 밝혔다(『한국일보』, 2019/10/2). 일본의 배타적 경제수역EEZ에 탄도미사일이 낙하하면서 한국군 레이더로 포착이 어려웠으며, 정확한 정보 분석을 위한 군사정보 공유가 중요했기 때문이다. 일본은 한국에 정보 요청을 하지는 않았지만, 한국의 요청에 대해서는 적절하게 협력할 것이라고 밝혔다. 다만, 일본의 경우 지리적으로 발사 당시에 대한 정확한 정보 분석이 어려운데, 처음에 북한이 2발의 탄도미사일을 발사했다고 했다가 1발로 정정하고, 발사된 미사일이 잠수함발사 탄도미사일인지 아닌지에 대해 확답을 못 하는 등 우왕좌왕하는 모습을 보였다(『NHK세이지메거진』, 2019/10/2).

이후 마크 에스퍼Mark Esper 국방장관, 마크 밀리Mark Milley 합참의장 등이 잇따라 한국을 방한하면서 지소미아 유지 필요성을 언급했고, ASE-AN 확대 국방장관회의ADMM+에서 에스퍼 국방장관이 정경두 국방부 장관과 고노 방위장관 모두에게 지소미아를 유지하도록 요청하기도 했다. 11월 22일 미 상원은 "지소미아는 인도-태평양 안보와 방어의 토대가 되는 중대한 군사정보 공유 합의"이며 "북한의 핵·미사일 위협에 대응하는 데 그 중요성을 재확인한다"라는 명분에 따라 지소미아 연장 촉구 결의안을 채택했다.[8] 결국 미국의 관여가 작동하면서 한일 지소미아 갈등은 점차 봉합되는 방향으로 전개되었다.

지소미아 문제가 미국과의 갈등 관계를 초래하는 것을 방지하고 한일 갈등이 다른 갈등의 기폭제가 되지 않도록 하기 위한 위기 관리가 필요했지만, 한일 관계의 양자적 회복은 쉽지 않은 과제라는 점을 알 수 있었다. 예컨대 11월 22일 김유근 국가안보실 1차장은 "언제든지 한일 군사비밀정보보호협정의 효력을 종료시킬 수 있다는 전제하에, 2019년 8월 23일 종료 통보의 효력을 정지시키기로 하였으며 일본 정부는 이에 대한 이해를 표했다"라고 밝히며 지소미아 종료 결정을 유예하겠다고 발표했다(『한겨레』, 2019/11/22). 이에 일본 고노 다로 방위장관은 "동아시아 안보 환경이 엄중한 상황에서 미일, 한일 및 한미일 연계가 중요하며, 이러한 상황을 한국 측이 전략적으로 고려한 결정을 내렸다"라고 언급하는 등 한국이 지소미아를 유지하겠다는 입장을 평가했다(일본 방위백서, 2020).

거슬러보면 역사문제가 미해결된 상황에서도 한일 양국이 안보 이익을 공유하면서 협력한 경험이 존재해온 것이 사실이다(Cha, 1999). 그렇게 역사문제와 안보 협력을 분리하는 투-트랙 접근을 통해 공동의 이

---

8 결의안의 제목 다음과 같다: S.Res.435-A resolution reaffirming the importance of the General Security of Military Information Agreement between the Republic of Korea and Japan, and for other purposes. https://www.congress.gov/bill/116th-congress/senate-resolution/435

해관계를 조정하는 안보 협력이 가능할 수도 있다. 문제는 그러한 경험이 현재 변화하는 구조적 환경에는 적용되기 어렵다는 데 있다. 한일 양국은 갈등이 반복되는 과정에서 이를 조정하려는 정치적, 외교적 노력을 구하기보다는 미국의 우선주의에 기반한 대외정책으로 인해 흔들리는 지역 질서 속에서 한일 그리고 한미일 안보 협력의 필요성을 간과하고 있었다. 한일 지소미아 갈등은 그러한 배경에서 발생한 사례라고 볼 수 있다. 그리고 미국의 관여가 작용하면서 한일 양국의 입장이 조정되는 과정이 반복되었음을 알 수 있다.

III. 미중 전략 경쟁과 한미일 협력으로서의 한일 안보관계

한일 지소미아 갈등 과정을 추적해보면 국내 정치 요소도 중요하지만, 미국이라는 제3국의 역할도 나름대로 영향을 미치는 것을 알 수 있다. 탈냉전 이후 한일 안보관계는 미국을 매개로 해서 대북 정책을 조정하고 공조하는 한미일 삼자 안보 협력의 틀 속에서 발전해왔다고 볼 수 있다(최희식, 2016). 한일 양국 모두 상대에 대한 정책을 대미 관계의 하위 정책으로 다루어 오면서 한미일 협력을 발전시켜왔기 때문이다. 가장 민감한 역사문제로 인해 한일관계는 반복적으로 단절되는 양상을 보여주면서도, 미국이 북한 문제를 중심으로 한일 간 적절한 연계를 위한 안보 협력을 유도했기 때문에 한국과 일본은 전략적 관점에서 한미일 안보 협력의 필요성을 수용했다고 볼 수 있다. 그렇다면 미중 전략 경쟁에 따라 한일관계는 어떻게 변화했는가? 개선되었나, 약화되었나? 이 질문에 대한 해답은 한일 양국이 부상하는 중국과 동맹인 미국과의 사이에서 어떠한 대외 전략을 추구하는지와 밀접하게 연결되어 있다.

1. 탈냉전기 한반도 안보와 한미일 협력

1993년 제1차 북핵 위기가 발생하면서 미국은 한국, 일본과의 정책 공조의 중요성을 강조하기 시작했다. 1999년 윌리엄 페리William Perry 대 북정책조정관은 제네바 북미 합의를 기본 틀로 하는 대북 정책의 전면 재검토를 통해 6개의 제언을 제안했고 그중 한미일 3자 협력의 틀을 통 한 협의 및 공동 대응의 필요성이 포함되었다. 페리 조정관은 북핵 문제 에 대해 한일 모두 미국과 동일한 이해관계를 가지고 있지 않기 때문에 이를 조정해서 북한에 대해 일관된 정책 기조를 제시해야 북한의 행동 을 변화시킬 수 있다고 여겼다. 그는 "한일 양국이 적극적으로 지원하거 나 협력하지 않는다면 미국의 대북 정책은 성공하지 못할 것이다"라며 "세 당사자의 이익이 동일하지 않지만 의미 있고 정의 가능한 방식으로 교집합을 형성할 수 있으므로 삼자 간 조정이 가능할 것이다"라고 제안 했다.[9] 미국은 제도화된 협력의 틀이 중요하다고 보고 한일 간 긴밀한 공조를 보장할 수 있는 대북정책조정그룹TCOG: Trilateral Coordination and Over- sight Group을 설치했다. 페리 보고서는 "TCOG가 북한에 대한 협상 전략 과 전반적인 정책을 조정하고 북한 문제에 대해 미국 대통령, 한국 대통 령 그리고 일본 총리 간 빈번하게 협의할 수 있도록" 정기적으로 개최해

---

9 "Review of United States Policy Toward North Korea: Findings and Recommendations," Unclassified Report by Dr. William J. Perry, U.S. North Korea Policy Coordinator and Special Advisor to the President and the Secretary of State (October 12, 1999) https://1997-2001. state.gov/regions/eap/991012_ northkorea_rpt.html

야 한다고 지적하면서, 특히 미국의 경우 대북 정책을 조정하는 고위직 관리가 이끌어야 함을 강조했다.

1999년 4월부터 시작된 TCOG를 통해 한미일 삼자 간 국장급 실무 협의가 이루어졌고, 김대중 정부와 클린턴 행정부 간 정책적 연계도 강화되면서 삼자 간 조정된 대북 정책을 전개할 수 있었다.[10] 그러나 이후 미국 행정부의 변화, 9·11 테러 발생 등이 영향을 미치며 삼자 간 정책 조정에 균열이 일어나기 시작했고 2002년 제2차 북핵 위기 발생에 따라 중국, 러시아를 포함하는 다자 협의가 추진되면서 TCOG는 더는 유효한 협의체로서 기능하지 못하게 되었다. TCOG의 설치부터 종료까지의 과정에서 한일 양국은 가상동맹virtual alliance으로서의 협력의 경험을 축적할 수 있었고 미국을 중심으로 한일 양국을 연계시키는 제도화의 가능성을 보여주었다는 점에서 평가할 수 있다(Cossa, 2000; Jo & Mo, 2010).

이렇게 북한 문제를 다루기 위한 기제로서 한미일 안보 협력이 추진될 수 있었던 데에는 탈냉전 이후 한반도 문제에 대한 후방 기지로서 일본의 역할 확대라는 동인이 있다. 제1차 북핵 위기가 발생했을 때 일본은 한반도 유사시 미군 활동에 대한 지원이 가능한지 여부를 검토했는데 제도적으로 제한 사항이 많다는 점을 알았고, 한반도를 포함한 주변지역에 위기 발생 시 미국과의 협력이나 지원을 규정하는 지침이 필요하다고 인식했다(박영준, 2008). 1996년 4월 클린턴 대통령의 방일 시 미일 양국은 '21세기를 향한 동맹'이라는 공동선언을 통해 일본에 대한

---

10 무라야마 도미이치(村山富市) 전 일본 총리가 이끄는 방북단이 북한을 방문했고, 남북 정상회담이 개최되었으며, 조명록의 방미와 매들린 올브라이트(Madeleine Albright) 국무장관의 방북이 실현되었다.

[그림 3] 한반도 유사시 후방기지로서의 일본

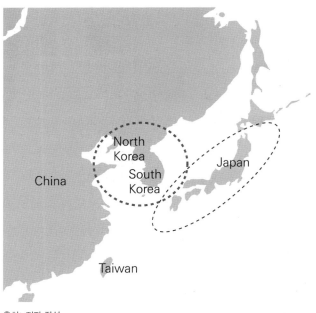

출처: 저자 작성

방어, 미국과의 안보 협력 뿐만 아니라 지역 및 글로벌 수준에서 미일 안보협력 필요성에 합의하면서 탈냉전형 안보 협력을 위해 안보 재정의 redefining the alliance에 성공했다.

　1997년 9월 미일 양국은 1978년에 제정된 미일방위협력지침의 개정을 발표했고, 이에 따라 일본의 평화와 안전에 중요한 영향을 주는 주변 사태에서의 미일 협력 방안을 규정했다. 예컨대 주변 사태가 발생하면 미군이 전방에서 작전을 하고 일본은 후방지역에서 지원하면서 구조활동, 수색구조, 비전투원 후송작전 등을 실시할 수 있게 되었다. [그림 3] 처럼 한반도 전구에서 유사가 발생하면 일본이 미군을 지원하는 후방기지로 기능할 수 있게 된 것이다. 이렇게 일본의 역할은 일본 유사를 넘어 주변 사태 발생에 대한 미군의 후방지원으로 확대되면서 한반도 안보, 특히 북한 문제를 둘러싼 한미일 안보 협력이 추진되어야 할 전략적 가치가 명확해졌다. 미국은 한반도 유사시 일본 내 7개의 유엔사 후방기지나 주일미군 기지를 통해 미 증원군을 투입할 수 있는데, 이러한 미일동맹의 강화는 일본이 미군의 효율적 운용에 더욱 핵심적으로 기능할 수 있는 제도를 갖추게 된 것이다.[11] 한반도 유사에서 미군에 대한 일본의 적극적 후방지원의 가능성은 한일 혹은 한미일 협력 속에서 한일 안보협력의 방향을 검토할 수 있게 된 배경으로 작용했다.

2. 21세기 미중 전략 경쟁과 한미일 협력

9·11 이후 미국의 대테러전이 전개되면서 중동으로 지정학적 관심이 옮겨갔지만, 2010년 이후 중국의 부상이 가시화되면서 미국의 지정학적 관심이 다시 아시아로 이동하기 시작했다. 힐러리 클린턴Hillary Clinton 국무장관은 미국 서쪽의 태평양부터 인도를 포함하는 인도양에 이르는 아시아-태평양 지역이 글로벌 정치의 중심이 될 것이며, 미국은 역내 안정과 번영을 위해 더욱 성숙한 안보 및 경제 구상architecture을 만드는 데 깊게 관여할 것임을 시사했다(Clinton, 2011).

한편, 2010년 이후 중국이 일본의 GDP를 추월하고 센카쿠 열도와 관련해서 중일 간 군사적 긴장이 높아지는 등 중일 관계는 경색되었다.

---

11   유엔사 후방기지는 요코다 공군기지, 요코스카 해군기지, 자마 육군기지(이상 본토), 사세보 해군기지(규슈), 가데나 공군기지, 화이트비치 해군기지, 후텐마 해병대기지(이상 오키나와) 등 7개가 존재한다.

일본은 동중국해에서의 중일 간 영토분쟁에 더해 남중국해에서의 중국의 군사적 팽창을 기존의 체제를 변경하는 현상 변경으로 인식하면서 중국의 부상과 중국의 군사 대국화를 강하게 견제하기 시작했다.

일본은 중국을 견제하고 미래 위협에 대비한다는 명분으로 미일 동맹을 확장한 형태의 다자 안보 협력에 높은 관심을 보였다. 안보 전략의 관점에서 중국은 미국과 비교해 동맹 협력이 제한될 수밖에 없고, 중국은 서태평양을 따라 미국의 동맹 및 우방국에 둘러싸인 지정학적 조건을 극복하기 어려운 상황이었다. 따라서 일본에 한국, 호주, 인도, ASE-AN 국가들과의 협력 증진은 안보적 관점에서 중요한 과제였으며, 미일 동맹을 확대된 지역 내 공동안보체제로 발전시켜서 대중국 균형을 추진할 필요성을 갖고 있었다(Michishita, 2014).

2008~09년 글로벌 금융위기, 남중국해 및 동중국해 내 중국의 공세적 행동, 대만 및 인권 문제에 대한 중국의 민감한 반응 등 중국의 부상은 미국에게 아시아의 전략적 중요성과 지역 내 세력 균형 유지의 필요성을 인식하게 하는 계기로 작동했다(신성호·임경한, 2012). 오바마 행정부는 아시아-태평양에 관여를 통해 도전적인 중국 문제에 대응하면서 장기적 패권 유지를 위해 동맹국 및 우방국과의 안보 협력을 강화할 수 있는 국방태세를 구축할 것을 시사했다.

한편에서는 미국이 재균형 정책을 통해 아시아 국가에 대한 관여의 수준을 높이고자 했다면, 다른 한편에서는 미국의 동맹 및 우방국이 아시아-태평양 지역 내 미국의 영향력 약화를 우려하면서 미국 동조하기 aligning가 진행된 것이다. 그중 대표적인 국가가 일본이었고, 중국의 부상에 대한 미일 간 전략적 이해가 공유되면서 미일 방위협력지침US-Japan Defense Guidelines의 재개정을 추진했다. 2012년 12월 일본 아베 정부가 재집권에 성공한 후 중국의 센카쿠 영유권 공세 및 군사력 팽창에 대응하는 강한 리더십을 발휘하게 되면서 방위협력지침의 재개정과 함께 미일 간 동맹 협력의 수준을 높이기 위한 자위대 활동의 범위를 확장하는 평화안전법제^{平和安全法制} 등도 시행될 수 있었다(Liff, 2015).

　아시아-태평양에서 중국의 부상과 군사적 팽창이 중요한 문제이기는 하나 한국은 한반도 문제의 안정적 관리와 장기적 해결에 우선해서 집중하고 있었다. 때문에 한반도 문제 해결을 위한 중국의 외교적 역할이 갖는 중요성도 간과할 수 없었다. 미국도 아시아-태평양에서 대중국 균형을 위한 전략을 추진하는 한편, 한반도 안보의 안정적 관리를 위해 대북 억제력을 높이는 한미동맹 강화에 방점을 두고 있었다. 한국은 북한의 도발을 억제하고 안정적으로 한반도를 관리할 수 있는 동맹 협력과 한미일 협력의 방향을 검토하면서도 한반도 통일이라든지 미래 구상에 있어 중국의 적절한 협조가 필요한 부분을 무시할 수는 없었다. 그리고 일본이 미국과의 동맹 협력의 수준을 높이고 독자적 방위력을 강화하는 안보 전략을 추진하면서 방위 역량을 강화해나가는 과정이 한국의 안보적 우려를 높이는 반작용을 불렀다.

　이렇듯 한일 양국은 중국의 부상에 대한 대응과 미국에 대한 동조를 다르게 드러냈다. 그리고 미국 트럼프 행정부의 등장으로 인한 미중 전략 경쟁의 전개는 한미관계 및 미일관계에 각각 영향을 주면서 한일 양국이 공동의 안보 이익을 찾기 어려운 환경을 제공했다. 미중 전략 경쟁이 전개되면서 동중국해와 남중국해가 전략적 열점^{flashpoint}이 되었고, 미국과 일본은 자유롭고 열린 인도-태평양^{FOIP: free and open Indo-Pacific} 전략을 공동비전으로 추진하면서 중국의 영향력을 다루기 위한 부담 분담^{burden sharing}을 전개하기 시작했다. 예컨대 남중국해에서 중국이 기정사실화 전략을 통해 군사기지화를 추진하는 데에는 미국이 항행의 자유 작전FONOP을 통해 직접적으로 견제하는 한편, 동중국해에서는 일본이 난세이제도를 군사기지화함으로써 제1 도련선에 대한 중국의 영향력 확장을 억제하고자 한다. 규슈 남단에서 대만 동쪽까지 뻗어있는 1,200km 길이의 군도로 이루어진 난세이제도에 정보 수집이나 경계 감시를 위한 군사시설을 배치하고 있으며, 미사일부대를 신설해서 중거리 미사일을 배치, 운용하고자 한다. 일본은 자위대 전력의 배치를 북동쪽의 홋카이도 지역으로부터 남서쪽의 규슈 및 오키나와 지역으로 점차 이동시키고 있으며, 이를 통해 동중국해에서 군사력 균형이 중국에 기울어지지 않게 하면서 일본의 실효적 지배를 유지하고자 한다.

탈냉전기 미일동맹의 재정의는 한반도 안보에서 미국을 지원하기 위한 일본의 역할이 유효하다는 것을 보여주었다면, 21세기 미중 전략 경쟁이 첨예하게 전개되는 인도-태평양 지역에서 일본은 난세이제도로 군사력을 이동시키면서 서태평양에서 미중 간 군사력 균형이 중국으로 기울어지지 않도록 하기 위한 역할을 보여주고 있다. 문제는 [그림 4]와 같이 일본이 인도-태평양 전략 속에서 한반도 안보의 후방기지로서의 역할보다 서태평양에서의 전진기지로서의 역할을 전략적으로 강조하면서 한국의 역할을 소외시키고 있다는 데 있다. 따라서 일본은 한미일 안보 협력을 통한 한반도 안보에의 지원보다 미-일-호주 간 삼각 협력이나 미-일-호주-인도 간 쿼드Quad 협력을 통한 서태평양에서의 안보 역할 확대에 집중하고 있다고 이해된다.

한미동맹이 북한 위협에 맞서 한반도 방어에 지나치게 집중하고 있는 상황에서 미국은 한국에 북한 및 중국 문제에 대응할 수 있도록 일본과의 정책 조정을 요청하지만, 한일관계의 경색으로 인해서 한미일 안

[그림 4] 서태평양에서의 미중 경쟁과 전진기지로서의 일본

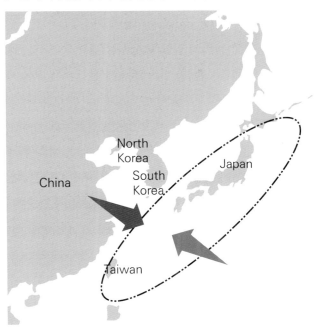

출처: 저자 작성

보 협력은 도전에 직면하고 있다(Chanlett-Avery, 2020). 한미일 안보 협력의 초보적인 제도화는 TCOG의 경험 등을 통해 축적했지만, 상호보완적으로 어떻게 역할을 분담할 것인지를 구체화할 수 있을 정도의 제도적 발전을 추진하지 못했다는 한계가 있다.

Ⅳ. 결론 및 함의

지소미아의 조건부 유지로 인해서 한일 안보관계는 나름대로 갈등 관리가 가능한 상황이다. 그러나 한미일 관계를 고려한 미국의 관여로 지소미아 갈등이 단기적으로 수습되었지만, 중장기적 관점에서 한일관계의 회복은 여전히 큰 과제로 남아있는 듯이 보인다(사카타 야스요, 2020). 이러한 상황에서 미국 바이든 행정부의 등장은 한일 안보관계를 한미일 협력의 틀에서 접근하는 기존의 방향을 더욱 강조할 것으로 보인다. 미중 전략 경쟁이 전방위적으로 펼쳐지는 상황에서 미국은 아시아-태평양 지역에서의 미국의 안보동맹 간의 협력의 전략적 가치를 강조할 것으로 보이기 때문이다. [12] 특히, 커트 캠벨Kurt Campbell NSC 인도-태평양 조정관 등 바이든 행정부에서 요직을 차지한 관리들은 오바마 행정부 시기에 한일관계를 안정적으로 관리하기 위한 정책적 노력을 기울였던 경험이 있기 때문에, 바이든 행정부가 동맹을 되살리기 위한 여러 조치를 취할 수 있도록 한반도 안보뿐만 아니라 인도-태평양 지역 안보에 있어서도 한일관계의 중요성을 재평가하고 한미일 안보 협력의 전략적 가치를 재고할 것이다.

바이든 행정부가 동맹의 역할과 책임 분담을 요청하면서 대중국 견제를 위한 '인도-태평양 전략'을 전개해나가는 과정에서 한미일 삼자 협

---

[12] 미국 캐슬린 힉스(Kathleen Hicks) 국방부 부장관은 인준청문회에서 미국이 가진 동맹 네크워크는 가장 중요한 지정학적 이점이라고 강조한 바 있다. 구체적으로는 "Senate Armed Services Committee Advance Policy Questions for Dr. Kathleen Hicks Nominee for Appointment to be Deputy Secretary of Defense"(Feb 2, 2020) 참조.

력은 중요할 수밖에 없다. 북한이 핵전쟁 억제력과 군사력을 강화하겠다고 선언하거나 중국이 군사력을 팽창하며 역내 군사력 균형을 무너뜨리고자 하는 상황이 지속되는 안보 환경에서 미국은 인도-태평양 지역의 동맹국들과 공조를 강화하고 국제법에 기반한 기존 질서를 유지하는 게 우선하여 추진될 필요가 있기 때문이다. 바이든 행정부는 동맹 간 연대를 중요시하면서 북한과 중국 문제에 대해서도 동맹과 협력을 통해 효과적으로 해결할 수 있다는 입장이다. 따라서 민주주의 국가이자 중요한 경제적 파트너이며 공동의 이익을 공유하는 동맹인 한국, 일본과의 삼자 협력은 인도-태평양 지역의 공조를 위해 시급하게 모색될 것으로 보인다. 예를 들어 2021년 2월 19일 미 국무부는 한미일 외교당국자 간 화상협의를 개최하고 북한 문제에 대한 의견을 교환하면서 한미일 간 긴밀한 협력과 정책 조정의 중요성을 강조했다. 그리고 4월에 개최된 미일 정상회담과 5월에 개최된 한미 정상회담에서 한미일 협력의 중요성이 언급되었다.

문제는 한일관계가 역사, 경제, 안보 갈등이 중첩되면서 심한 부침을 겪고 있으며, 코로나19로 인해 양국 모두 방역과 국내 경제 회복을 먼저 추진하면서 관계 개선의 기회를 쉽게 모색하기 어려운 상황에 있다는 점이다. 1990년대는 한일 양국이 김대중-오부치 공동선언을 제안하는 등 양자 차원의 관계 개선이 진행되었던 시기였지만, 2010년 이후 한일 양국 정상 간 유의미한 협력 제안 등은 이루어지지 않고 있는 것이 사실이다. 그러나 바이든 행정부는 대북 정책을 전면적으로 재검토하는 과정에서 한미일 정책 공조를 강조하면서 한일 양국에 상호 관계 개선을 적극적으로 요구할 개연성이 높다. 클린턴 행정부 시기 윌리엄 페리 대북정책조정관에 의해 한미일 삼자 간 대북정책조정그룹TCOG이 제도화되었던 사례처럼 바이든 행정부도 미국에 의해 제도적으로 연계된 협력을 높여나갈 수 있도록 한일관계를 개선할 것을 주문할 수 있다. 미국의 관여는 한일 양국이 관계 개선에 대한 국내 정치적 부담을 덜 수 있도록 하는 외적 요인으로 작용할 수 있다. 즉, 한일 양국 모두 지소미아의 조건부 연장 이후 안보 협력에 대한 국내 정치적 부담이 적지 않은 상황이지만, 미국의 관여를 통해 그러한 부담을 상쇄할 수도 있다.

한편, 미중 전략 경쟁이 전개되면서 미국은 동맹의 전략적 가치를 더욱 강조하고 중국에 대한 우위를 유지하는 안보 전략을 전개할 것이다. 그렇다면 앞서 3장에서 언급한 대로 한반도에서의 억제력뿐만 아니라 서태평양에서의 억제력을 강화하기 위해 미일동맹과 일본의 안보적 역할을 강화할 것이다. 일본의 확장하는 안보적 영향력을 한국이 어떻게 바라봐야 하며, 한일 안보 협력을 어떻게 발전시켜 나가야 할지에 대해서 더 근본적인 고민이 필요하다.

| 참고문헌 |

기미야 다다시. 2006. 「한일관계의 역학과 전망: 냉전기의 다이너미즘과 탈냉전기에서의 구조변용」. 김영작, 이원덕 편. 『일본은 한국에게 무엇인가』. 파주: 한울아카데미.

김호준. 2012. 「한일 정보보호협정 밀실처리 누가 주도했나」. 연합뉴스 6월 28일.

김회경. 2019. 「한국만 日에 '北미사일' 지소미아 정보 공유 요청」. 『한국일보』 10월 2일.

박영준. 2008. 『제3의 일본』. 파주: 한울아카데미.

_____. 2015. "한국외교와 한일안보 관계의 변용, 1965~2015". 『일본비평』 12호, 134-167쪽.

백나리. 2019. "폼페이오, 지소미아 종료에 '실망스러워 … 韓외교장관과 통화'". 연합뉴스 8월 23일.

서동만. 2006. "한일 안보협력에 관하여". 김영작, 이원덕 편. 『일본은 한국에게 무엇인가』. 파주: 한울아카데미.

신성호·임경한. 2012. "미국의 아시아 올인(All-In) 정책". 『전략연구』 7월호, 153-186쪽.

신욱희. 2019. 『삼각관계의 국제정치』. 서울: 서울대학교출판문화원.

전재성. 2020. 『동북아 국제정치이론』. 파주: 한울아카데미.

정봉오. 2019. "정경두 '지소미아 파기, 신중 검토'". 『동아일보』 8월 5일.

조선닷컴. 2012. "정부, 한일 정보보호협정 체결 연기". 『조선일보』 6월 29일.

조양현. 2017. "제5공화국 대일외교와 한일안보경협". 『국제정치논총』 57(2), 169-205쪽.

현혜란. 2019. "강경화, 한미일회담서 'GSOMIA 재고' 천명 … 폼페이오 즉답안해". 연합뉴스 8월 3일.

황경상, 심혜리. 2014. "한미일 '군사정보 공유 약정' 발표 … 사흘 전 서명, 국회엔 사후보고 '꼼수'". 『경향신문』 12월 29일.

Campbell, Kurt M. and Jake Sullivan. 2019. "Competition Without Catastrophe: How America Can Both Challenge and Coexist With China." *Foreign Affairs*, September/October 2019.

Cha, Victor. 1999. *Alignment Despite Antagonism*. Standford: Standford University Press.

Chanlett-Avery, Emma. 2020. "U.S.-South Korea Alliance: Issues for Congress." *CRS Report*, June 23.

Clinton, Hillary. 2011. "America's Pacific Century." *Foreign Policy*, October 11.

Cossa, Ralph A. 2000. "US-ROK-Japan: Why a Virtual Alliance Makes Sense", *Korean Journal of Defense Analysis*, Vol. 12: 67-86.

Heginbotham, Eric and Richard J. Samuels. 2021. "Vulnerable US Alliance in Northeast Asia: The Nuclear Implications", *The Washington Quarterly*, 44(1): 157-175.

Jo, Hyeran and Jongryn Mo. 2010. "Does the United States Need a New East Asian Anchor? The Case for U.S.-Japan-Korea Trilateralism." *Asia Policy*, 9: 67-99.

Liff, Adam. 2015. "Japan's Defense Policy: Abe the Evolutionary." *The Washington Quartely*, 38(2): 79-99.

Mahbubani, Kishore. 2018. *Has the West Lost It?: A Provocation*. New Delhi: Allen Lane.

Manyin, Mark E., Emma Chanlett-Avery, Mary Beth D. Nikitin, Brock R. Williams, and Jonathan R. Corrado. 2017. "U.S.-South Korea Relations." CRS Report. May 23.

Michishita, Narushige. 2014. "Changing Security Relationship between Japan and South Korea: Frictions and Hopes." *Asia-Pacific Review*, 21(2): 19-32.

Park, Cheol Hee. 2013. "National Identities and South Korea-Japan Relations." In

Gilbert Rozman (ed.). *National Identities and Bilateral Relations*. Washington D.C.: Woodrow Wilson Center Press.

Tellis, Ashley J. 2020. "The Return of U.S.-China Strategic Competition." In Ashely J. Tellis, Alison Szalwinski and Michael Wills (eds.). *Strategic Asia 2020: U.S.-China Competition for Global Influence*. Washington D.C.: NBR.

The Korea Times. "S. Korea, US bristle at each other over GSOMIA termination", August 29, 2019.

The White House. 2017. *The National Security Strategy*. December.

Wong, Audrye Y. 2015. "Comparing Japanese and South Korean Strategies toward China and the United States: All Politics is Local." *Asian Survey*, 55(6): 1241-1269.

Zakaria, Fareed. 2011. *The Post-American World: Release 2.0*. New York: W. W. Norton & Company.

NHK政治マガジン.「韓国GSOMIAに基づき日本に情報共有を要請」2019年10月2日.

阪田泰代. 2020. "北朝鮮問題と日米韓安全保障協力—2019年の評価と現況". 小此木政夫編『不確実性の時代の朝鮮半島と日本の外交安全保障』東京: 日本国際問題研究所

村野将. 2019. "平和安全法制後の朝鮮半島有事に備えて一日米韓協力の展望と課題一".『国際安全保障』47(2): 74-93.

日本経済新聞.「日韓, 軍事情報協定を締結 防衛秘密の迅速な共有可能に」2016年11月23日.

＿＿＿.「軍事協定破棄「韓国は再考を」米国防総省幹部」2019年8月28日.